마케터라면 무조건 알아야 할

마케팅 키워드 55

마케터라면 무조건 알아야 할

마케팅 키워드 55

이서구 지음

위즈덤하우스

책머리에

"

현대인의 필수 교양, 마케팅 키워드

"

언제부터인가 마케팅은 누구나 알고 있는 용어가 돼 버린 것 같다. 사장님의 연초 연설에서, 전략회의에서, 동료와의 잡담에서, 회식 자리에서, 심지어 엄숙한 종교행사가 있는 자리에서도 마케팅은 친숙하고 자연스럽게 등장한다. 마케팅이 생소하고 전문적인 영역으로 간주되던 때가 있었는데, 이제는 누구나 다 아는 용어가 된 것 같아서 식상한 느낌마저 들곤 한다. 그러나 실상은 꼭 그렇지만도 않다.

언젠가 필자가 우연히 세일즈맨들이 나누는 이야기를 들은 적이 있다. 그들의 이야기인즉 마케팅이 잘 안 된다는 것이었다. 무슨 이야기일까. 표적고객 설정이 잘못 되었을까? 아니면 마케팅 전략이 잘못 수립되었을까? 좀더 이야기를 들어보니 답이 나왔다. 그들이 의미하는 마케팅은 판매 혹은 영업이라고 표현되어야 마땅한 것이었다.

필자는 마케팅이라는 용어를 사용하는 사람들에게 가끔씩 마케팅이 뭐라고 생각하느냐고 물어보곤 한다. 그 중의 8할은 마케팅은 판매를 잘 하는 것이라고 알고 있었다. 물론 넓게 보면 틀린 말은 아니다. 하지만 마케팅을 단순히 판매를 잘 하는 것이라고 인식한다면 마케팅보다는 상술이 더 적합할 듯싶다. 그때부터 필자는 많은 사람들이 오해하고 있는 마케팅을 쉽게 전달할 방법이 무엇인지 고민했고, 답을 찾은 결과가 바로 이 책의 집필이다. 마케팅을 쉽게 이해하고 응용해 볼 수 있는 책이 필요하다는 생각이었다. 사실 마케팅을 오해하고 있는 사람의 잘못은 없다. 단지, 그 사람들이 마케팅을 쉽게 접할 수 있는 수단이 없었을 뿐이다.

필자가 이 책을 집필한 또 하나의 이유는 난무하는 많은 마케팅 키워드들에 대한 정리의 필요성을 절감했기 때문이다. 필자가 기업체에서 근무하던 시절 마케팅부서 직원들의 고민 중 하나는 아이러니하게도 마케팅을 잘 모르겠다는 것이었다. 세상엔 이런저런 마케팅이 너무 많다는 게 이유였다. 컬러 마케팅, 감성 마케팅, 디마케팅, 스포츠 마케팅 등등 너무 많아서 헷갈리고 어려워 할 법도 하다. 게다가 매년 연례행사처럼 등장하는 무슨무슨 족族들도 너무 많다. 보보스족, 노무족, 딩크족, 머추리얼리즘 등등 새로운 소비자 트렌드를 쫓아가려면 숨이 찰 지경이다.

이런 문제를 해결해주기 위해 정보의 바다라고 불리는 인터넷이 있다. 하지만 바쁜 직장인들에게는 수많은 마케팅 기법과 소비자 트렌드를 일일이 찾아볼 시간이 그리 많지 않다. 설사 찾아본다 해도 용어에 대한 설명 위주이고, 그 설명만 봐도 어느 정도 이해할 수 있다지만 구체적으로 실제사례나 현장에서 실행할 때의 유의사항 등에 대한 자료는 없어서 2% 부족한 느낌이다. 게다가 그 모든 마케팅 기법과 사례들을 한곳에 모아둔 자료가 있다면 얼마나 유용할 것인가.

결과적으로 이 책은 한창 마케팅 관리나 기획에 대한 공부가 필

요한 직장인부터 업무 분야를 막론한 모든 신입사원, 그리고 이제
는 현대인들의 필수 교양이 되어 버린 마케팅에 대해 소외감을 느
끼는 많은 사람들에게 마케팅을 올바르게 이해하고 난무하는 키
워드들을 정리하는 데 도움이 될 것이다. 그리고 이 모든 것들을
마케팅 실무에서 쉽고 빠르게 적용할 수 있도록 해 줄 것이다.

이 책에 나온 55가지의 마케팅 키워드는 단순한 요약 정리가 아
니라, 당대 사람들의 욕망과 관심을 응축시켜놓은 핵심 가치들이
다. 따라서 이 키워드들만 잘 소화해도 마케팅 전반과 트렌드를 한
꺼번에 이해할 수 있다.

책이 출간되기까지 많은 분들의 도움이 있었다. 선후배 및 동료
교수들의 조언이 있었기에 책을 완성시킬 수 있는 용기를 얻었다.
특히 책의 체계와 키워드 선정에 많은 도움을 준 서울여자대학교
김종근 교수에게 감사드린다. 또한 나사렛대학교 경영학과 학생
들의 도움으로 방대한 자료들을 빠른 시간에 수집할 수 있었다. 마

지막으로 원고와 씨름할 때도 즐거울 수 있었던 원동력인 나의 아이들 희경이, 희준이와 아내 장은숙에게 고마움과 사랑을 전하고, 항상 나를 지켜주시는 주님께 깊은 감사를 드린다.

2008년 가을 이서구

차례

차별화

치열한 경쟁에서 살아남아라

현 대사회는 넘쳐나는 상품 광고로 인해 소비자의 눈과 귀가 이미 지쳐 있는 상태이다. 이러한 커뮤니케이션 과잉 사회에서 고객의 시선을 사로잡기 위해 필요한 작업이 바로 '포지셔닝Positioning' 이다. 포지셔닝이란 '잠재고객의 마음속에 자리 잡기' , 즉 고객의 마음속에 자사 상품을 이미지화하는 작업이다. 브랜드가치 1위에 등극한 애니콜이 처음 모습을 드러냈을 때의 경쟁자는 모토로라였다. 당시 애니콜은 우리나라 소비자들에게 '한국 지형에 강한 휴대폰' 으로 포지셔닝되었다. 사실 애니콜과 모토로라의 내구성이나 성능이 얼마나 차이가 있을까 싶은데, 그럼에도 불구하고 애니콜의 초기 포지셔닝 전략은 멋들어지게 성공해서 오늘날 브랜드가치 1위의 애니콜이 있게 하였다.

이 같은 포지셔닝을 제대로 실현하기 위해서는 다른 회사, 다른 상품과 차별화된 전략을 고민해야 한다. 사실 차별화Differentiation만큼 마케팅의 핵심을 잘 설명할 수 있는 용어도 없을 것이다. 마케팅 전략 전문가들은 가장 효과적으로 경쟁우위를 가져갈 수 있는 방법으로 곧잘 차별화를 제시한다. 차별화되고 특화된 상품이나 서비스를 제공하는 것이야말로 고객의 마음을 움직일 수 있는 지름길이기 때문이다.

1990년대 말 한국의 전기밥솥 시장은 삼성전자, LG전자 중심의 대기업과 마마, 대웅 중심의 중소기업으로 양분된 상태였다. 이 중 삼성전자와 LG전자의 밥솥 시장점유율이 70%에 달했다. 그러나 IMF 외환위기를 거치면서 대기업들은 '선택과 집중' 의 일환으로 상품 수를 대폭 줄이면서 전기밥솥 사업을 접기 시작했다. 바로 이때 LG전자에게 OEM 방식으로 밥솥을 납품하던 쿠쿠홈시스가 전문브랜드로 등장하며 한때 시장점유율 70%를 넘어서기도 하였다. 쿠쿠홈시스와 달리 웅진쿠첸은 초라한 이미지를 벗지 못하던 시절이었다. 당시 웅진쿠첸의 모체였던 두원테크의 마마밥솥의 성적표는 초라했다. 소비자 조사 결과 모든 면에서 마마의 브랜드파워는 최하위를 기록하였다.

상황은 이처럼 불리했지만, 웅진쿠첸은 건강하고 환경친화적인 브랜드이미지를 기반으로 밥솥 전문 기업임을 차별적으로 강조하는 방향으로 마케팅 활동을 전개하기 시작했다. 먼저 깨끗한 기업이미지를 갖고 있는 웅진이 밥솥 사업을 론칭한다는 것을 고객들로 하여금 인식하도록 하였다. 여성잡지와 라디오 등을 통해 '웅진의 이름으로 건강한 밥이 옵니다' 와 같은 메시지를 광고함으로써 기존에 웅진의 신뢰성에 기반한 차별화된 브랜드이미지를 부각시켰다.

다음 단계에서는 '웅진' 의 이름이 아닌 본격적인 건강밥솥으로서의 포지셔닝을 도모하였다. 현미와 잡곡밥에 특화된 점을 강조하여, '흰쌀밥은 누구나 쉽게 지을 수 있지만, 현미밥은 아닙니다. 현미밥을 잘 짓는 밥솥이라면 흰쌀밥은 말할 필요도 없습니다. 지금 행사장에서 직접 현미밥의 맛 차이를 확인해 보십시오. 밥솥, 이제 현미밥의 맛으로 결정해 주십시오' 라는 문구로 기존 업체를 겨냥하여 차별화를 꾀하였다. 이와 더불어 3차에 걸쳐 '쿠첸 밥 vs. 밥 Challenge' 라는 프로모션을 진행하여 60%의 참가자가 웅진쿠첸의 밥맛을 선호하였음을 이슈화하는 데 성공하였다.

이러한 차별적인 마케팅 활동을 통해 프리미엄 및 웰빙 이미지를 꾸준히 형성해 온 결과 웅진쿠첸의 매출은 2년 만에 네 배가 증가하였으며, 브랜드 인지

도는 2004년 말 11.3%에서 2006년 말 80%로 급상승하는 성과를 창출하였다
(「한국경제신문」, 2007년 6월 7일).

차별화에 근거한 마케팅은 매출액을 증가시키는 한편, 차별화에 따른 비용을
수반하기 때문에 수익성에 대해 섣불리 단정할 수 없다. 따라서 기업은 무차별
적인 차별화는 지양해야 한다.

마케팅의 역사는 곧 차별화의 역사라고 할 만큼 다양한 차별화 기법들이 존
재하지만, 여기에서는 차별화에도 성공하고 동시에 비용도 덜 드는 마케팅 기
법들을 소개하고자 한다. 해당 마케팅 키워드로는 최근에 많은 관심을 받고 있
는 블루오션 마케팅, 디마케팅, 매복 마케팅, 매스티지 마케팅, 게릴라 마케팅,
공짜 마케팅, 타임 마케팅 등을 비롯하여 브랜드네이밍 마케팅, 그린 마케팅, 숫
자 마케팅, 공익 마케팅, 역발상 마케팅, 랩핑 마케팅 등에 대해 다양한 사례를
곁들여 소개하고자 한다.

■■ 브랜드네이밍 마케팅Brand Naming Marketing

음료회사인 롯데칠성은 브랜드네이밍과 관련하여 안 좋은 기억과 좋은 기억을 동시에 갖고 있다. 먼저 안 좋은 기억이다. 1980년대 후반 델몬트주스에 관한 광고 한 편이 사회적으로 '따봉'이라는 유행어를 만들며 널리 퍼져나갔다. 당시 광고 자체의 인지도는 굉장히 높았으나 문제는 브랜드 인지도였다. 사람들은 따봉을 해당 회사인 델몬트뿐만 아니라 경쟁사였던 썬키스트와도 연관시켰던 것이다. 그 후 델몬트는 따봉주스라는 것을 따로 만들었고, 그제야 비로소 사람들은 따봉이 롯데음료인 것을 알 수 있었다.

한편, 브랜드네이밍과 관련하여 좋은 기억은 좋은 브랜드네이밍으로 음료시장을 석권했던 '2% 부족할 때'이다. '2%'라는 컨셉은 당시 건강에 관심이 많은 여성 시장을 필두로 삽시간에 전 시장으

로 퍼져나갔다. 실제로 음료 '2% 부족할 때' 는 거의 물로 이루어
진 구성 성분에 약간의 첨가물 정도를 넣음으로써 다이어트 음료
이자 갈증해소 음료로 선풍적인 인기를 끌었다.

브랜드네이밍이 기업을 기사회생시킨 경우도 있다. 진로의 '참
이슬' 이 그러하다. 단지 한자로 된 회사이름 '眞露진로' 를 뜻풀이
한 것에 불과했지만, 그것은 기업의 전통과 새로운 맛의 탄생이라
는 의미가 적절히 조화된 훌륭한 네이밍이었다.

브랜드네이밍과 유통전략이 적절하게 결합되어 성공한 경우도
있다. 제일제당의 '식물나라' 는 색조화장품과 달리 기초화장품이
며 식물에서 추출한 성분이 주원료인 화장품이다. 제일제당은 식
물나라를 순한 기초화장품이라는 컨셉으로 저가에 슈퍼마켓 유통
경로로 판매하여 큰 성공을 거두었다.

그런가 하면 브랜드네이밍을 잘한 덕분에 해당 상표가 본원적
상표(상표가 곧 상품을 나타내는 경우. 예를 들어 콜라의 브랜드는 여러 가
지가 있지만, 보통 콜라 하면 코카콜라를 떠올리게 마련이므로 이를 본원적

물먹는하마

상표라 부른다)가 된 경우가 있다. '물먹는하마'가 좋은 사례인데, 상품의 기능을 상징화시켜 상품의 기능과 경제성을 강조한 브랜드네이밍으로써 누가 들어도 그 상품의 쓰임새가 바로 연상되어 좋은 반응을 얻었다. 이후 '냄새먹는하마' 등의 하마 시리즈는 생활용품에서 견고한 위치를 확보하였다.

'네이밍'이란 어떤 조건에 맞는 이름을 개발하여 붙이는 작업을 의미한다. '브랜드네이밍'은 타사에 자사의 동종 상품과 동일하거나 유사한 상품이 있더라도 독자성, 개성화를 위해 그 상품에 자사가 독자적으로 붙인 이름을 말한다. 즉, 브랜드네이밍은 그 대상의 의미를 포장해주는 것이다. 최근 통계에 따르면, 브랜드네이밍이 브랜드 인지도나 매출액 증가 등에 미치는 효과는 무려 30%가량 되는 것으로 알려졌다. 브랜드네이밍이 얼마나 중요한가를 알 수 있다.

그렇다면 훌륭한 브랜드네이밍이란 어떤 것일까? 좋은 네이밍은 사람들이 부르기 편하고 외우기 쉬워야 한다. 이런 현상은 저관여 상품일수록 극명하게 나타난다. 이 때 저관여 상품이란 소비자들이 일상적으로 소비하거나 구매하는 저가 상품들을 의미하며, 치약, 껌, 스낵, 아이스크림, 음료수, 화장지, 세제 등의 일상적인 상품이 이에 해당한다. 이러한 상품을 구매할 때 소비자들은 심각하게 고민하지 않는다. 기억이 나거나 아니면 전에 사용했던 것 중에서 하나를 고르면 그만이다. 왜냐하면 설사 잘못 샀다고 해도 그것이 심각한 물질적ㆍ정신적 손실을 가져오지는 않으며, 다음 구매 시 안 사면 그만이기 때문이다. 한마디로, 저관여 상품들의 구매는 소비자의 기억에 많이 의존하는 경향이 있기 때문에 훌륭한 브랜드네이밍은 곧 그 상품의 매출액과 직결된다고 할 수 있다.

예외적으로 의약품의 경우 부르기 어려운 이름을 광고를 통해 친숙하게 만들려고 노력하는 것을 많이 볼 수 있다. 대표적인 예가 '피린' 계열의 의약품이다. '피린'은 예로부터 진통, 해열 등에 많이 사용되어 온 약재를 일컫는다. 의약품들의 브랜드네이밍을 보면 이러한 주 성분으로부터 힌트를 얻어 네이밍하는 경우가 많다. 판피린, 판콜, 판토 등이 그러하다. 이러한 이름들은 소비자로서는 낯설고 그만큼 외우기도 힘들기 때문에 반복적인 광고와 암기를 도와주는 보조장치('~하면 무슨 약' 하는 식의 광고) 등을 동원해서 기억에 남도록 한다.

그렇다면, 브랜드네이밍 마케팅을 실행할 때 반드시 고려해야 할 것들에는 무엇이 있을까? 그것은 바로 의미, 청각, 시각의 세 가지 요소이다. 우선 '의미'에 있어서는 첫째, 신세대를 겨냥한 상품의 네이밍은 짧게 하는 것이 좋다. 둘째, 모 화장지 광고에 등장했던 '올록볼록'처럼 성공한 많은 상품들이 적절한 의태어를 사용한다는 점을 주목해야 한다. 셋째, 의미는 말 그대로 '네이밍의 뜻'이기 때문에 사회를 반영하게 마련이므로 반사회적 정서를 불러올 수 있거나 특정 문화를 강조하는 네이밍은 좋지 않다.

다음으로 '청각'은 라디오 매체에 의존하는 광고일수록 중요한 의미를 갖는다. 자음이나 모음에 따라 강하게 혹은 여리게 들리는 경우가 많으므로 상품의 성격과 잘 맞도록 네이밍을 정해야 할 것이다. 마지막으로 '시각' 역시 상품 이미지와 브랜드네이밍이 일치해야 소비자들의 기억 속에 오래 남을 것이다.

■ 블루오션 마케팅Blue Ocean Marketing

기존 산업과 차별화된 새로운 시도로 마케팅에 성공한 사례는 우리 주변에 의외로 많다. 약속 장소에 지나지 않던 커피숍을 문화 코드로 변화시켜 잠재고객들을 고객화시킨 스타벅스, 박카스의 40년 아성을 위협하는 비타500, 자일리톨 껌 시장을 새로 창출한 롯데 자일리톨, 인터넷상에서 직거래 마켓플레이스를 제공한 옥션, 동네에서 흔히 볼 수 있는 채소가게를 전문점으로 격상시킨 총각네 야채가게 등이 그렇다.

전통적 경쟁 전략으로는 설명이 쉽지 않은 위와 같은 성공사례들은 블루오션 전략의 결과물이라 볼 수 있다. 최근 가장 각광받는 경영 전략인 블루오션 전략은 기존 전략과 다른 면을 보여주고 있다.

기존 전략과 블루오션 전략이 어떻게 다른지 잘 보여주는 사례 중 하나는 소매유통업의 대표주자인 할인점이다. 1930년대에 우리나라 최초의 백화점인 화신백화점이 등장한 이후로 백화점은 1990년대 중반까지 재래시장, 슈퍼마켓 등 다른 소매업태와 차별화된 고급스러운 소매업으로 자리매김해왔다. 명절이 다가오면 으레 텔레비전에서 백화점에서의 쇼핑 장면을 배경으로 소비경기를 설명하는 뉴스가 나왔고, 세일기간의 쇼핑 풍경 역시 뉴스의 단골기사 중 하나였다. 이러한 현상은 백화점이 1990년대 중반까지 매년 20% 이상에 가까운 성장을 기록한 것을 봐도 분명히 알 수 있다.

이처럼 백화점이 오랫동안 독점적 고급 소매업으로 자리매김할 수 있었던 이유는 무엇일까? 그것은 바로 기존 유통소매업과 차별화된 '많은 수의 상품 계열', '다양한 상품 구색', 그리고 '편리한 쇼핑 환경'이다. 백화점은 다른 소매업 대비 비교적 고가 정책으로 상품을 판매했다. 이러한 고급스러운 차별화가 백화점이 수익을 창출하는 비결이라면, 동대문시장이나 남대문시장 같은 전통 재래시장의 수익창출 전략은 경쟁사보다 낮은 비용을 무기로 고객에게 접근하는 '비용우위(Cost Leadership)'를 바탕으로 한다. 차별화와 비용우위는 하버드 대학의 마이클 포터Michael Porter가 제시한 전략유형에 속한다.

포터는 많은 기업들의 사례연구를 통해 대다수의 기업들이 전략유형 중 하나를 추구한다고 주장했다. 실제로 많은 기업들이 전략을 수립할 때 비용은 들지만 차별화로 승부하거나 철저한 원가절감에 의한 저가로 승부를 하고 있고, 앞으로도 그럴 것이다. 예컨대, 대다수 기업들의 전략 보고서의 결론은 이런 식이다. 'A기업, B기업, C기업 등을 벤치마킹한 결과 그들을 이기기 위해서는 그들

대비 ~을 차별화해야 한다' 혹은 '~에 대한 원가우위를 가져야
한다'는 식이다.

혹자는 '만약 차별화와 비용우위를 동시에 추구한다면 어떻게
될까'라는 상상도 해봤을 것이다. 그리고 실제로 유통산업에서 누
군가에 의해 이루어진 이 같은 발칙한 상상은 유통산업이 제조업
보다 더 많은 힘을 갖게 해주었으며 소비자들도 편리한 소비생활
을 영위하게 하였다. 백화점의 다양한 상품과 편리한 쇼핑환경에
재래시장의 저가격을 도입한 할인점이 등장한 것이다.

1993년 11월 서울 도봉구 창동에 오픈한 이마트E-Mart는 국내에 본
격적인 할인점의 등장을 알리는 신호탄이었다. 그리하여 2000년에
163개였던 할인점은 2008년에 400개를 돌파할 전망인 반면 백화점
은 1999년에 109개였으나 현재에도 약 100여 개로 큰 변화가 없는
편이어서 할인점의 성장이 얼마나 폭발적인지를 말해주고 있다.

기존 경영전략을 진일보 발전시킨 블루오션 전략은 유럽의 저명

〈표1-1〉블루오션 및 레드오션의 전략 비교

블루오션 전략	레드오션 전략
경쟁자가 없는 새로운 시장 공간	기존 시장 공간 안에서 경쟁 창출
경쟁을 무의미하게 만든다	경쟁에서 이겨야 한다
새로운 수요 창출 및 장악	기존 수요 시장 공략
가치-비용 동시 추구	가치-비용 가운데 택일
차별화와 저비용을 동시에 추구하도록 회사 전체 활동 체계를 정렬	차별화와 저비용 가운데 하나를 택해 회사 전체 활동 체계를 정렬

한 비즈니스 스쿨인 인세드INSEAD의 김위찬 교수와 르네 마보안Renée Mauborgne 교수가 써서 세계적인 베스트셀러가 된 책의 제목이기도 하다. 저자들은 블루오션을 "경쟁자 없는 새 시장"이라 정의하고, 반대 개념으로 레드오션(기존 시장에서의 경쟁)을 내세웠다.

블루오션 전략은 경쟁 없는 거대시장 창출을 위한 가치혁신 전략으로서, 경쟁 상황의 틀에서 벗어나 현재의 서비스나 상품에 만족하지 못하고 있는 새로운 고객군을 찾아내고 그들을 위한 새로운 시장을 창출하는 방법론이다. 저자들은 연구 결과 신규사업 중 86%가 기존 상품을 확장한 레드오션에서 발생하고 나머지 14%만이 블루오션에서 출시되지만, 블루오션에서의 매출비중은 38%, 수익비중은 무려 61%를 담당하기 때문에 블루오션의 창출이 중요하다고 하였다. 그렇다면 블루오션의 창출은 어떻게 이루어지는가? 바로 가치혁신이다.

가치혁신은 '가치'와 '혁신'이라는 두 단어로 구성되어 있다. 가치는 고객이 상품이나 서비스를 구매함으로써 얻는 효익(Benefit)이고, 혁신은 기존에 없던 새로운 것을 말한다. 따라서 가치혁신은 기존에 존재하던 가치에 대한 재해석, 재배열, 혹은 새로운 창조에 의해 과거보다 더 나은 가치를 고객에게 제공하는 활동이라 할 수 있다.

이렇게 볼 때, 백화점에서 고객이 중요하게 생각하는 가치인 다양한 상품구색과 편리한 쇼핑환경, 그리고 전통적 재래시장이 가지고 있는 가치인 저가격 등을 재배열하여 다양한 상품과 편리한 쇼핑환경에서 저가격으로 상품을 구매하도록 하는 것이 바로 할인점의 가치혁신이라 할 수 있다. 결과적으로 고객의 니즈를 충족시켜주는 시장지향적 가치충족을 저비용 구조로 추구해야만 기업의 생존과 성장이 가능하다는 기업의 활동이 병행되었을 때 진정한 가치혁신은 가능하다.

블루오션 전략은 어찌 보면 참 단순한 전략이라 할 수 있다. 백화점과 재래시장의 좋은 점을 결합시켜 할인점이 탄생했듯이 기존 전략 중 좋은 것들만 취합하면 블루오션을 창출할 가능성이 높기 때문이다. 그러나 이런 작업은 실제로는 매우 어려우며 많은 노력을 필요로 한다.

할인점이 다양한 상품을 저렴하게 제공할 수 있었던 방법에 대해 좀더 구체적으로 알아보자. 첫 번째는 규모의 경제에 입각한 단위당 판매량과 구매량의 증가를 꾀한 것이다. 즉, 두루마리 화장지 1개의 가격과 20개 묶음단위의 가격은 다르다. 당연히 묶음단위 가격이 훨씬 저렴하며, 이는 마치 도매상과 소매상의 가격 차이와 유사하다. 할인점은 소매상이면서 도매상의 전략으로 가격 정책에 접근하여 고객들에게 상대적으로 싼 가격에 상품을 제공할 수 있었다. 이러한 정책은 제조사로부터 구매할 때도 마찬가지이다. 대규모로 구입하면서 더욱 저렴한 원가를 가져갈 수 있게 된 것이다.

두 번째는 불필요한 비용요인의 절감을 통해 관리에 소요되는 비용을 더욱 절감하고자 한 것이다. 창고형 할인점은 진열 공간에 들어가는 비용을 줄이고, 판매원도 최소한의 인원만 배치하여 인건비도 줄였다. 진열 공간도 판매원도 백화점에서는 전통적으로 매우 중요하게 여겼던 요소이지만 가격 할인을 위해서라면 그들은 상대적으로 중요한 가치가 아닌 것이다.

이렇듯 블루오션 전략을 수립하기 위해서는 몇 가지 분석도구가 필요하다. 첫 번째 분석도구는 전략캔버스의 작성이다. 전략캔버스는 블루오션 전략을 구축하기 위한 진단도구이다. 전략캔버스는 기존 경쟁자들의 마케팅 활동(상품, 서비스, 유통 등)을 일목요연하게 알려주며, 고객들이 중요하게 생각하는 가치가 무엇인지를 알려준다. 여기에서의 가치는 상품, 서비스, 혹은 유통 등 그 산업 내에서 이루어지는 기업의 모든 활동에 대한 속성을 의미하며, 결과적으로 고객이 구매를 하는 이유 혹은 구매를 통해 얻고자 하는 것을 의미한다. 전략캔버스의 형태는 그래프이다. 따라서 전략캔버스를 그려봄으로써 현 시장 내에서 경쟁사들이 중요하게 생각하는 것과 고객이 중요하게 생각하는 것들을 일목요연하게 파악하고 분석함으로써 향후 자사 상품(혹은 서비스)이 지향해야 할 포인트를 잡을 수 있게 된다.

예를 들어 보자. 소매유통산업에서 중요하게 생각되는 가치는 다음과 같이 일곱 가지 정도로 간추릴 수 있다.

가격, 대규모의 입지에 접근하기 편리한 입지, 다양한 상품을 갖춘 구색의 폭과 여러 종류의 상품이 구비된 구색의 깊이, 음료대, 주차장, 엘리베이터(혹은 에스컬레이터) 등의 고객편의시설, 쇼핑을 도와줄 판매원, 무료주차, 안내데스크 등 대 고객서비스, 고급스러

〈표1-2〉백화점과 재래시장의 전략캔버스 비교

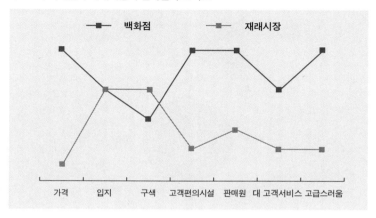

움 등이다. 이를 바탕으로 한 백화점과 재래시장의 전략캔버스는
〈표1-2〉와 같다.

이렇게 전략캔버스를 그려보면, 백화점과 재래시장의 가치별 차
이를 뚜렷하게 볼 수 있다.

더불어 기존 경쟁자들이 생각치 못한 새로운 장을 열기 위해서
는 전략캔버스를 관조하면서 기존 가치 중에서 제거, 강조, 축소,
그리고 새롭게 창출하는 연구도 함께 이뤄져야 한다. 이러한 작업
이 블루오션 전략 수립을 위한 두 번째 진단도구이며, 이를 4가지
액션프레임워크라 부른다. 전략캔버스에 이 같은 4가지 액션프레
임워크를 적용시키면 〈표1-3〉과 같이 기존의 가치 배열에 대한 재
해석이 가능해진다. 그렇다면 할인점은 전략캔버스 분석을 통해
4가지 액션프레임워크에서 무엇을 변화시켰을까?

먼저 할인점이 '제거' 시킨 것은 바로 입지였다. 기존의 백화점

<표1-3> 4가지 액션프레임워크

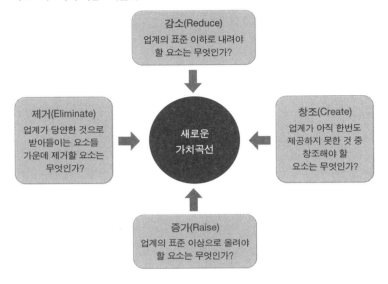

이나 재래시장 모두 중요시했던 입지는 그 동안 유통에 있어 당연
하게 받아들여지던 요소였다. 하지만 자동차 보급의 증가와 같은
교통수단 발달, 도로 정비, 확충 등 인프라의 발달은 구매할 가치
만 있다면 입지는 더 이상 중요한 요인이 아닌 것으로 만들었다.

그리고 할인점이 '감소' 시킨 가치는 구색의 깊이, 대 고객서비
스, 판매원, 고급스러움 등이다. 초창기 할인점은 특성상 구색의 폭
은 넓으나 깊지 않았다. 또한 셀프서비스를 도입하여 판매원 및 기
존 고객서비스에 들어가는 인건비를 대폭 감소시켰다. 왜냐하면
이 모든 것이 싼 가격에 의해 상쇄되고도 남았기 때문이다. 반면
에 할인점은 구색의 폭과 재래시장의 가격 대비 고가, 고객편의시
설 등으로 기존 가치를 '증가' 시켰다. 그리고 마지막으로 할인점

은 고객이 한 번에 구입하는 양을 늘림으로써 기존에 없던 가치를 '창출' 하였다.

이렇듯 제거, 감소, 증가, 창출 등 일련의 움직임을 일목요연하게 정리한 것이 세 번째 분석도구인 ERRC 구성표이다. ERRC 구성표의 작성을 통해 첫째, 차별화와 저비용을 동시에 추구할 수 있고, 둘째, 경쟁사보다 차별화시키는 어려운 작업(고비용 차별화) 등으로부터 해방될 수 있으며, 셋째, 기업 내부적으로 회사가 나아갈 방향에 대한 명확한 이해가 가능하다는 장점이 있다. 할인점의 경우 ERRC 구성표는 〈표1-4〉와 같다.

블루오션 전략은 일련의 진단작업을 통해 기존 경쟁자들의 움직임과 고객이 무엇을 중요하게 생각하는지를 분석하고, 고객 가치를 증가시키면서 동시에 저비용을 가져올 수 있는 방법을 찾기 위해 기존 가치들에 대한 재해석과 재배열, 그리고 새로운 가치의 창

〈표1-4〉 ERRC 구성표

제거	증가
입지	구색의 폭 재래시장의 가격 대비 고가 고객편의 시설

감소	증가
구색의 깊이 대 고객서비스 판매원 고급스러움	단위구매량의 증가

조활동을 수없이 시험하면서 찾는 답안이라 할 수 있다. 그러나 막상 실무적으로 전략을 수립하고 실행하려면 상당한 시간과 노력, 비용을 수반하고 기업 내부적으로 많은 장해와 설득의 필요성을 절감하게 된다. 따라서 기업 내부에서 이 같은 새로운 시도와 해석이 장해 없이 여과될 수 있는 기업 분위기 조성 역시 블루오션 전략 수립에 매우 중요한 과제임에 틀림없다.

■ 그린 마케팅Green Marketing

2007년 9월 프린터 업계는 환경오염 주범의 오명을 벗기 위해 상품의 설계단계에서부터 폐기까지 유해물질의 배출을 억제하는 친환경 설계방식을 채택하였다. 그런가 하면, 환경 관련 기업과의 제휴를 통해 토너 및 카트리지를 무상수거하고 재활용 시설도 적극 운영하고 있다. 특히 영국, 프랑스 등 유럽 국가들이 환경친화적 상품에 대해 세금을 감면하는 방안을 추진하거나, 친환경 경영 기업 위주로 투자하는 사회책임 투자펀드가 높은 수익률을 기록하는 것 등은 환경에 대한 기업들의 관심이 얼마나 뜨거워지고 있는가를 잘 보여준다.

후지제록스, 리소코리아는 친환경 잉크를 개발하였고, 신도리코는 친환경 제조시설을 설립하였다. 여기에서 멈추지 않고 업체들은 친환경 재활용 시설도 운영하고 있다. 삼성전자는 자원 순환체계를 적용한 재활용 센터를 운영하고 있으며, 한국HP도 웅진그룹과 더불어 폐 카트리지를 프린터 부품, 스캐너 케이스, 화분 및 안경 케이스 등으로 활용하고 있다.

이처럼 기업들의 친환경 경영에 의거하여 이루어지는 마케팅 활동을 그린 마케팅이라 한다. 그린 마케팅과 유사한 키워드로는 사회적 마케팅, 무공해 마케팅, 녹색화 마케팅, 환경 마케팅, 생태 마케팅 등이 있다. 이들은 모두 환경보전과 관련된 기업의 제반 마케팅 활동을 표현한 말들이다.

그린 마케팅은 자연보호 및 환경오염 방지를 강조하는 마케팅으로서 기업의 제품이 생산되어 소비자에게 전달되는 과정에서 자사의 환경에 대한 사회적책임과 환경보전 노력을 소비자들에게 호소함으로써 소비자들과 환경친화에 대한 공감대를 형성하려는 마케팅 전략이다. 정리하자면, 그린 마케팅은 단순히 고객의 욕구 충족에만 초점을 맞추는 것이 아니라, 고객을 보다 넓은 차원에서 인식하여 '삶의 질' 향상에 초점을 둔 마케팅 활동이라고 할 수 있다.

그린 마케팅은 다음의 세 가지 핵심가치에 의해 존재 이유를 가질 수 있다. 첫 번째 가치는 기업의 사회적책임이다. 오늘날에는 지구온난화, 환경파괴 등의 사회적 이슈가 기업의 경영활동에 직접적인 영향을 미치고 있다. 이를 반영하여 최근 사회적책임을 지키려고 노력하는 기업들이 소비자들에게 호감을 받아 수익이 증가하는 현상이 벌어졌고, 이에 따라 기업의 사회적책임이 기업의 이윤추구와 양립할 수 있게 되었다.

두 번째 가치는 기업가정신이다. 기업가정신은 성취, 실천, 위험 감수의 욕구를 지닌 경영자가 새로운 사업을 개발하여 영위함으로써 가치 창출을 성공적으로 수행하는 활동을 의미한다. 노블리스 오블리제Noblesse Oblige처럼 진정한 기업가정신은 시민정신의 책임과 의무를 다하여야 함을 강조하듯이, 환경뿐만 아니라 인간을 함께 고려하는 인본주의적 환경주의에 입각한 '그린 기업가정신'이 필요하다. 그린 기업가정신은 기업의 사회적책임을 다하면서 동시에 지속가능한 기업의 이익을 추구하기 위하여 새로운 가치를 창출하는 것이다.

마지막 가치는 지속가능개발이다. 지속가능개발이란 다음 세대의 몫으로 남겨질 자원을 침해하지 않는 범위에서 현 세대의 욕구 충족수단을 개발하는 것을 의미한다. 1987년 WECD의 브룬트란트 보고서에서 '지속가능성'이라는 개념이 처음 나오면서 환경과 인류의 공존을 위한 구체적 노력이 시작되었으며, 이는 그린 마케팅의 시작점이 되었다.

환경보호의 기치 아래 호스트 레켈바커Horst Rechelbacher에 의해 1978년에 설립된 화장품 기업인 아베다AVEDA는 친환경적인 기업의 모범적인 성공사례를 보여준다. 아베다의 기업 명은 산스크리스트어로 '자연에 대한 지식(A-veda)'을 의미한다. 아베다는 창립 이래 줄곧 꽃과 식물에서의 추출물만을 주성분으로 화장품을 생산하고 있으며, 미적인 효과뿐만 아니라 환경에도 혜택을 주는 화장품으로 자리매김하고 있다. 아베다는 1997년에 미국 최대 화장품 회사인 에스티로더 그룹에 성공적으로 인수되면서 매년 2배 이상의 성장을 거듭하며 그룹 내에서도 상위 브랜드가 되었다.

1997년 한국에 진출한 아베다는 환경친화적 개념을 도입해 매장을 꽃과 식물로 단장했다. 이외에 피부 상담과 향 치료법, 고기능 보습제를 사용한 마사지, 메이크업 피니싱 터치, 스트레스 해소 처방 등 친환경적인 부가서비스를 제공하여 현대백화점 부산점 아베다 매장의 경우 2004년에 비해 2005년 매출(1월~11월)이 168.5% 신장했고 고객 수도 178.7% 증가했다.

그렇다면 아베다가 그린 마케팅의 세 가지 핵심가치를 어떻게 실행해 갔는지, 그리고 이것이 어떻게 경영 성과로 이어졌는지를 살펴보자.

먼저 아베다는 사회적책임활동을 충실히 수행하고 있다. 한 예로, 자발적 환경보호활동을 수행하며, 자사 네트워크를 통해 환경책임주의 경제연합(CERES; The Coalition for Environment Responsible Economies)의 원칙을 준수하려고 노력하고 있다. 매년 4월 지구의 달을 맞아 아베다의 각 점포에서는 그린 에너지 소비의 촉구를 위해 지구온난화 현상을 줄이는 서명 운동을 한다. 이를 통해 소비자들에게 환경에 대한 경각심을 키워주면서 자연스럽게 친환경상품을 홍보한다. 아베다가 매년 발행하는 보고서에는 아베다의 환경 개선 목표와 성과 등이 실려 있는데, 이를 통해 지속가능한 환경을 위한 진실한 노력이 소비자들은 물론 다른 기업에게도 환경보호를 위한 영감을 줄 수 있다고 믿고 있다.

둘째, 아베다는 기업가정신을 지키려고 노력했다. 아베다의 경영자인 호스트 레켈바커는 자신의 어머니의 신념을 이어받아 아베다의 주요 모토를 자연주의로 삼았다. 그가 20대 초반이던 시절 많은 스트레스와 과중한 업무로 심신이 극도로 약해진 때가 있었다. 이 때 본초학자(Herbalist)로서 작은 약국을 운영하던 그의 어머니 덕분에 건강을 회복할 수 있었고, 당시 어머니의 말씀 가운데 "화학재료로 만든 미용 상품들이 결국 사람들을 병들게 한다"는 메시지를 마음에 새기며 훗날 사과식초를 이용한 헤어린스, 허브 추출액을 이용한 샴푸 등을 가지고 아베다를 설립하게 된다.

한편, 마지막 가치인 지속가능개발을 위해 아베다는 화장품 제조에 사용되는 천연원료의 원산지 보존을 위한 후원을 통해 상호 지속적인 발전을 꾀하고 있다. 일례로 아베다 화장품에 많이 사용되는 바바수에 대해 아베다는 브라질 아마존의 토착민 공동체를 유기농 재배 대리기관으로 선정하고 지금까지 후원하고 있다. 또한 아베다는 환경보호를 위한 국제기준인 ISO 14001 공인 인증을 획득하여 직원들을 위한 안전한 작업환경과 지구 환경보호를 위한 작업방식을 제공하고 있다.

위와 같이 아베다처럼 적극적으로 그린 마케팅 활동을 하면 기업과 사회, 그리고 소비자 모두에게 도움이 되겠지만, 사실 여기에는 많은 투자가 수반된다. 그렇다면 일반적인 기업들이 그린 마케팅을 펼치기 위해서는 어떤 작업들을 할 수 있을까?

첫째, 그린 마케팅에 입각한 상품개발이다. 즉, 상품이 사회 전체와 환경에 미치는 영향을 고려하여 최소한의 원재료와 에너지가 투입되는 상품의 생산, 고갈 가능성이 적은 풍부한 원재료의 사용, 생산 과정에서의 공해물질 배출 자제, 상품사용 후 처리 지원, 폐기물의 처리 문제 등에 대해 마케터는 고민해야 한다.

둘째, 그린 마케팅에서 환경지향적 상품에 대한 가격 결정은 일반적인 상품과는 조금 다르다. 연구에 의하면 가격이 동등할 때 환경의식적 소비자는 환경지향적 상품을 선호하는 것으로 나타났다. 반면에 환경지향적 상품 가격이 경쟁 상품의 가격보다 높으면 환경의식적 소비자와 비 환경의식적 소비자는 공통적으로 환경친화적 상품의 구매에 부정적 반응을 보이는 것으로 나타났다.

따라서 환경지향적 상품의 가격 결정에는 환경지향적 상품에 대한 가격 탄력성, 경쟁관계에 있는 일반 상품과의 가격 수준이 고려되어야 하며, 가급적 환경지향적 상품의 가격이 다른 상품에 비해 같거나 조금 높은 것이 적절하다. 단, 여기에는 상품이 그만큼의 가격을 받을 수 있는 정당성이 필요하다. 마케팅에서 흔히 회자되는 '높은 가격은 높은 품질을 연상시킨다'는 사실을 잊지 말라. 만약 다른 상품보다 비싼 가격임에도 불구하고 상품의 품질이 낮다면 그 상품은 시장에서 곧 사라지고 말 것이다.

셋째, 소비자가 생산자에게 재활용 가능한 폐기물을 환원시킬 수 있는 경로를 만들면 좋다. 쓰레기도 분리수거를 하고 있고 폐건전지나 형광등 역시 분리수거 중이다. 하물며 덩치가 큰 냉장고, 세탁기, TV 같은 가전제품은 물론이고 다 사용한 잉크 카트리지나

복사기 토너 등에 대해 소비자들이 환원시킬 수 있는 경로가 마련
된다면 얼마나 좋겠는가. 이때 주의할 점은 이 경로가 복잡하거나
제조사 편의적이면 안 된다는 것이다. 소비자가 쉽게 접근할 수 있
어야 하고, 버리면서 환경보호에 일조하고 있다는 생각을 가질 수
있어야 한다.

동네 구멍가게가 빈병의 수거 경로였던 옛날에는 소비자인 꼬마
들이 가게 주인아저씨로부터 수고비까지 받았던 것을 생각해보면,
이 같은 재활용을 위한 노력은 생산자와 소비자, 심지어 유통경로
까지 이익이 되는 '3원3Win' 구조임을 알 수 있다. 그린 마케팅의
수행은 어렵지 않다. 다만 좋은 아이디어가 필요할 뿐이다. 참고
로 폐기물 수거 경로 수립 시 자사의 도 · 소매점, 재활용센터, 폐
기물 수거센터, 민간단체 등을 활용할 수도 있다.

마지막으로 환경의식적 소비자에게는 지속적인 호감을 갖도록
노력하면서 동시에 비 환경의식적 소비자들을 환경의식적 소비자
로 전환시키는 노력을 해야 한다. 특히 환경지향적 상품을 구매하
도록 소비자를 설득하는 것은 매우 중요하다. 그린 마케팅을 원하
는 기업은 소비자로 하여금 끊임없이 환경문제의 심각성을 인식
시키고 환경의식적인 구매가 이루어지도록 관련 정보를 제공해야
한다. 이를 위해 좋은 방법 중 하나는 정부기관과의 협력관계 구
축이다. 상품 광고에서 자사의 상품이 환경에 덜 유해하다는 정보
를 충분히 제공하면서 동시에 기업이미지광고 혹은 공익광고 등
을 제공하는 것이다. 기업은 소비자의 환경보호의식을 고취시키

는 효과와 사회적책임을 다하는 기업이미지의 자연스러운 구축, 더 나아가 정부기관의 지원이나 협력을 얻을 수 있는 효과를 모두 함께 거둘 수 있을 것이다.

■ 디마케팅Demarketing

유통업계의 발달 및 경쟁 심화로 백화점 세일은 이제 흔한 행사가 되었다. 사실 단기간 판촉행사로 그만한 효과를 가져오는 것도 별로 없을 것이다. 그러나 매출이 증가했다고 해서 마냥 좋아할 일만은 아니다. 왜냐하면 세일은 할인 비율만큼 마진이 줄기 때문에 세일이 효과가 있으려면 고객 수의 증가와 더불어 그것이 향후에도 유지되어야 하기 때문이다. 즉, 비고객의 고객화가 이루어져야 한다. 그러나 비고객이 세일기간에만 구매하고 다시 방문하지 않는다면 백화점으로서는 손해일 것이다. 이렇듯 세일기간에만 방문하여 저렴하게 쇼핑한 후 재방문을 하지 않는 고객들을 '체리 피커Cherry Picker' 라고 부른다. 한마디로 기업 입장에서는 돈 안 되는 고객들인 셈이다. 만약 백화점이 이런 상황에 처한다면 어떻게 해야 이익을 최대로 증대시킬 수 있을까? 이런 문제를 해결하기 위한 도구 중 하나가 바로 디마케팅이다.

디마케팅은 'marketing' 이라는 단어에 분리, 부정 등을 뜻하는 접두어 'de' 를 붙인 신조어이다. 디마케팅이 각광을 받기 시작한

〈표1-5〉고객등급에 따른 고객비율 분석

고객등급	A	B	C	D
고객비율	1.6%	5.5%	15.3%	77.6%
누적 고객비율	1.6%	7.1%	22.4%	100%
누적 매출비율	12.65%	35.7%	69.9%	100%

것은 고객의 가치를 계량화하고 분석하는 기법들이 발달하면서부터다. 대표적인 것이 고객관계관리(CRM) 기법인데, 이 분야에서 잘 사용하는 표현 중에 '2080 법칙'이 있다. 2080 법칙은 이탈리아 경제학자 파레토가 말한 것으로, 결과의 80%는 전체 원인 중 20%에서 비롯된다는 법칙이다. 〈표1-5〉는 실제 유통전문기관의 구매액에 따른 등급별 고객비율 및 매출비중을 산출한 표이다. 고객관계관리 기법에 의거하여 고객을 등급별로 구분해보니 하부에 위치한, 다시 말해서 매출에 큰 도움이 되지 않는 D 고객 군이 80%에 육박하는 것으로 나타났음을 알 수 있다.

디마케팅은 주로 성숙기에 접어든 산업에서 흔히 발견된다. 왜냐하면 성장기에 있는 산업은 '매출'이 주요 관리지표이지만, 성숙기에 접어듦에 따라서 '이익'이 주요지표가 되기 때문이다.

디마케팅은 기준에 따라 몇 가지로 분류될 수 있다. 첫째, 고객에게 제공되는 서비스의 양적 혹은 질적 증감에 따라 고객퇴출형 디마케팅과 고객제한형 디마케팅으로 나뉜다. 고객퇴출형 디마케팅은 특정 고객에게 제공되는 서비스를 점차적으로 감소시켜 고객이 자발적으로 기업을 떠나게 만드는 경우이다. 은행에서 지로를 이용한 공과금을 받아주지 않는 것, 카드회사의 무분별한 카드 발급 후 서비스 제한을 통해 고객들을 퇴출시키는 것, 백화점에서 차등적 할인쿠폰을 배포하는 것 등이 이에 해당한다.

반면, 특정 고객에게 제공되는 서비스를 강화하여 제한된 고객에게 서비스를 집중하는 것을 고객제한형 디마케팅이라 한다. 고객제한형 디마케팅의 대표적인 사례는 우수 고객에게 서비스를 집중하는 경우이다. 주의할 점은 명품업체들이 사용하는 명품마케팅은 고객제한형 디마케팅이 아니라는 점이다. 왜냐하면 명품마케팅은 처음부터 부자고객들을 표적시장으로 선정하여 마케팅 활동을 펼치기 때문이다.

둘째, 디마케팅의 대상이 일부인가 아니면 전부인가에 따라 선택적 디마케팅과 일반적 디마케팅으로 구분할 수 있다. 선택적 디마케팅은 특정 고객집단 퇴출 혹은 우대 등 일반적으로 사용되는 디마케팅이다. 반면, 일반적 디마케팅은 공익을 위한 방법으로 주로 사용된다. 예를 들어, 금연캠페인, 금주캠페인 등이 있다. 일반적 디마케팅을 위한 마케팅 수단으로는 첫째, 높은 가격(남산터널의 혼잡통행료, 담배와 술에 붙는 세금 등), 둘째 공익광고(금연, 건강 등), 셋째 광고제한(주류 광고의 심야 제한 등), 넷째 유통제한(허가된 판매점과 술집에서만 주류 판매 허용 등)이 있다.

요즘 같은 불황기에 더욱 절실한 디마케팅을 성공시키기 위해서는 반드시 고려해야 할 몇 가지 요인이 있다.

첫째, 퇴출당한 디마케팅 고객들의 구전을 조심해야 한다. 구전에 관한 연구에 따르면, 나쁜 구전의 확산 속도는 좋은 구전에 비해 약 10배 이상 빠르다고 한다. 또, 구전은 기업이미지와도 무관하지 않기 때문에 장기적인 관점에서 잠재고객들의 고객화를 방해할 가능성도 존재한다. 따라서 급격한 서비스 제한보다는 점진적인 서비스 제한을 통해 부정적 구전을 방지하도록 주의해야 할 것이다.

둘째, 고객퇴출과 고객제한을 병행해서 사용해야 한다. 우리나라 고객들은 정에 약하다는 주장이 무색할 정도로 요즘 고객들은 이성적이면서도 냉정한 경향이 있다. 즉, 기업이 마음에 안 들면 바로 떠나는 고객들도 많지만 목적달성(할인상품 구매)을 위해서라면 기업의 디마케팅에도 불구하고 떠나지 않는 고객들도 많이 있다. 따라서 퇴출 대상 고객들이 느끼는 서비스 차이가 가장 크게 나도록 고객퇴출과 고객제한을 병행해서 사용하는 것이 좋다.

■ 매복 마케팅 Ambush Marketing

수십억의 마케팅 비용으로 무려 10배 정도의 광고효과를 누린 기업이 있는 반면, 수백억을 투자해서 2배가량의 광고효과만 내는 데에 그친 기업이 있다. 2002년 한일월드컵 당시 국내 대형 이동통신사들의 실제 사례이다. 더군다나 전자는 월드컵 공식스폰서가 아니었음에도 불구하고 실로 놀라운 효과를 거두었다. 이러한 사례의 원조 격은 1998년도 프랑스월드컵 때로 거슬러 올라간다. 그 당시 공식스폰서가 아니었던 나이키(나이키는 현재도 FIFA의 공식후원사가 아니다)는 프랑스월드컵 경기장 근처에 '나이키 파크'를 건설하고 자사가 후원하는 브라질 선수들을 주축으로 다양한 이벤트를 실시하였다. 그 결과 많은 사람들이 나이키가 FIFA의 공식후원사인 것처럼 착각하는 현상이 벌어졌다. 이 바람에 정작 공식후원사였던 아디다스(아이러니하게도 아디다스는 현재도 FIFA의 공식후원사이다)는 많은 광고효과를 거두었음에도 불구하고 나이키의 비용 대비 놀라운 효과 때문에 썩 기분이 좋지 않았다. 이상의 사례는 매복 마케팅으로 성공한 경우이다.

공식적인 방법이 아니거나 교묘히 규제를 피해서 자사 상표를 홍보하는 마케팅 기법을 매복 마케팅이라고 한다. 주로 스포츠 행사에서 많이 사용된다. 매복 마케팅의 시초는 1984년 LA올림픽에서의 코닥Kodak 광고로 보고 있다. 코닥은 올림픽 TV 중계 도중 광고 시간에 '여름의 공식 필름'이라는 슬로건을 내세워 마치 자신들이 올림픽 공식스폰서인 것처럼 대중들에게 어필하였다. '올림픽'과 '스폰서'라는 단어만 교묘하게 뺐을 뿐이다('월드컵과 매복 마케팅', 형민우, 「주간경제」 880호).

매복 마케팅은 왜 생겨난 것일까? 그 해답은 불완전 경쟁과 소비자 행동이론에 기인한다. 마케팅 기법이 발전하면서 스포츠 마케팅은 새로운 마케팅 장르로 진화하고 있다. 월드컵 같은 유명 국제대회의 공식후원사 자리는 한정되어 있고, 후원사가 되기 위한 비용도 천문학적 액수로 치솟고 있는 것이 요즘의 현실이다. 그럼에도 불구하고 100%에 가까운 TV 보급율과 날로 성장하는 인터넷 보급율은 후원 비용이 왜 증가하는지를 잘 설명하고 있다. 예를 들어 2002년 월드컵의 경우 개막전부터 결승전까지 세계 200여 나라에 총 2만 시간 동안, 전 세계 42억 명이 경기를 시청한 것으로 추산되며, 한국전의 경우 우리나라 가구 중 70% 이상이 시청한 적도 있는 것으로 나타났다. 따라서 공식후원사가 속한 산업의 경쟁사들이 대응방안을 내놓지 못하면 엄청난 미래손실을 가져올 것은 명약관화한 사실이었다.

소비자는 광고 같은 마케팅 자극에 노출되면 관련 정보를 분석하고 이에 대한 이해를 거쳐 기억에 저장을 한다. 그러고 나서 필요할 때 기억 속의 정보를 인출하여 상품 구매에 활용한다. 그러나 요즘의 소비자들은 너무 많은 정보에 노출되어 있고 처리 용량은 한계가 있다 보니 자연스럽게 효율적으로 기억을 제어하는 과정을 갖게 된다. 즉, 월드컵 경기장 근처에서 '나이키 파크'에 노출된 소비자는 '월드컵 경기장 = 나이키'를 묶어서 생각하게 된다. 또한 나이키는 많은 축구선수들의 용품을 후원하고 있기 때문에 '나이키 = 축구 후원사'라고도 생각한다. 한마디로, 소비자는 나이키가 월드컵 후원사라는 잘못된 정보를 기억 속에 저장하거나 혹은 인출하게 되는 셈인데, 이러한 점이 매복 마케팅을 가능하게 해준다.

현재까지는 적법한 것으로 간주되는 매복 마케팅, 그 앞날은 어떠할까? 대기업에 있어 매복 마케팅의 앞날은 불행히도 밝지 못하다. 첫째, 매복 마케팅을 불법이라 규정하는 움직임이 강한 편이다. 일례로 스포츠 협회들은 매복 마케팅을 일종의 불법으로 간주하고 매복 마케팅을 실시하는 기업들을 대상으로 소송을 제기하거나 할 예정이다.

둘째, 매복 마케팅이 공식후원사 신청 등의 스포츠 마케팅보다 비용 대비 효율은 높지만 반드시 효과까지 높다고는 볼 수 없다. 매회 월드컵 공식후원사로 지정된 아디다스는 나이키보다 수배의 효과를 더 거둔 것으로 나타났으며, 이로 인해 나이키 대비 경쟁우위를 점할 수 있었다.

매복 마케팅의 실행은 현재로선 더한층의 신중을 요한다.

◼️ 숫자 마케팅Number Marketing

히트상품들을 가만히 살펴보면, 이름에 숫자가 들어 있는 상품이 꽤 많다. 콘택600, 비타500, 2% 부족할 때, 여명808 등을 대표적 사례로 꼽을 수 있다. 이 숫자들은 고객에게 호기심을 자극하고 상품명을 각인시키며, 상품의 특성을 빠르고 함축적으로 전달하는 효과를 가지고 있다.

숫자를 활용한 상품명의 원조 격인 콘택600은 캡슐 안에 600개의 알갱이가 있는 것에서 착안한 상품명이다. 약품이 히트하던 시절 실제로 알갱이가 600개인지 세어 보는 사람도 있었다고 하니 그 인기를 짐작할 수 있다. 박카스의 아성을 넘보는 광동제약의 비타500 역시 한 병에 500ml의 비타민이 포함되어 있는 것을 표현한 것이며, 애경의 2080치약은 '20개의 건강한 치아를 80세까지'라는 의미를 담고 있다.

오래전부터 서양에서는 '수(Number)'를 아름다움의 상징으로 여겨왔다. 이에 반해 동양에서는 숫자를 세상의 진리에 이르는 길로 생각해왔다. 오랜 세월 동안 숫자 속에는 일반인들이 쉽게 간파하지 못하는 신비한 규칙성과 조화가 숨어 있다고 생각해왔으며, 실제로 숫자의 오묘함과 창조성은 다양한 방식으로 인간의 마음에 작용하고 있다. 최근 들어 각광받고 있는 숫자 마케팅은 바로 이 점을 활용한 것이다.

숫자 마케팅이란 브랜드나 상품 특성을 나타내는 숫자와 연관된 다양한 마케팅 활동을 통해 브랜드 인지도를 높이거나 소비자의 호기심을 자극하는 마케팅 기법을 의미한다. 특히 요즘처럼 감성의 시대를 맞아 숫자 마케팅은 빠르고 효과적인 이미지 전달로 신세대에게 크게 어필하고 있다.

성공적인 숫자 마케팅의 사례 중 하나는 음료 '2% 부족할 때'이다. 어느새 보통명사로 자리잡은 '2%'라는 단어는 1999년 상품 출시 이후 아직까지도 인기를 끌고 있는 롯데칠성음료의 2% 부족할 때에서 비롯되었다. 출시 후 '2%'라는 유행어가 만들어져 조금의 부족함이 있거나 모자람이 있는 상황에서 즐겨 사용되어 왔다. 2% 부족할 때는 출시 후 2년 만에 10억 캔 판매를 돌파하였고, 한

2% 부족할 때

때 90%가 넘는 시장점유율을 기록하며 선풍적인 인기를 끌었다.

본래 이 상품의 이름은 '체내 수분 2% 부족할 때' 였는데, 인체 내에서 수분이 2% 부족할 때 갈증을 느끼고 5% 부족하게 되면 혼수상태에 빠지게 된다는 점에 착안하여 당시로서는 독특하게 상품 명에 숫자를 넣기로 결정하였다고 한다. 이후 '체내 수분 2% 부족할 때' 라는 상품명이 길다는 의견에 따라 '2% 부족할 때' 라는 상품 명을 사용하게 된 것이 공전의 히트를 기록하게 된 것이다.

숫자 마케팅에서 숫자가 선정되고 사용되는 방법은 여러 가지가 있으나 많이 사용되는 방식은 크게 세 가지로 구분할 수 있다. 첫째는 숫자가 갖는 본연의 의미에 집중하는 경우이다. 예를 들어 숫자 1은 '첫째', '하나' 혹은 '최고' 라는 의미가 있다. 특히, 광고업계는 숫자 1을 선호하는 경향이 있는데, 최고라는 의미에서 '1등급 우유', '업계 1위', '명품' 등 상품의 우수성을 부각할 수 있기 때문이다.

반면 홈쇼핑이나 할인점 등 유통분야에서 많이 발견할 수 있는 사례로, 숫자 9를 활용하는 것을 들 수 있다. 어떤 물품의 가격으로 30,000원이나 29,900원은 사실상 큰 차이가 없음에도 불구하고 소비자는 구매에 결정적인 영향을 받을 정도로 29,900원이 훨씬 싸다고 지각하는 경향이 있다. 마케팅에서는 이러한 가격정책을 단수가격정책(Odd Pricing)이라고 한다.

둘째, 소비자들이 쉽게 떠올리고 기억할 수 있도록 어떤 상징성 혹은 은유적 의미에 초점을 두어 사용되는 경우이며, 이벤트, 전화번호, 그리고 연령을 이용한 방식이 있다. 과거 까르푸가 실시한 바 있는 '행운의 숫자를 찾아라' 이벤트에서는 TV광고 속 숫자와 매장 내 포스터 숫자를 찾아 더하여 응모토록 하여 경품을 제공하였고, 창사 7주년을 맞았던 해에는 행운의 숫자 '7'을 활용하여 '럭키세븐 대축제'를 개최해 즉석복권에 포함된 7의 개수에 따라 상품권을 제공하기도 하였다. 싸이월드도 '싸이'와 발음이 비슷한 숫자 '42'를 기준으로 '사이좋은 학교' 이벤트 등을 개최하기도 했으며, 쇼핑몰 우리닷컴도 창사 3주년을 맞아 '333 대축제' 이벤트를 펼쳐 '3년 장수 상품전', '30% 세일 상품전', '히트 상품 300선' 등 숫자 3을 이용한 다양한 기획전을 열었다.

전화번호를 이용한 방식은 가장 빈번하게 활용되는 숫자 마케팅이다. 한국에는 업종을 대표하는 전화번호들이 꽤 많다. 이미 널리 알려진 2424(이사이사), 1472(일사천리), 8282(빨리빨리), 4989(사구팔구) 등이 대표적인 사례이다. 이는 한국뿐만 아니라 다른 나라에서도 널리 사용되고 있다.

연령을 이용한 숫자 마케팅도 있다. 구체적인 나이를 지칭하는 것은 아니지만 1318, 2030, 386세대 등은 동시대적 공감대를 형성하여 소비를 자극하는 방법이며, LG 2030 카드는 그 자체를 상표명으로 활용한 사례이다. 이동통신 시장에서는 '스무살의 TTL' 등 특정 나이를 겨냥한 마케팅 방법이 오래전부터 성공적으로 활용된 바 있다. 최근 이동통신은 '3G'를 강조하고 있는데, 여기에서 숫자 '3'은 3세대 이동통신을 가리키는 말이다. 물론 소비자는 2세대와 3세대 이동통신의 차이를 잘 모른다. 그럼에도 불구하고 '3G'는 마치 많은 발전이 있는 것처럼 보이기 때문에 기존 이동통신과 차별화된 마케팅을 펼칠 수 있었다.

숫자 마케팅의 실행에는 몇 가지 고려할 사항들이 있다. 가장 먼저 유념해야 할 점은 기억되기 쉬운 숫자여야 한다는 것이다. 숫자를 기억하기 쉬우려면 가급적 짧은 숫자를 사용할 필요가 있다. 7~8자리 전화번호도 한 번에 기억하기 쉽지 않은 것이 인간의 기억력이다. 대부분 성공한 숫자 마케팅의 사례를 보면 대개가 2~4자리 숫자를 활용했음을 알 수 있다. 그러나 단순히 짧은 것만으로 기억 수준을 높이기는 어렵다. 짧은 숫자와 더불어 숫자에 어떤 의미를 부여해야 한다. 발렌타인데이나 빼빼로데이 등과 같이 특정 날짜 등을 활용한 것이 그 예이다.

둘째로 특정 언어 또는 문화적 특성과 결부될 때 숫자 마케팅의 효과는 더욱 커진다는 점을 기억하라. 예를 들어 '1004'라는 숫자는 우리나라에서만 의미가 있을 수 있는 것으로서, 미국이나 일본에서는 의미를 찾기 어려운 것이며, 많은 이사전문업체들이 자신의 전화번호에 '2424'를 포함시키는 것도 비슷한 맥락이다. 반면에 중국에서도 중국 최대의 제약회사 이름이 '999', 즉 '싼지우'일 정도로 숫자가 많이 활용되고 있으나 우리의 시각에서는 이 숫자가 의미하는 바가 불명확하다. 또한 중국에서는 '74'로 끝나는 전화번호의 경우 '74'의 중국어 발음이 '치쓰' 즉 '화가 나서 죽겠다'라는 뜻이 되어 중국에서 회피 번호에 해당된다. 또 '8'이라는 숫자는 발發(돈을 벌다는 의미임)과 발음이 비슷해 부자를 상징함으로써 매우 좋아하는 숫자에 해당된다.

이와 같이 숫자는 고객들에게 상표명을 단시간 내에 인지시키고 상품의 컨셉을 명확하게 전달할 수 있어 앞으로도 더욱 많은 숫자 브랜드 상품이 나올 것이다. 하지만 숫자 마케팅이 무조건 좋은 것만은 아니다. 앞에 열거한 여러 장점 때문에 많이 활용되는 것이 사실이지만, 세계적 반도체 회사인 인텔처럼 숫자 브랜드를 포기하는 회사의 사례도 주목할 만하다.

인텔은 새로운 칩을 개발할 때마다 숫자로 된 상품명을 사용했다. 4004, 8080, 8086, 8088 등이 그것이며, 우리가 예전에 익숙하게 사용했던 286컴퓨터, 386컴퓨터, 486컴퓨터라고 부르던 것도 인텔이 80286, 80386, 80486 칩을 사용했기 때문에 붙여진 이름이었다. 하지만 그 이후는 더 이상 이런 숫자의 이름을 사용하지 않았다. 당연히 80586으로 붙여 586컴퓨터라고 불려야 했던 제품은

586이란 숫자 대신에 그 유명한 펜티엄이라는 새로운 네이밍으로 세상에 나왔다. 인텔이 수십 년 동안 유지해왔던 정책을 갑자기 변경한 이유는 더 이상 숫자 브랜드로는 시장에서 경쟁사와 차별화를 꾀하기가 어려웠기 때문이다. 고객들이 586을 떠올렸을 때 그것이 인텔인지 아니면 경쟁사인지 모호했기 때문에 인텔을 떠올릴 수 있는 새로운 상표명이 필요했던 것이다.

숫자 마케팅은 상대적으로 활용하기 쉽고 효과도 좋지만 그렇다고 만병통치약은 아니다. 숫자 마케팅에서 중요한 것은 숫자가 아니고 마케팅이다. 소비자의 호기심을 자극하는 이름도 중요하지만, 가장 기본적인 출발점은 고객이 원하는 상품이다. 따라서 기억하기 쉽고 친근한 숫자를 상표명에 사용하는 숫자 마케팅은 마케팅 성공을 위한 필요조건이고, 여기에 마케팅 컨셉에 입각한 상품이 수반되었을 때 비로소 필요충분조건이 되는 것임을 주지해야 한다.

■ 매스티지 마케팅 Masstige Marketing

매스티지 마케팅이란 중산층을 대상으로 대중상품(Mass product)과 명품(Prestige product) 사이의 중고가 상품을 제공하는 마케팅 기법을 말한다. 사람들은 흔히 명품 하면 루이뷔통 가방, 아르마니 정장, 롤렉스 시계 등을 떠올리곤 한다. 이들은 많은 사람들이 소유할 수 없는 상품이란 공통점이 있다. 반면에 폴로POLO 티셔츠나 엠

씨엠MCM 가방은 싼 가격은 아니지만 그렇다고 명품이라 하기도 어렵다. 이들 상품은 비교적 높은 가격인 것이 사실이지만 동시에 많은 사람들이 소유할 만한 정도이다. 그럼에도 경쟁상품들과 비교해볼 때 어느 정도의 명성을 보유한 상품들이다. 이런 상품을 매스티지 상품이라 부른다.

매스티지 마케팅이라는 용어는 2004년 경영저널인 「하버드 비즈니스 리뷰」에 처음 소개되었다. 중가 상품을 주로 구입하던 미국 중산층 소비자가 품질이나 감성적인 만족을 얻기 위해 매스티지 상품을 소비하는 추세가 점차 늘고 있는 현상을 소개하면서 패션잡화뿐 아니라 식품, 가구, 생활용품, 가전제품 등 산업 전반으로 확장되고 있음을 지적하였다. 따라서 중산층 소비자의 소비패턴이 고급화되고 다양화되는 현 시점에서 일반 상품의 대중화 전략은 더 이상 수익 창출의 핵심 원동력이 될 수 없다고 하였다. 이때 유의할 점은 단지 명품보다 가격이 저렴하다고 해서 매스티지 상품은 아니라는 점이다. 매스티지 상품은 비록 명품은 아니지만 합리적인 가격과 함께 명품에 버금가는 명성과 감성적 만족을 줄 수 있어야 한다.

대표적인 매스티지 브랜드로 스타벅스를 들 수 있다. 투고To Go 커피의 1위 주자인 스타벅스는 비교적 비싼 가격에도 불구하고 잘 팔리는 매스티지 상품이다. 한때 압구정동에서 스타벅스 컵을 들고 다니는 것이 트렌드로 여겨진 적이 있었다. 이러한 현상은 특히 여성들에게서 많이 발견되었는데, 이를 계기로 온라인에서는

스타벅스

고가의 스타벅스 커피를 마시는 여성들을 폄하하는 용어들이 난무하기도 했다. 그러나 이 현상들은 현대의 감성적인 소비 스타일을 보여주는 명백한 사례였다.

감성을 추구하는 소비자는 스타벅스를 구매할 때 단지 스타벅스의 맛만 고려하는 것이 아니다. 스타벅스의 브랜드이미지 혹은 브랜드가치가 자신의 라이프스타일과 어울린다고 생각하기 때문에 구매한다. 그럼으로써 자신의 라이프스타일이 한 단계 업그레이드된 것처럼 느끼는 것이다. 이렇게만 본다면 허영심이 맞을 수도 있다. 하지만 스타벅스의 평균 가격을 떠올려보면, 다른 커피 가격에 비해 비싼 것은 사실이지만 소위 명품이라 불릴 만한 수준은 아니다. 다만, 이 정도 가격에 잠깐이나마 불황에 지치고 업무 스트레스에 지친 현대인들이 감성적인 즐거움을 얻을 수 있다면 그 가치는 충분한 것이다. 이러한 소비심리를 지닌 사람들에게 비교적 저렴한 값에 자신을 돋보이게 만들어주는 스타벅스는 매력적인 상품일 수밖에 없다.

스타벅스는 매스티지 상품전략을 확대적용하고 있다. 최근 몇 년 전부터는 편의점에서도 스타벅스의 커피를 만날 수 있게 되었는데, 한 병에 3천 원 정도로 일반 캔커피보다 훨씬 비싼 편이었음에도 불구하고 전체 음료시장에서의 매출비중이 점점 커지고 있다.

매스티지 마케팅은 음식문화, 자동차, 애완동물, 공연예술 등 라이프스타일 전반에 걸쳐 실행되고 있다. 피자헛Pizza Hut은 기존의 맛과 매장 인테리어를 한 단계 업그레이드시킨 '피자헛 플러스' 매장을 선보였으며, 패밀리레스토랑 빕스VIPS는 몇 개점을 대상으로 메뉴와 인테리어를 변경한 후 '프리미엄 빕스'를 선보였다. 1998년 첫 선을 보인 크라제버거Kraze Burger는 다른 햄버거에 비해 두세 배 정도 비싸다. 비록 전체 매출은 버거킹의 7% 수준이지만 매스티지 시장에서는 70% 이상을 차지하고 있다.

혼다Honda 자동차는 성공적인 매스티지 전략으로 우리나라 진출 5년 만에 시장 1위 입지를 굳혀가고 있다. 2007년까지는 BMW, 렉서스에 이은 3위였지만 2008년부터는 판매대수 1위를 차지하고

혼다 자동차

있다. 놀라운 것은 프리미엄 브랜드인 아큐라^{Acura}의 모델인 레전 드^{Legend}를 제외하면, 혼다는 어코드^{Accord}, 시빅^{Civic}, 그리고 CR-V 등 겨우 세 개 모델을 가지고 최대의 판매효과를 누리고 있는 것이다. 어코드는 2008년 상반기 기준으로 누적 판매대수 2위를 차지했고, CR-V는 누적 판매대수 3위에 올랐다.

혼다의 매스티지 전략이 성공한 이유는 단순하다. 혼다는 프리 미엄급 브랜드가 아니며 스스로 럭셔리카를 부르짖지도 않는다. 거기에 걸맞게 혼다는 자사 차량에 대해 경쟁 수입차 가격보다 상 대적으로 낮은 가격을 책정했다. 국산 중대형세단에 맞먹을 만큼 비교적 저가이다. 그런데 중요한 것은 혼다는 수입 자동차라는 사 실이다. 즉, 혼다는 상대적으로 저렴한 가격으로 수입차를 접하고 싶은 고객들의 마음을 움직인 것이다.

반면, 매스티지 전략을 수행하는 것처럼 보이지만 혼다와는 시 장 성과에서 차이를 보이는 브랜드가 있는데, 바로 폭스바겐이다. 폭스바겐은 독일 3사(메르세데스벤츠, BMW, 아우디)에 비하면 분명 럭셔리하지 않지만, 명확히 '오리지널 저먼^{Original German}'을 표방한 다. 즉, 독일 3사의 차량을 갖고 싶지만 비싸서 구입을 못하는 중 산층들을 대상으로 소위 '독일제 자동차'를 구매하고 즐기라는 메 시지를 전달한다.

문제는 폭스바겐 차량 가격이 3사에 비하면 저렴하지만 국내 자 동차에 비하면 상당히 높게 책정되어 있다는 것이다. 이를 보면 폭 스바겐은 매스티지 전략이 아니라 고급화 전략을 취하는 것처럼 보인다. 그러나 아쉽게도 폭스바겐이 유럽에서는 고급스러운 브랜드에 속할지언정 우리나라는 아직 아니라는 데에 문제가 있었다. 혼다와 폭스바겐의 사례에서 알 수 있듯이, 기업 전략과 소비자 지각 사이에 갭Gap이 적을수록 시장 성과는 좋아질 것이고, 많을수록 시장 성과는 낮을 수밖에 없다.

매스티지 마케팅의 특징은 다음과 같이 세 가지로 정리할 수 있다. 첫째, 고가 상품이지만 대량으로 판매되고 있다. 전통적인 명품의 가치는 고가격에 의한 희소성에 있다. 하지만 매스티지 상품은 가격 측면에서 일반 대중상품과 명품 사이의 중간에 위치함으로써 소비자들이 비교적 수월하게 구입할 수 있다. 미국 화장품 업체인 배스앤바디웍스Bath & Body Works는 자사의 제품을 고급 화장품 키엘스크림Kiehls Creme과 중저가인 바셀린Vaseline 사이에 포지셔닝하면서 고품질과 감성적 광고로 인기를 모으고 있다.

둘째, 매스티지 상품을 구매하는 집단에 속한다는 심리적인 동질감과 개인적인 자긍심을 준다. 명품은 과시적인 욕구를 강조하는 반면 매스티지 상품은 집단 내 소속감과 자신에 대한 가치를 확인시켜 준다. 엠씨엠MCM이나 코치Coach 가방의 경우 실용성을 가미한 고급스러움으로 신세대 여성을 상징하는 상품으로 여겨지고 있다. 디젤Diesel 청바지는 비싸지만 개성 있는 나를 표현해주는 브랜드인 동시에 사교활동을 위한 의류로도 각광받고 있다.

셋째, 명품 브랜드의 대중화 전략이 매스티지 상품의 형태로 나타나고 있다. 기존의 명품 브랜드들도 중산층 소비자의 실속형 고급 소비 성향에 부응하기 위해 상대적으로 저가 상품을 출시하고 있다. BMW는 비교적 저렴한 4천만 원대의 320을 출시했는데, 소비자들의 반응이 열광적이었다. 비록 최하위 모델이지만 BMW를 소유했다는 자부심을 느낄 수 있기 때문이다. 덕분에 320은 항상 수입자동차 판매대수 상위에 랭크되어 있다.

그렇다면 매스티지 마케팅이 성공하기 위한 요인에는 어떤 것들이 있을까? 가장 먼저 적절한 매스티지 상품개발이 필요하다. 매스티지 상품은 고가품과 대중상품 사이의 가격 차이가 큰 상품군, 그리고 감성적 가치 전달이 약한 상품군 안에서 개발할 경우 성공 가능성이 높다. 그 한 사례로, 미국 속옷 브랜드인 빅토리아 시크릿Victoria Secret이 중고가 속옷 브랜드가 없다는 점을 파악한 후 고급 브랜드인 라펠라La Perla와 중가 브랜드인 메이든 폼Maiden Form 사이에 가격을 포지셔닝한 바디바이빅토리아Body by Victoria를 출시하여 성공한 것을 들 수 있다.

둘째, 상품 출시 초기부터 사회적인 유행을 만들기 위한 노력이 필요하다. 일반적으로 어떠한 상품이 명품으로 자리 잡기 위해서는 오랜 시간이 소요된다. 매스티지 신상품의 경우 더욱 적극적으로 확산 속도를 높이기 위한 노력이 요구된다.

마지막으로, 매스티지 상품의 약점이 될 수 있는 요인을 제거해야 한다. 매스티지 상품이 명품에 근접할 만한 가치를 제공한다면 성공 요인이 될 수 있으나, 단지 가격만 고가와 중가 사이에 어중간하게 포지셔닝되어 있을 경우 여타 상품에 비해 차별적 우위가 없게 된다. 따라서 가격 포지셔닝의 약점을 극복하기 위해서는 명품에 뒤지지 않는 상품 고유의 편익을 제공해야만 한다. 자연주의 화장품 열풍을 몰고 온 바디샵Bodyshop은 시슬리Sisley, 오리진Origins 등과 같은 고급 브랜드와는 차별화된 매스티지 전략으로 성공한 사례이다. 바디샵은 환경 및 동물 보호 등과 같은 그린 마케팅뿐만 아니라 소비자들이 매장에 비치된 테스트용 상품을 시용한 후 구매할 수 있도록 도와주는 차별화를 시도하여 성공하였다.

■ 공익 마케팅Public Marketing

삼성이 사회공헌활동을 시작한 것은 1989년이었다. 이건희 전 회장이 102억 원의 사재를 출연하여 삼성사회복지재단을 만들면서 본격적인 사회공헌활동이 이루어질 수 있었다. 삼성의 사회공헌활동은 1994년 삼성사회봉사단이 출범하면서 보다 적극성을 띠게 되었다. 2002년 삼성 사회공헌활동 백서에 따르면 삼성이 2002년 한 해 동안 사회공헌활동에 사용한 비용은 약 3,217억 원에 달한다. 이는 2001년 대비 약 세 배 정도 증가한 액수이다. 또한 2002년 들어 공익사업에 지출된 비용이 76.7%를 차지하여 그동안 50% 이상의 비중을 차지했던 기부협찬 대신 공익사업의 비중이 늘었다. 이러한 집행 비율 변화는 삼성의 사회공헌활동에 있어 중요한 변화를 보여준다. 즉, 삼성이 기부 중심의 전통적 방식을 탈피하여 전략적인 공익활동을 하고 있음을 반영한 것이다.

또한 삼성은 1996년부터 해외공헌활동을 벌여 온 결과 1998년에는 촛불재단(Points of Light Foundation)이 수여하는 '최우수 자원봉사 기업상'을 수상하기도 했다. 그리고 1999년에 시사주간지 「타임Time」이 '나눔의 사회(Giving Some of It Back)'라는 특집기사로 삼성의 해외 사회공헌활동을 보도하는 등 국제 언론들도 그 성과를 호의적으로 평가하였다.

삼성의 사례는 전략적인 공익 마케팅 활동의 모범 사례이다. 공익 마케팅과 유사한 표현들에는 사회 마케팅, 사회지향적 마케팅, 공익연계 마케팅 등이 있다. 마케팅은 기본적으로 기업의 이윤을 극대화하기 위해 상품 판매를 촉진시키는 데 목적이 있다. 그러나 기업의 사회책임론과 소비자 보호운동(Consumerism)이 거론되면서 기업의 사회적역할 등 사회적인 이슈를 다루는 데에도 마케팅을 적용하게 되었다. 즉, 비영리단체들이 사회적 이념을 보급하는 데에 기업의 마케팅 기술을 확대 적용한 것이다. 이것이 바로 선진국에서 1960년대 후반부터 실행되기 시작한 사회 마케팅이다. 사회 마케팅은 소비자 생활의 질 향상, 빈곤 감소, 에너지 절약, 교통난, 가족계획, 낙태, 금연, 마약사용금지, 오염방지와 환경개선, 이웃사랑운동 등 다양한 사회문제를 다룬다.

이와 유사하게는 사회지향적 마케팅(Societal Marketing)이라는 것이 있다. 사회 마케팅이 비영리단체가 마케팅을 하는 것이라면, 사회지향적 마케팅은 기업이 소비자운동 단체나 정부의 압력에 대응하여 사회 이슈를 마케팅에 활용하는 것을 말한다. 즉, 기업의 이미지를 높여 간접적으로 매출을 올리거나 아니면 직접적으로 매출을 올리는 데에 사회적 이슈를 활용하는 것이다. 맥도날드가 맛이나 영양가만 따지는 것이 아니라 소비자의 건강이나 환경까지 고려하여 마케팅하는 것이 여기에 포함된다.

그리고 공익연계 마케팅(Cause-Related Marketing)이란 것은 소비자가 자사 상품을 구입하면 그 중의 일부를 대의명분이 있는 활동에 사용하는 것이다. 만약 두 가지의 비슷한 상품이 있다고 할 때 자선을 하고 싶은 소비자는 공익연계 마케팅을 하는 상품을 구매할 것이다. 1983년 신용카드 회사인 아멕스AMEX가 고객의 사용요금 중 일부 금액을 자유의여신상 복구 지원에 사용한다고 광고를 한 것이 최초의 공익연계 마케팅이었다. 아멕스는 기금을 170만 달러나 확보하였다. 놀라운 것은, 그 결과 카드 사용액이 전년대비 28% 증가하였고, 신규가입고객은 10%나 증가하였다는 점이다.

시간이 갈수록 공익 마케팅은 기업들에게 선택이 아니라 필수가 되고 있다. 사회가 기업에 대해 여러 가지를 요구하거나 기대하는 것이 많은 이유는 무엇 때문일까? 우선은 돈을 많이 벌었으니 시혜 차원에서 기부를 하라는 준조세 성격이 있다. 또 시장경제의 맹점이지만, 기업이 이윤을 추구하는 과정에서 간접적으로 발생시키는 여러 사회적 비용에 대해 이를 보상하라는 압력도 있다. 이런 여러 가지 사회적 압력을 받게 되면 기업이미지 악화는 물론 매출에 악영향을 주기도 한다. 따라서 기업들은 사회적인 책임을 성실히 수행하는 이미지를 심어줄 수 있는 공익 마케팅을 구사하지 않으면 안 되는 것이다.

공익 마케팅은 기업이 울며겨자먹기 식으로 선택할 수밖에 없는 대안이 아니다. 오히려 공익 마케팅을 전개한 대가로 기업은 다양한 효과를 얻을 수 있다. 첫째로, 강력한 기업 브랜드자산을 구축할 수 있다. 기업은 사회적역할을 강조하는 공익 마케팅 캠페인을 통해 기업이미지를 상당 부분 개선할 수 있다. 특히 독특하고 시의적절한 캠페인 이슈는 대개 미디어의 커다란 관심을 불러모아 홍보효과는 더욱 극대화된다.

둘째, 공익 마케팅은 대의명분이 뚜렷하기 때문에 기업 내부 구성원들의 사기 진작에도 도움을 준다. 공익 마케팅은 사실 기업 임직원들에게는 기피활동이 될 수도 있다. 그러나 직원들이 몸소 캠페인에 참여를 하고 난 후에는 직원들의 생각이 크게 달라진다고 한다. 왜냐하면 보람 있는 일을 몸소 체험하게 될 뿐 아니라 다른 직원들과의 동료애도 돈독해짐은 물론 회사에 대한 자부심 또한 고양되기 때문이다.

마지막으로 공익 마케팅은 기업과 공익단체가 상생할 수 있는 선순환 고리를 창출할 수 있다. 공익단체는 기금이 풍부하지 않으며 홍보비용 역시 만만치 않다. 반면 공익 마케팅을 하고자 하는 기업은 자금은 있으나 적절한 마케팅 대상을 찾기 힘들다. 따라서 기업과 공익단체와의 결합은 서로 목표달성을 보조해주는 역할을 훌륭히 수행한다. 기업은 비영리단체의 순수성과 평판의 아우라Aura를 얻을 수 있고, 공익단체는 기업의 물적 · 인적 자원을 활용할 수 있기 때문이다. 2002년부터 2005년까지 해태제과와 아름다운재단이 함께 진행했던 '소원우체통' 프로그램이 기업과 공익단체 결합에 관한 대표적인 사례라고 할 수 있다.

소원우체통은 소외아동들을 위하여 해태제과의 과자인 '자연애' 와 '미사랑' 의 판매액 1%가 기금으로 조성되었다. 소원우체통은 비영리단체인 아름다운재단의 기획력과 안목을 바탕으로 한 파트너십을 통해 소외아동들의 희망을 잘 반영한 프로그램이라는 점에서 의미를 갖는다. 미사랑과 자연애 두 상품에는 상품 판매액의 1%가 아름다운재단 기금으로 조성된다는 표시가 되어 있었다. 소비자는 얼마 안 하는 과자를 사먹으면서도 선행을 베풀었다는 생각에 만족도가 상승하여 해당 과자를 다시 구매하는 경향이 높아졌다. 비록 소원우체통 프로그램에 사용된 총 기금이 많지는 않았지만 해태제과를 통해 소원을 이룬 아이들과 공익사업에 동참한 소비자는 자연스럽게 해태제과에 대한 긍정적인 이미지를 갖게 되었다.

그렇다면 공익 마케팅을 실행할 때 반드시 유념해야 할 것에는 어떤 것들이 있을까? 첫째, 사회적 리더십을 동반해야 한다. 공익 마케팅의 순수한 의도가 가끔씩 왜곡되는 경우가 있다. 왜냐하면 기업은 기본적으로 이윤추구 기관이므로 영리를 위해 공익 마케팅을 이용하거나 무언가 안 좋은 일이 있을 때 이를 커버하려는 의도에서 실행하는 것이 아니냐는 의심을 받기 때문이다. 기업이 마지못해 공익활동을 한다거나 단지 상업적인 목적에 치중하는 등 사회적 리더십이 동반되지 않은 공익 마케팅은 성공하기 힘들다.

둘째, 공익 마케팅에는 전략적이고 장기적인 접근이 필요하다. 공익 마케팅이 전략적으로 실행되지 않을 경우 기업 입장에서 투자 대비 효과가 매우 낮을 수 있다. 또한 근시안적인 시각에서 단기 매출과 공익 마케팅을 연계시키면 실패하기 십상이다. 잘못된 공익 마케팅으로 인해 손상된 브랜드이미지를 회복하기란 쉬운 일이 아니다.

마케팅은 고객지향적이고 시장지향적이어야 한다. 기업을 둘러싼 환경이 점차 기업에게 불리해져 가는 현대 경영에서 고객지향적인 기업의 공익 마케팅은 피할 수 없는 큰 물결이다. 요즘 경기가 많이 위축되어 일부 대기업을 제외하고는 공익 마케팅이 활성화되기 어려운 환경일 수도 있지만 어려울 때 해놓았던 일정 금액의 투자가 훗날 크게 빛을 발할 수도 있다. 공익 마케팅이 꼭 거액을 들여야 하는 것은 아니다. 기업의 상황에 맞게 전략적으로 실시하면 된다. 중요한 것은 기업과 그 이해관계자들의 실천 의지이다.

■ 역발상 마케팅Counter-Idea Marketing

기업들은 갖가지 마케팅을 동원해 극심한 경쟁이 존재하는 어두운 현실에서 벗어나려 하지만 기존의 방식 내에서는 아무리 새로운 것을 찾으려 노력해도 제자리만 맴돌 뿐이다. 어려울 때일수록 바로 남들이 가진 상식을 뒤엎고 이제껏 생각하지 못한 '깜짝쇼' 마케팅을 하는 것이 강력한 효과를 발휘할 수 있다.

사회가 점점 복잡해지고 다양한 양상을 띠게 되면서 사업적 불확실성도 커지고, 그 불확실성하에서 기업은 기존의 상식이나 고정관념에 더욱더 의지하려는 경향을 보이곤 한다. 이러한 상식 편향은 동일화와 획일화, 그리고 기업간 경쟁을 더욱 심화시킨다. 결국 이런 환경에서 살아남기 위해서는 '거꾸로' 하는 것이 돌파구가 될 수 있다. 이러한 거꾸로 마케팅 기법을 일명 역발상 마케팅(『회사의 운명을 바꾸는 역발상 마케팅』에서 처음 사용된 용어)이라고 한다.

과거 동원증권의 한 광고에 나왔던 '모두가 예라고 할 때 아니라고 할 수 있는 친구, 그 친구가 좋다' 라는 카피는 역발상적 의미를 담고 있었다. 역발상이 이루어지기 위해서는 상식처럼 여겨졌던 기존의 등식을 부정하는 것이 최우선이며, 이것이 역발상의 출발이자 가장 중요한 포인트이다. 성공을 위해서는 기존의 관습이나 준거의 안전함, 편안함을 떨쳐버려야 한다. 우리 주변을 감싸면서 광범위하게 받아들여지는 관점과 당연시되는 행동에서 벗어나야 하는 것이다. 때로 역발상은 상식적이며 기존의 것에 반하기 때문에 모순되지만, 실질적인 내용 속에는 우리가 그동안 생각하지 못한 진리가 담겨 있을 수 있다. 상식은 덫과 같다. 한번 걸려들면 좀처럼 빠져나오기 힘들다. 시간이 흐르면 덫에 걸려든 부분이 점점 썩듯이, 상식을 그냥 두면 우리의 사고도 점점 썩어 들어간다.

향후 마케팅의 핵심은 기존의 상식적, 습관적, 고정관념적 상품 및 서비스의 정의에서 벗어나 전혀 새로운 정의를 내리는 소위 '뒤집기 컨셉' 이 될 것이다. '겉옷과 같은 속옷', '엄마가 먹는 분유', '어른이 바르는 아기 화장품', '식후에 먹는 껌' 등 모든 것이 기존의 "이건 이래야 돼"라는 고정관념을 과감하게 깨고 신선하게 소비자들에게 다가가 성공한 상품들의 예이다. 특히 오늘날과 같이 모든 기업이 비슷한 자원과 기술, 그리고 유사한 마케팅 전략으로 비슷한 상품을 선보이고 있는 상황에서 다른 사람이 생각하지 못했던 차별화된 것을 만들어낸다는 것은 많은 위험부담을 감수하는 만큼 성공했을 경우에는 엄청난 효과를 가져다 줄 수 있다. 역발상 마케팅이라고 불리는 이 새로운 개념은 예상 밖의 니즈를 창출할 수 있는 틈새시장의 발견과 일맥상통하며, 그만큼 독특하기에 소비자들의 시선을 끌 수 있고 또한 오랫동안 기억에 남게 한다.

역발상 마케팅의 대표적인 사례는 2006년 출시되어 엄청난 히트 상품이 된 '미녀는 석류를 좋아해' 라는 음료일 것이다. 특히 영화 「왕의 남자」 주인공 이준기가 여자 모델들 사이에서 피아노를 치며 부른 CM송은 대단한 화제였다. 남녀노소를 가리지 않고 흥얼거렸던 그 노래의 인기는 곧바로 매출로 연결됐다. 당시 불황을 맞고 있었던 음료시장에서 '미녀는 석류를 좋아해' 는 출시된 지 한 달여 만에 음료 신상품으로서는 최단 기간에 100억 원의 매출을 돌파했다. '미녀는 석류를 좋아해' 를 반년 넘게 준비했던 담당자조차 이 상품이 이렇게 좋은 반응을 얻으리라고는 미처 생각하지 못

미녀는 석류를 좋아해

했다고 한다. 하지만 상품 이름, 광고 등 마케팅 전략에 이미 성공의 열쇠가 담겨 있었다. 그 핵심은 역발상이었다.

처음에는 미모의 여성 탤런트가 광고모델로 물망에 올랐다고 한다. 하지만 "미녀를 광고에 등장시키는 것은 너무 평범하다"는 의견이 나왔고, 그래서 나온 대안이 「왕의 남자」에서 여장남자로 나온 이준기였다. 노래는 트로트풍으로 지어 한번 들으면 잘 잊혀지지 않고 누구나 쉽게 따라할 수 있도록 했다. 노래도 광고에 흔히 나오던 것과 차별화하지 않으면 소비자에게 어필하기 힘들다는 판단에서였다.

이 밖에도 주위를 조금만 살펴보면 역발상 마케팅의 사례는 매우 많다. 2007년 출시되었던 음료 '바나나는 원래 하얗다'는 바나나가 껍질은 노랗지만 원래 속살은 하얗다는 사실에 기반하여 매일우유에서 야심차게 준비했던 상품이다. 기존에 오래도록 사랑

받아온 빙그레 '바나나우유' 가 소비자들의 마음속에 '바나나 우유는 노란색' 이라고 강하게 자리 잡고 있었기에 바꾸기 어려웠던 바나나 우유에 대한 컬러를 뒤집는 재미있는 아이디어였다. 이 상품은 젊은이들 층에서 붐이 일고 있는 UCC 방식의 광고 동영상을 통해 왜 바나나가 원래 하얀지를 재미있게 설득했고, 하얗기 때문에 색소를 섞지 않은 건강한 우유라는 것을 간접적으로 보여주었다. 동영상의 선풍적인 인기와 함께 출시 석 달 만에 1천만 개를 돌파하며 시장에서 좋은 반응을 얻었다.

역발상 마케팅에는 항상 우려와 비판의 목소리가 공존하지만, 기존의 틀을 깬 신선한 마케팅이라는 점과 특정한 타깃의 니즈를 파악하고 그들에게 완벽하게 초점을 맞춘 선택과 집중이 탁월하다는 점에서 각광받고 있다. 그러나 매력이 큰 만큼 리스크도 큰 것이 사실이다. 그뿐 아니라 아무리 훌륭한 역발상 상품이라 할지라도 어떻게 상품을 포지셔닝하고 접근시킬 것인가에 대한 치밀한 마케팅 전략이 있어야만 시장에서 그 상품을 받아들일 수 있다는 점도 주의해야 할 것이다.

▪ 게릴라 마케팅Guerilla Marketing

국내에서 시판되고 있는 전통주는 백세주를 비롯해서 150여 종에 이른다. 최근 들어 건강에 대한 관심이 높아지면서 질병치료와 다

백세주

이어트효과 등을 강조하는 기능성 전통주까지 가세하여 시장 규모도 약 2,200억 원으로 커졌다. 그러나 1990년대 초반까지만 해도 전통주 시장은 청주류와 지방 민속주 정도에 불과했다. 그러니 전통주의 대중화는 1992년 국순당의 백세주와 함께 시작되었다고 해도 과언이 아니다.

백세주는 1988년 전통주 사업에 뛰어든 배상면 국순당 회장과 배 회장의 장남 배중호 사장의 집념이 만들어낸 작품이다. 서울올림픽과 함께 전통주류에 대한 전 국민적인 관심이 모아지던 와중에 배 회장 부자가 전통주법 그대로 술을 빚어보자는 일념으로 '생쌀발효법'을 복원하는 데 성공하며 백세주를 탄생시켰다. 통상 곡물을 찐 다음 발효를 시키는 술 제조법과 달리 곡물의 영양분을 고스란히 보존할 수 있는 생쌀발효법으로 만든 백세주에는 건강에 좋다는 한약제 10가지도 포함되었다.

건강에 좋은 술을 탄생시킨 배 회장 부자는 이제 돈 버는 일만 남았다는 생각으로 시장공략에 나섰다. 그러나 시험무대인 서울에서 보기 좋게 참패를 맛봐야 했다. 업소는 물론이고 일반인들조차 백세주를 거들떠보지도 않았던 것이다. '약주는 먹고 나면 머리가 아픈 술'이라는 인식이 강하게 퍼져 있던 데다 국순당은 신생업체로 회사나 브랜드의 인지도가 전혀 없었기 때문이다.

이러한 참패의 결과 뒤에 그들은 전혀 새로운 전략을 시도하였다. '처음부터 서울의 심장부를 공략하는 것이 불가능하다면 수도권 외곽지역으로 나오는 행락객을 상대로 백세주에 대한 이미지를 제고해 나가자'는 것이 전략의 내용이었고, 자금을 바탕으로 한 물량공세를 펼칠 수도 없었기 때문에 영업사원을 동원한 게릴라 마케팅으로 시작한다는 것이 전술의 골자였다.

이때부터 두세 명 단위로 조직된 영업사원 게릴라들이 수도권의 식당 등 파견된 업소에서 화장실 청소, 주방보조 등 온갖 궂은일을 도맡아했다. 업소 주인의 환심을 사는 작전에 들어간 것이다. 또, 업소의 차림표(메뉴판)를 깨끗한 새것으로 갈아주면서 백세주 광고를 끼워 넣는 방법으로 광고 효과도 함께 노렸다. 그렇게 업주들의 관심 속에 술자리에 등장하게 된 백세주는 점차 약주도 머리가 아프지 않다는 인식과 함께 수도권에서 서울로 파고들기 시작했다.

국순당의 게릴라 마케팅은 서서히 매출 신장으로 나타났고, 어느 순간부터는 매년 100% 이상의 신장을 거듭했다. 일단 주인들에게 상품이 아닌 인간관계로 환심을 사고, 그 뒤에 상품을 제시하는 게릴라 마케팅이 효과를 본 것이다. 그에 따라 주인들이 손님들에게 백세주를 권하게 되고, 고객들 사이에 입소문이 나서 실제로 TV나 인쇄매체를 통한 광고 효과 이상의 것을 얻을 수 있었다. 단순히 영업적 차원에서의 마케팅이 아니라 백세주에 대한 좋은 브랜드이미지를 만들어낸 방법이었다. 영업사원들이 몸소 친절한 모습을 선보임으로써 백세주 역시 사람들에게 깨끗하고 친근한 이미지로 다가갈 수 있었던 것이다. 이것은 일반적인 광고를 통해서 실패를 한 후, 전략적인 게릴라 마케팅을 통해서 이루어낸 성과라 할 수 있다.

마오쩌둥은 게릴라 전법을 신봉했는데, 그는 게릴라 전법에 대해 다음과 같이 정리했다. "적이 다가오면 우리는 후퇴한다. 적이 천막을 치면 우리는 그들을 괴롭힌다. 적이 피곤해지면 우리는 그들을 공격한다. 적이 후퇴하면 우리는 그들을 뒤쫓는다." 중공에서 쿠바, 그리고 월남전에 이르기까지의 역사는 게릴라전의 위력을 유감없이 보여주었다. 비즈니스에 있어서도 마찬가지다. 게릴라 전법은 거대한 기업들 속에서 작은 기업이 번영을 누릴 수 있는 전술적 이점을 제공해준다. 물론 규모라는 것은 상대적이다. 가장 작은 자동차 회사(아메리칸 모터스)라도 가장 큰 면도기 회사(질레트)보다는 크다. 그러나 아메리칸 모터스는 게릴라전을 벌여야 했으며, 질레트 사는 방어전을 벌여야 했다.

그리고 더욱 중요한 것은 자사의 규모가 아니라 경쟁사의 규모이다. 마케팅 전쟁의 핵심은 자기가 아니라 상대방에게 전술적 초점을 맞춰야 한다는 것이다. 게릴라 마케팅은 게릴라 전술을 마케팅 전략에 응용한 것으로서, 게릴라가 소규모의 조직을 통하여 적의 경비가 허술한 기지나 병기, 연료, 탄약 등을 기습적으로 공격하여 피해를 준 후 신속하게 빠져나와 일반 민중 속에 숨어서 반격을 피하듯이, 마케팅에도 이를 활용한 것이다. 일반적으로 후발기업이 시장 경쟁력 확보를 위하여 선두 기업들이 진입하지 않는 틈새시장을 공략하거나, 적은 마케팅 비용을 활용하여 고객에게 밀착형 마케팅을 전개하는 마케팅 방법을 말한다.

시장경제 상황에서 업체들간의 경쟁은 더욱 치열해지고 그에 따라 마케팅의 중요성이 점차 커지고 있지만, 전통적인 마케팅 전략은 그 역할이 점차 축소되고 있다. 갈수록 다양해지는 소비자의 욕구에 부합하기 위해서 새로운 마케팅 전략을 필요로 하고 있다. 이에 따라 나온 여러 마케팅 전략들 중 점차 부각되고 있는 것이 게릴라 마케팅이다. 외국에서는 이미 게릴라 마케팅이 하나의 마케팅 전략으로 자리 잡고 있으나, 우리나라는 아직 도입단계라고 할 수 있다.

우리나라는 외국에 비해 상대적으로 인구밀도가 높다. 또한 통합마케팅 커뮤니케이션(IMC; Integrated Marketing Communication)의 비중이 높아짐으로써 이전의 TV 광고나 인쇄매체에 치중해 있던 광고의 비중은 줄어들고 있으며, 소비자와의 직접적인 커뮤니케이션을 할 수 있는 판촉 등의 마케팅 전략의 중요성이 증가하고 있다. 이미 게릴라 마케팅을 실시할 수 있는 상황은 충분히 마련되어 있는 셈이다. 또한 실제로 게릴라 마케팅으로 인한 성공사례가 늘어나면서 많은 기업들이 게릴라 마케팅의 중요성에 대해 인식하기 시작했으며, 이러한 마케팅 전략을 사용하는 기업들이 점차 늘어나고 있다.

이처럼 우리나라에서의 게릴라 마케팅의 향후 전망은 밝다고 할 수 있다. 그러나 그것이 반드시 성공이 보장된 전략이라고 하기에는 아직 부족한 점이 많은 것도 사실이다. 그 동안 우리 주변에서는 많은 마케팅 신조어들이 탄생하였고, 그러한 용어들 중에는 별로 인기를 끌지 못하고 이내 사라지고 만 것들도 꽤 있다. 소위 '000 마케팅' 식의 신조어들은 용어만 새로운 가운데 그 용어 자체를 마케팅한다는 느낌을 주었고, 따라서 진정한 소비자의 이해에 근거한 '이론' 이라고 보기에는 다소 무리가 있었다. 한국 소비자의 특성에 근거한 마케팅 전략이 아니라 외국에서 들여온 단기 성향의 마케팅 수단이었기 때문이다. 중요한 것은 동일 국가에 속한 소비자의 공통적인 특성을 이해하고 그러한 특유성 또는 전형성에 맞춰 마케팅 법칙을 발견하고 이를 적용하는 자세이다.

그 동안 국내 기업들은 외국에서 유행하는 마케팅 수단들을 국내 실정에 맞게 변형시키기보다는 그대로 단순 적용하는 경우가 많았다. 미국 소비자에게 통하는 미국식 마케팅 수단을 맹목적으로 좋은 것으로 보고 이를 적용하려는 태도는 마케팅 사대주의에 다름 아니다. 미국식 마케팅 수단이 반드시 우리나라에도 통하리란 법은 없으며, 오히려 정반대의 현상마저 나타날 수 있다. 외국의 게릴라 마케팅과 국내의 게릴라 마케팅은 사용과 그 범위가 다르다. 그런 까닭으로 국내의 게릴라 마케팅의 효과와 효용성에 대한 이론이 정립되지 못했고, 단순히 유행만을 쫓은 게릴라 마케팅의 시도로 실패를 경험한 사례도 적지 않았다. 그리고 외국의 게릴라 마케팅의 범위에 비해서 우리나라의 게릴라 마케팅의 범위는 눈에 띄는 볼거리를 제공하는 신기한 이벤트 정도의 범주로 한정되어 온 것도 사실이다.

게릴라 마케팅이 성공하기 위해서는 몇 가지 사항에 유념해야 한다. 첫째, 마케팅 자원이 적재적소에 배치되어야 한다. 게릴라 마케팅은 경쟁우위 기업보다 시장 인지도와 마케팅 자원의 한계를 가지고 있어 많은 마케팅 비용을 지출할 수 없기 때문에 활용되는 마케팅 기법이다. 따라서 매스마케팅에 의한 간접적인 소비자 반응에 마케팅 자원을 활용하기보다는 저렴한 비용으로 직접적인 소비자 반응을 유도할 수 있는 거점을 파악하고 마케팅 예산 및 인력을 적절히 배치해야 한다. 빙그레의 경우 기능성 우유인 '5n캡슐우유'의 인지도 확산을 위한 홍보방법으로 영업소별로 매일 100명 안팎의 아르바이트 판촉사원을 선발한 적이 있다. 그리고 그들을 수도권 아파트 단지와 유통매장에 투입하여 샘플을 기증하고 입소문을 유도하는 게릴라 마케팅을 전개하여 성공을 거두었다.

둘째, 고객접점 및 밀집지역을 공략해야 한다. 게릴라 마케팅은 가장 영향력이 있는 고객접점 및 밀집지역을 집중 공략하여 잠재고객의 인지도 및 구매의도에 영향을 줄 수 있도록 전개되어야 한다. 특히 우리나라의 경우 대규모의 동질적인 소비자들이 하루의 많은 시간을 보내는 지역이 일부에 집중되어 있기 때문에 유사한 특성을 가진 소비자집단을 파악하여 이들을 집중적으로 공략한다면 큰 효과를 얻을 수 있다. '햇살담은 양조간장'이라는 상품을 출시한 대상의 홍보 전략이 좋은 예이다. 그들은 상품을 홍보하기 위해 할인점, 백화점, 요리학원, 문화센터 등 양조간장의 주요 소비자인 여성들이 몰려드는 곳을 대상으로 판촉경험이 풍부한 스마일 팀 여사원 100여 명을 파견하였다. 그리고 양조간장의 장점을 소개하며 소비자를 설득하는 게릴라 마케팅을 전개하였다. 그 결과 산분해간장과 혼합간장에 길들여져 있던 소비자의 입맛이 양조간장으로 돌아설 수 있었다.

셋째, 틈새시장을 공략해야 한다. 선발기업이나 대규모 자본을 지닌 기업과는 전면적인 경쟁이 어려운 현실이기 때문에, 게릴라 전법에서 적의 경비가 허술한 곳을 집중 공략하듯이, 틈새시장을 공략하여 새로운 거점 마련과 고객인지도 확산을 전개해야 한다. 오늘날 유명한 스포츠 회사인 리복Reebok은 1980년만 해도 그리 알려지지 않은 조그만 회사였다. 리복은 조깅화를 만들어 미국시장에 진출하였으나 별로 성공을 거두지 못했었다. 그러다 미국의 운동화 시장을 면밀히 조사한 결과, 소비자 욕구는 있는데 선발 운동화 업체들이 취급하지 않았던 에어로빅 운동화와 패션 운동화를 중점적으로 개발하여 크게 성공하였다.

넷째, 단기적인 제휴나 긴밀한 협력을 통한 마케팅 능력의 제고가 필요하다. 게릴라 마케팅 전개를 위해서는 경쟁관계에 있지 않은 기업들 혹은 특정 시장 영역의 시장 리더와 제휴를 하거나 우호적인 협력을 통하여 마케팅 자원을 분배해야 한다. 또는 시장 리더의 힘을 활용하여 마케팅 자원을 절감하도록 해야 한다. 그리고 제휴 시 장기적인 전략제휴보다는 단기적인 제휴를 고려하고, 자사 상품들끼리 교환할 수 있는 협력 시스템을 만들어 마케팅 비용을 절감할 수 있는 방법을 만드는 것도 중요하다.

마지막으로 가장 중요한 사항으로서, 고정관념에 얽매이지 않는 마케팅 사고가 필요하다. 소규모 기업은 선발기업이 전개하고 있는 마케팅 활동을 실행하기 어렵기 때문에 기존의 4P에 근거한 마케팅 사고에 얽매이지 않고 적은 비용으로 고객의 관심을 끌 수 있는 마케팅 방법을 전개해야 한다. 경매사이트인 '바이옥션'의 경우 서울 명동 한복판에서 현금 1만 원을 행인 1,000명에게 나누어 주는 기발한 아이디어로 사이트를 홍보하는 마케팅을 전개, 단돈 1,000만 원을 들여 국내의 일간지 및 방송3사에 보도되는 놀라운 효과를 얻었다.

■ 공짜 마케팅 Free Marketing

지엠대우자동차가 2004년 12월에 마감한 '무료시승평가단' 모집에 자그마치 63만여 명의 신청자가 몰리는 대성황을 이루었다. 경

지엠대우자동차의 무료시승평가단 행사

쟁률은 1,260 대 1이었다. 이유는 간단했다. 공짜였기 때문이다. 지엠대우자동차는 무료시승평가에 따른 감가상각비, 보험료 등의 비용으로 62억 원가량이 소요될 것으로 예측했다. 하지만 무료시승 이후의 입소문과 63만여 명에 달하는 잠재고객의 데이터 확보, 기업이미지 상승 등 유무형의 기대 효과는 비용의 몇 배에 달했다.

특히 2004년은 과거 어느 때보다 산업계 전반에서 공짜 마케팅 활동이 매우 활발했다. 그때까지 유통 및 생활용품 업체에 국한되었던 경품 제공, 무료 서비스 등 공짜 마케팅은 금융권이나 대중매체 등 전방위로 그 영역을 넓혔다. 이 가운데 지하철 무료신문의 돌풍은 예상외로 매서웠는데, 삼성경제연구소가 발표한 올해의 히트상품에서도 무료신문은 한 자리를 차지했다.

금융권에서 봇물을 이룬 공짜 마케팅도 예년에 볼 수 없던 풍경

들이었다. 외환은행은 2006년 수도권 20개 지점 등 전국 60개 지점에서 전 세계 모든 국가에 공짜로 통화할 수 있는 국제전화 무료서비스를 실시해 국내외 고객들로부터 큰 호응을 얻었다. 이와 함께 하나은행은 2005년 연말까지 여성전용카드 '하나 플래티늄 이브 카드' 가입 시 연회비 5만 원을 받지 않고 무료로 발급했다. KB국민은행도 신용카드 사이버회원을 대상으로 '생일 및 기념일 알림 서비스'를 평생 무료로 제공하고 있다.

얼어붙은 소비자들의 지갑을 열기 위한 공짜 마케팅 열풍은 이종 업체들 사이의 결합이라는 묘안까지 탄생시켰다. 제일은행은 2003년부터 디지털위성방송업체 스카이라이프와 제휴해 특정 금융상품 가입 고객에게 스카이라이프의 설치비와 장치비용, 2개월 시청료 면제 등의 서비스를 제공했다. 외환은행과 스타벅스는 2004년 여름 1천 달러 이상을 환전한 고객에게 스타벅스 무료 음료권을 주는 한편, 스타벅스 매장에서 환전수수료 30% 할인권을 나눠주기도 했다. 이외에도 KT와 인텔코리아는 롯데리아와 제휴해 패스트푸드 매장에서 공짜로 무선랜 사용이 가능하도록 공동 마케팅을 펼쳐 인기를 끌었다.

위의 사례들에서 알 수 있듯이 공짜 마케팅이란 기업이 매출 증대, 신규고객 확보, 상품 홍보를 위해 서비스나 상품을 무료로 제공하거나 각종 경품을 제공하는 것을 말한다. 신용카드 사가 자사의 신용카드를 이용해 항공권을 구입하면 여행보험을 공짜로 들게 해준다든지, 할인점에서 세제를 사면 하나를 덤으로 주는 것 등이 공짜 마케팅에 해당한다. 또 거리에서 화장품 샘플을 나눠주는 것, 추첨을 통해 경품을 주는 것, 커피나 차를 주문하면 케이크 한 조각을 무료로 주거나 즉석사진촬영을 해주는 등의 무료 서비스도 공짜 마케팅에 해당한다.

공짜 마케팅은 경기가 좋을 때나 나쁠 때나 많이 사용되는 마케팅 활동이다. 하지만 불경기일수록 소비자들이 지갑을 더 열지 않고 가격에 민감해지기 때문에 공짜 마케팅이 부쩍 늘어나는 경향이 있다. 공짜 마케팅의 도구로써 공짜 샘플은 아주 오래 전부터 매우 효과적인 기법으로 사용되어 왔는데, 고객은 공짜 샘플을 받아들고 나중에 그것에 대한 부담감으로 결국 그 샘플의 상품을 사게 되는 것이다. 무료시음회는 어떤가. 물론 소비자는 '먹기만 하고 절대 사지는 않을 거야'라고 다짐하지만 벌써 그 순간에 부담을 느끼게 된다.

마케팅 심리학자 밴스 패커드^{Vance Packard}는 그의 저서 『숨은 설득자들^{Hidden Persuader}』에서 인디아나 주의 슈퍼마켓 주인은 그의 가게 앞에 다양한 치즈들을 진열해놓고 손님들로 하여금 원하는 만큼 공짜로 시식하게 하였더니 하루에 무려 1,000파운드의 치즈를 팔았다고 한다. 하루 평균 300파운드를 팔던 것에 비하면 공짜 샘플의 위력은 대단한 것이었다. 1994년 패션잡지 「쎄씨」는 한국 잡지 사상 처음으로 창간호 30만 부가 단 하루에 매진되는 진기록을 세웠다. 「중앙일보」와 태평양은 '다소 손해를 보더라도 확실한 기반을 잡자'라는 전략에 따라 3,000원짜리 잡지에 11,000원의 값어치

패션잡지「쎄씨」

를 가진 립스틱을 사은품으로 준 것이 대 성공을 거둔 것이다.

그러나 때로는 공짜 마케팅이 '소문난 잔치'로 끝나고 마는 경우도 있다. 공짜 마케팅으로 일단 소비자들의 방문을 유도하고 이를 매출로 연결시키려던 노력이 매출 신장으로 이어지지 않고 미끼 상품이나 샘플만 받고 마는 소비자가 많아서 기업들은 불황기 타개에 어려움을 겪기도 한다. 결국, 기업의 입장에서 보면 무조건 무료로 제공한다고 해서 소비자들이 많이 몰리고 기업의 이미지가 좋아진다고 생각할 수만은 없는 셈이다. 이 방법은 자칫 효과는 없고 비용의 낭비만 초래할 수도 있다. 따라서 기업과 소비자 모두 혜택을 얻을 수 있는 공짜 마케팅 방법을 모색하는 것이 현재 마케터들이 풀어야 할 숙제이다.

이에 공짜 마케팅을 효과적으로 사용할 수 있는 전략을 정리해보자. 첫째, 상품과 잘 연결되는 공짜 혜택을 찾아야 한다. 예를 들어 신용카드로 항공권을 구입하면 여행보험에 무료로 가입되는 것은 여행자가 여행보험을 따로 들어야 하는 수고를 덜어주는 효과적인 공짜 마케팅이다. 또 다른 사례로 인터넷 쇼핑몰 제로마켓은 결혼 시즌인 10월 한 달간 100만 원 이상 구매 고객을 대상으로 방콕 파타야 무료 여행상품을 제공한 적이 있다. 그러자 혼수를 마련하려는 예비 신혼부부가 공짜로 신혼여행을 해결할 수 있다는 것에 착안하여 주문이 증가했다. 제로마켓은 이 공짜 마케팅 덕분에 매출액이 전월 대비 20~30% 증가했다. 목표고객의 필요와 욕구를 잘 파악한 '덤' 상품을 제시하여 매출을 끌어올린 좋은 예이다. 즉, 원래 팔고자 하는 상품과 잘 연결되고, 목표로 하는 소비자의 욕구를 정확히 파악하여 공짜 상품을 선정하고 부가적인 혜택을 주는 것이 중요하다. 또한 점포가 위치한 지역의 특성을 고려해 무료 국제전화 서비스를 제공하는 은행의 예와 같이 지역적 특성을 잘 파악하면 수익성과 연결되는 공짜 마케팅 방안을 찾을 수 있을 것이다.

둘째, 충성고객들에게만 공짜 마케팅의 혜택을 주어야 한다. 무엇이든 과하면 아니하는 것만 못하다는 옛 말처럼 무분별한 공짜 마케팅은 화를 부를 수 있다. 각종 할인 혜택을 주는 다양한 부가 서비스를 미끼로 자격 미달인 사람들까지 회원으로 끌어들인 카드사의 공짜 마케팅은 결국 연체율 급증과 회사 부도라는 엄청난 파문을 불러일으킨 바 있다. 이는 공짜 마케팅으로 고객의 충성도를 확보하는 것이 생각보다 쉽지 않음을 보여주며 동시에 공짜 마케팅을 실행할 땐 충성고객을 확보할 수 있는 방안이 사전에 마련되어야 함을 시사한다. 따라서 이제는 일반 대중에게 무차별적으로 실시하는 공짜 마케팅보다 충성고객에 한해서만 혜택을 제공하는 방안이 마련되어야 한다. 예를 들어 구매이력이 있는 고객에게만 쿠폰북을 보낸다거나 할인행사를 알려준다면 고객을 쉽게 끌어들이면서도 '뜨내기 고객'에게 지출되는 아까운 비용을 절약할 수 있을 것이다.

마지막으로 유념해야 할 사항은 공짜 마케팅 이후의 마케팅이 더욱 중요하다는 점이다. 공짜 마케팅은 시행 당시만 중요한 것이 아니다. 오히려 어떤 공짜 혜택을 제공할 것인지, 이를 어떻게 실질적인 수익 향상과 충성고객 증대로 이어갈 것인지에 대한 철저한 사전준비가 요구된다. 또한 공짜 마케팅으로 얻은 고객 데이터는 공짜 마케팅 이후에 효과적으로 활용될 수 있어야 한다. 시장점유율만 올리는 게 능사는 아니다. 불황기에는 무엇보다 실질적인 수익성을 감안하여 마케팅 방안을 연구해야 한다.

무분별한 공짜 마케팅 붐으로 인해 소비자로 하여금 공짜 혜택이 없으면 더 이상 구매하지 않겠다는 인식을 심어주는 것은 곤란하다. 이는 기업들이 불가피하게 할인행사를 지속적으로 실시하게 만드는 악순환을 양산할 수 있다. 게다가 상품에 대한 저급한 이미지가 굳어져버리는 부작용도 있다. 고객의 충성도 향상과 연결되지 못하는 공짜 마케팅은 경제 활성화가 아닌 과소비와 혼란만 가중시킨다는 점을 잊지 말자. 고객과 기업 모두에게 득이 될 수 있는 공짜 마케팅 방안을 연구하는 것이 지금 마케터의 과제이다.

▪️ 타임 마케팅Time Marketing

타임 마케팅이란 마케팅에 유리한 또는 불리한 특정 시간대에, 특별한 가격 또는 혜택을 제시하여 소비를 이끌어내는 마케팅을 말한다. 기업들은 시간에 쫓기는 현대인의 라이프스타일에 맞춰서 시간을 잘게 쪼갠 후 최적의 서비스를 제공하는 타임 마케팅을 펼치고 있다. 고객이 지루함을 느끼며 기다리는 시간을 줄이기 위해 노력하는 스타벅스와 도미노피자 같은 기업들도 있고, 거꾸로 고객이 즐거움을 느끼는 시간을 늘려주며 수익을 창출하는 기업들도 있다. 뿐만 아니라, 고객이 여유 있는 시간을 주로 공략하는 온라인 쇼핑몰에서는 직장인이 막 컴퓨터를 켜거나 비교적 한가한 시간대인 오전 9시 전후와 점심시간 직후에 할인쿠폰을 증정하기도 한다. 또한 고객이 찾지 않는 시간대를 공략할 수도 있다. 주말이 대목인 업종이 주중에 할인행사를 하거나, 고객이 적은 심야시간에 파격할인을 해주는 경우가 여기에 해당한다. '마감임박'을 강조하며 고객의 심리를 압박해 구매를 유도하는 것도 타임 마케팅이라고 할 수 있다.

타임 마케팅이 효과적으로 활용되고 있는 대표적인 분야는 외식산업과 카드산업이다. 맥도날드는 2006년 2월부터 '맥모닝' 아침메뉴 판매를 전국매장으로 확대하고 적극적으로 아침시장을 공략했다. 개점부터 오전 11시까지는 조기출근자와 아침운동을 즐기는 사람, 학원생 등을 겨냥하여 오직 맥모닝 아침메뉴만 판매하였

던킨도너츠

다. 그 결과 맥모닝 메뉴가 전체 매출 가운데 15% 이상을 차지할 정도로 인기가 높았다.

던킨도너츠도 '커피와 도넛' 이란 광고 문구를 2006년부터 아예 '아침과 베이글' 로 바꾸고 12곡물 베이글, 뮤즐리 베이글 등 다양한 베이글 판매에 주력하여 높은 성과를 냈다.

카드산업에서도 다양한 타임 마케팅이 전개되었는데, 특정한 시간대에 한정해 할인서비스를 제공하는 신용카드부터 특정 시간 이내에 결제한 카드 사용액을 면제해주는 깜짝 이벤트 카드까지 고객의 관심을 끌 만한 상품들이 잇따라 출시되었다. 주말이나 특정 날짜에 카드 할인율을 높인 '요일 마케팅' 이나 '날짜 마케팅' 도 타임 마케팅의 일환으로 볼 수 있다(〈표1-6〉 참조).

대표적인 카드로 신한카드가 2007년 초 출시했던 오전에만 각종 할인 혜택을 주는 '아침 애愛 카드' 를 들 수 있다. 백화점이나 할인점들이 정기세일 기간 중 오전 개점 직후 할인율을 대폭 높이거나 영업 중 '깜짝 할인 이벤트' 를 하는 경우는 있지만 카드사가 일정한 시간대를 겨냥해 각종 부가서비스를 제공하기는 처음이었다.

<표1-6> 금융회사들의 타임 마케팅 사례

금융회사 명	카드 또는 이벤트 명	내용
신한카드	아침 愛 카드	매일 오전 4~10시 할인서비스 제공
SC제일은행	공짜 타임	매일 2분간 결제한 카드사용액은 추첨을 통해 공짜
KB카드	스타 카드	매월 7, 17, 27일 주유 시 l 당 100원 할인
기업은행	제로팡팡 카드	매월 10, 20, 30일 주유 시 l 당 130원 할인
신한카드	모든 신한카드	매월 3, 6, 9가 들어가는 날 주유 시 l 당 80원 적립
수협	수협카드	매월 1, 11, 21일 주유 시 l 당 100원 할인
농협	매직 탑 카드	주말 주유 시 l 당 100원 적립
현대카드	W카드	주말 주유 시 l 당 80원 적립

연회비가 1만 원인 이 카드를 발급받으면 매일 오전 4~10시에 다양한 할인 혜택을 받을 수 있다. 출근길이나 오전에 많이 이용할 법한 곳에서는 대부분 할인서비스가 제공된다. 주유소, 서울 시내 터널 이용료 할인, 버스와 지하철 요금 할인, 쇼핑은 물론이고 스타벅스, 뚜레주르, 훼미리마트 등에서 저렴한 가격으로 간단한 아침식사를 할 수 있다.

상품을 중심에 두고 시간과 가격을 응용한 아이디어는 무궁무진하다. 이러한 타임 마케팅은 시간을 활용한 다양한 판촉 아이디어를 이용하여 고객에게 신선한 호기심을 주고 관심을 환기시켜 매출을 증대시키는 데 큰 기여를 한다.

타임 마케팅이 고객에게 주는 효과는 매우 다양하다. 우선 타이밍의 중요성을 환기시킴으로써 구매 결정을 자극할 수 있다. 시간

절약을 강조할 수도 있고, 구매 기회의 매력을 증대시킬 수도 있다. 손님이 적은 시간대에 할인 혜택을 주는 서비스는 시간활용 측면에서의 효율성을 높여준다. '100개 한정판매'는 구매 기회의 매력을 증대시킨다. 기간을 정한 이벤트 형 마케팅이나 '딱 한 번'이라는 단서를 붙인 행사들도 마찬가지다. 계절성이 있는 상품이나 산업에서 시즌 초입에 마케팅을 실시하면 신상품에 대한 관심을 높일 수 있고, 상품에 대한 고객의 반응도 체크할 수 있다. 시즌 말 타임 마케팅은 재고 처리에 도움이 된다. 예약을 유도하는 마케팅은 상품의 가치를 높여주고, 판매관리를 하는 데 도움이 된다. 시간이나 요일을 지정한 마케팅은 구매나 판매 패턴을 예측 가능하게 하여 고객이나 사업자 모두에게 도움이 된다.

이때 상품의 라이프사이클과 타임 마케팅과의 관계는 모든 업체가 반드시 알아야 할 내용이다. 상품의 라이프사이클을 정확히 아는 것 자체가 타임 마케팅이다.

▪ 랩핑 마케팅Wrapping Marketing

연예인 노홍철은 자신의 자동차에 자신의 얼굴을 큼지막하게 포장하고 다니는 것으로 관심을 모은 바 있다. 누구나 그 차를 보면 연예인 노홍철의 자동차라는 생각을 할 수밖에 없을 정도였다. 물론 노홍철은 자신의 이미지를 대중에게 잘 알릴 수 있었다. 좀더

노홍철의
자동차 외관

기억을 더듬어보면 2002년 월드컵 기간 동안 시청 주변의 빌딩들
에 붙어 있던 대형 광고물들이 떠오를 것이다.

최근 도심의 주요 건물이나 버스, 지하철역의 벽면을 장식하고
있는 광고물들이 눈에 띈다. 이처럼 버스나 지하철 등 교통수단이
나 건물 벽면에 광고물을 부착하는 랩핑Wrapping 광고가 새로운 마
케팅 기법으로 각광받고 있다. 랩핑 광고는 2002년 한일월드컵 때
월드컵 홍보 수단으로 활용되면서 국내에 본격적으로 도입되었다.
당시 서울 삼성동에 위치한 무역센터 빌딩 유리창에 1,600여 장의
필름을 부착해 만든 KT의 빌딩랩은 거대한 크기(폭 52m, 길이 130m)
로 화제를 모았고 기네스북에도 올랐다. 2006년 독일월드컵 기간
중에는 많은 기업들이 길거리 응원이 펼쳐지는 주요 장소마다 랩
핑 광고를 선보였다.

지하철역도 랩핑 광고의 장이다. 삼성 르노는 SM3 출시에 발맞
춰 광화문역에 랩핑 광고를 집중적으로 선보여 소비자층을 공략
한 바 있다. 지하철 이대역에서도 천장, 벽 등에 화려하게 치장된
랩핑 광고를 만나볼 수 있다.

넓은 의미에서 랩핑 광고란 다양한 매체에 적용할 수 있는 특수
광고라고 할 수 있다. 랩핑이라는 말은 '무언가를 감싸다'는 뜻인

2002년 월드컵 기간 동안 시청 주변의
빌딩들에 붙어 있던 대형 광고물

데, 이는 랩핑 광고의 특수성을 잘 말해주고 있다. 음식물을 랩으
로 감싸 보관하듯 랩핑 광고는 매체에 광고물을 붙이거나 감싸서
만드는 광고물인 것이다. 랩핑 광고는 기존의 옥외광고와 유사하
면서도 다르다. 빌딩 등에 내걸린 대형 현수막 등의 랩핑 광고는
옥외광고로도 분류할 수 있지만, 움직이는 버스나 자동차에 사용
되는 랩핑 광고는 옥외광고와는 구별된다. 자동차는 랩핑 광고에
가장 많이 적용되는 매체이다. 물론 차량 말고도 적용할 수 있는
분야가 매우 광범위해서, 가령 노트북, 냉장고 등에도 얼마든지 랩
핑이 가능하다.

초창기 랩핑 광고가 주로 택배회사 차량이나 각종 기업의 탑차,
그리고 학원의 승합차 등에 이용되었듯, 오늘날 랩핑 광고가 급격
히 성장할 수 있었던 이유로 빼놓을 수 없는 것이 바로 랩핑 버스
이다. 버스의 랩핑 광고는 2002년 월드컵 홍보를 위해 시도된 참

신한 광고매체였으며, 이후 기업 마케팅 활동에 적극적으로 활용되기 시작했다. 현재 랩핑 버스는 의류, 음식, 전자제품, 연예·스포츠 스타, 영화홍보에 이르기까지 다양한 형태의 랩핑 마케팅에 활용되고 있다. 건물에 대한 랩핑 광고와 달리 랩핑 버스의 장점은 '이동성(Mobility)'에 있다. 이미 참신성을 인정받은 광고기법이 직접 소비자들을 찾아가서 보여주는 방식이기 때문에 광고 효과 역시 크다.

기업들이 이 같은 랩핑 마케팅을 선호하는 이유 중 중요한 것은 비용과 노출이다. 랩핑 광고는 상대적으로 저렴한 비용으로 많은 소비자들과 접촉이 가능하여 효과적으로 광고 메시지를 전달할 수 있다. 노출이 잘 되기 위해서는 소비자들이 밀집해 있는 장소에서 광고가 필요한데, 대부분 그런 곳들은 광고비가 비싸서 비용이 증가하기 마련이다. 하지만 버스 랩핑을 활용한 랩핑 마케팅은 소비자가 밀집한 지역에서 비교적 적은 비용으로 높은 노출빈도를 기록할 수 있다.

높은 노출빈도를 기록하는 것은 결국 이동성과 시인성이 좋다는 것으로 설명된다. 랩핑 마케팅은 시간과 장소에 크게 구애받지 않으면서 원하는 장소에서 원하는 기간에 광고를 함으로써 광고의 효과를 극대화시킬 수 있다.

랩핑 마케팅이 선호되는 또 다른 이유는 차별성이다. 랩핑 광고가 가장 적극적으로 사용되는 곳 중 하나는 비행기 외관이다. 알래스카 항공의 연어를 이용한 랩핑 광고는 대표적 사례이다. 알래

스카 항공은 비행기 동체 전체에 연어 한 마리를 랩핑하였는데, 이는 알래스카가 신선한 해산물이 많고 연어의 본고장임을 알리기 위한 목적으로 진행되었다.

한편 패션 청바지 브랜드 리바이스는 '트라우스 시그니처' 라는 새로운 브랜드 라인의 마케팅을 실제로 동명의 '시그니처' 라는 차별적인 랩핑 마케팅으로 전개하였다. '시그니처' 는 버스를 흰색으로 랩핑한 후 사람들이 버스에 직접 사인을 하도록 한 캠페인이었다.

하나은행은 랩핑 마케팅에 문화를 접목시켜 또 다른 차별화를 시도하였다. 하나은행 을지로 본점 건물 전체를 하나은행의 CI 색상인 녹색과 검정색으로 감싼 국내 최대 설치미술품으로 장식한 것이다. 하나은행의 건물 랩핑은 모래시계 형상의 작품 속에서 흐

하나은행의 랩핑 마케팅

르는 모래를 따라 우리의 일상을 되돌아보고자 하는 염원을 담은 순수미술 창작품이다.

그러나 이 같은 랩핑 마케팅의 실행 과정이 그리 만만하지만은 않다. 랩핑 마케팅은 희소성에 가치를 두고 있는데, 희소성이 없어지면 마케팅 효과 역시 상당 부분 감소하게 마련이다. 소비자들은 특이한 광고 같은 진기한 자극이 주어지면 그 자극에 대해 주의(Attention)가 유발되어 기억에 오래 새기게 된다. 문제는 이를 모방하는 광고들이 잇따라 등장하여 희소성이 사라지는 것에 있다. 따라서 차별화를 위한 마케터들의 또 다른 노력이 필요하다.

또 다른 과제로는, 버스에 국한된 이야기이긴 하지만 랩핑 광고가 법적으로 허용된 광고기법이 아니라는 점이다. 광고 관련 기준에 의하면 버스에 광고를 할 경우 창문을 제외한 측면에만 광고물을 부착할 수 있으며, 광고물 크기는 차량 측면의 절반을 못 넘는다. 차량 랩핑이 불법인 이유는 교통안전과 광고의 범람 때문에 공익을 해칠 수 있다는 이유에서이다. 그러나 현실은 랩핑 마케팅의 효과 때문에 차량 전체를 랩핑하는 추세이며, 시공업체나 기업들도 불법인 줄 알지만 어쩔 수 없이 하는 경우가 많다. 물론 합법화가 이루어질 것이라는 전망도 있긴 하지만, 현재는 엄연히 불법이므로 랩핑 광고 시행에 있어 주의를 요해야겠다.

변치 않는 파트너로 만들어라

마케팅 텍스트를 펼치면 첫 부분에 생산자 중심과 소비자 중심에 관한 이야기가 나온다. 즉, 과거에는 생산자 위주의 시장이었으나 산업혁명에 의한 대량생산의 시작과 경쟁의 심화로 인하여 소비자 중심의 시장이 되었다는 내용이다. 그러나 이제는 소비자 중심도 식상한 용어가 돼버렸다. 소비자 중심이지만, 그 소비자는 더 이상 옛날처럼 수동적이지 않으며 바야흐로 능동적인 소비자 시대가 열린 것이다. 이른바 소비자 참여의 시대가 도래하였다.

소비자 참여는 다방면으로 이루어진다. 때로는 인터넷으로 때로는 직접방문으로 그리고 때로는 소비자보호에 관한 법률 등에 의해서 이루어진다. 이러한 트렌드에 발맞추어 마케팅에서도 소비자 참여를 허용하거나 혹은 활용하는 기법들이 등장하였다. 먼저 고객의 적극적인 참여를 권장하는 마케팅 기법으로 퍼미션 마케팅과 프로슈머 마케팅이 있다. 반면에 고객의 참여를 활용하여 상품을 판매하는 DIY 마케팅과 롱테일 마케팅도 있다. 또한 고객과 함께 생활하면서 시장의 니즈를 발견하는 TPO 마케팅이 있다. 마지막으로 인터넷의 확산으로 말미암아 커뮤니케이션이 진화를 거듭하여 여러 형태의 마케팅 기법들이 탄생하였는데, 이른바 구전 마케팅, 네티즌 마케팅, 바이럴 마케팅, 노이즈 마케팅, 블로그 마케팅, 댓글 마케팅, 그리고 버즈 마케팅 등이 있다.

고객과 함께하는 마케팅이 중요한 이유는, 그렇게 하면 최소한 상품이 시장에서 마케팅적으로 실패하는 일은 없을 것이기 때문이다. 시장의 니즈를 파악하거나 반영하고 때로는 고객들이 자사 상품에 대해 다른 잠재고객들에게 알아서 광고해주는데 마케터 입장에서 이보다 더 좋은 일이 무엇이 있겠는가. 고객

과 함께하는 마케팅이야말로 지피지기知彼知己요, 시장실패라는 위험으로부터 벗

어날 수 있는 최선의 방안이다.

  고객과 함께하는 마케팅에 해당하는 키워드로는 위에 언급한 마케팅 기법들

을 선정했다. 지금부터 각 기법들에 대한 기본적인 설명과 사례들을 함께 살펴

보자.

■ᆞ퍼미션 마케팅Permission Marketing

영화 「매트릭스」처럼 인터넷으로 말미암아 이 세상이 온통 디지털화, 네트워크화되어 가고 있는 느낌이다. 수많은 온라인쇼핑몰, 각종 커뮤니티 사이트, 카페, 블로그, 기업의 홈페이지 등을 타고 다각도로 진화 중인 인터넷 마케팅이 마케팅의 주요 흐름으로 자리 잡은 지 벌써 10여 년이 지났다. 이처럼 빠른 속도로 변해가는 인터넷 마케팅은 기존의 오프라인 마케팅과 몇 가지 다른 점을 보이고 있다.

첫 번째는 '고객접점의 양과 질' 이다. 고객접점의 양은 페이지뷰 같은 척도로 쉽게 측정할 수 있다. 대표적인 한국형 블로그 싸이월드의 경우 자체 파악한 순수 페이지뷰가 월 190억 건이라고 한다. 이는 오프라인 마케팅에서는 절대 구현될 수 없는 수치이다. 그러나 홍수가 났을 때 물을 제대로 저장하지 못하고 태반을 그냥

92

흘려보내듯, 수많은 고객접점에서 발생하는 고객과의 상호작용을 정보화하지 못하고 단순 기록으로만 남겨 흘려버리고 마는 경우가 일반적이었다.

두 번째는 온라인 사이트(특히 쇼핑몰인 경우)의 대표적 속성이 저렴한 가격인 것에 기인하는 '비충성 고객(Non-loyal Customer)'에 관한 문제이다. 대부분의 고객들은 구매 시 한 쇼핑몰만 지속적으로 방문하지 않는다. 가격비교 사이트 등을 통해서 최저가 혹은 뭔가 혜택이 있는 사이트에서 구매하는 것이 일반적이다. 초창기 인터넷쇼핑몰 중 일부 업체가 마일리지 적립 등으로 고객충성도를 유발시키는 전략을 실행했으나 실패한 적이 있다. 그 당시는 마일리지를 쌓아도 사용할 곳(마일리지 가맹점)이 별로 없었기 때문이다.

세 번째로는 HMI(Human-Machine Interface)에서 기인한 '고객과의 진실성'이다. 오프라인의 경우 고객들이 방문하는 상점 혹은 업소에서 마주하는 것은 바로 사람이다. 즉, 판매원이 고객들을 응대한다. 따라서 고객들은 판매원과의 대면이 많아질수록(자주 방문할수록) 판매원과의 친근감, 편안함 등도 증가한다. 그러나 온라인상에서는 이런 현상을 기대하기 힘들다. 사이트를 자주 방문해도 댓글 한번 달지 않는 이용자가 부지기수다.

이러한 문제점들을 기업들은 어떻게 해결하고 있을까? 여기에 대한 해답은 PC 발달에 기반한 정보처리기술과 고객을 정의하는 시각의 전환에서 찾을 수 있다. 바코드, 스캐너, 대용량 고객서버, HMI에 기반한 웹페이지, 관계형 DB 등 날로 발전해가는 정보처리기술 덕분에 이전보다 더 많은 자료들이 정보화되고 지식화되고 있다. 이러한 기술적 흐름 이외에 고객을 정의함에 있어 '단순 거래 기반'에서 '고객관계 기반'으로의 전환은 인터넷 마케팅의 진화를 가져온 혁신적인 움직임이다.

고객에 관한 혁신적 움직임이 가능했던 것은 인터넷 마케팅 활동이 고객의 퍼미션을 획득함으로써 시작된다는 것을 주장한 퍼미션 마케팅에 의해서이다. 퍼미션 마케팅은 고객으로부터 더 좋은 퍼미션(허락,승인)을 받을수록 더 많은 이익을 창출할 수 있으며, 확보한 퍼미션의 단계와 숫자 자체가 기업의 큰 자산이라는 이론의 전략이다. 대형 온라인쇼핑몰에 들어가면 고객이 검색한 상품들을 관심품목이라 하여 일목요연하게 화면에 보여주고, 심지어 고객이 쇼핑을 힘들어할까봐 전문가 추천 및 다른 고객들의 의견까지 친절히 안내해고 있음을 발견할 수 있는데, 이것들이 모두 퍼미션 마케팅의 결과이다. 또한 거래실적이 없는 잠재고객과 상호작용을 거쳐 어느 순간에 고객의 즐겨찾기에 항상 등재되어 있도록 하며, 결국 고객이 빈번하게 자발적으로 방문하도록 만드는 것도 그 일종이다.

지금은 익숙한 개념이지만 퍼미션 마케팅이 널리 알려지게 된 것은 인터넷 마케팅의 선구자이자 야후의 마케팅 담당 부사장이었던 세스 고딘Seth Godin에 의해서이다. 그는 인터넷 마케팅에서 성공하기 위한 조건으로 고객의 퍼미션을 강조하며 1999년에 『퍼미션 마케팅』이라는 책을 출간했다. 세스 고딘은 퍼미션 마케팅의 필요성을 역설하기 위해 기존 오프라인 마케팅의 단점들을 다음과 같이 지적하였다.

첫째, 고전적인 광고기법을 '소비자들 사이에 끼어들어 이들이 어떤 행동을 취하도록 만들기 위해 미디어를 창조하고 배치하는 것'이라 정의하며, 이를 끼어들기 마케팅이라 불렀다. 너무 많은 광고의 홍수 속에 그 같은 끼어들기 마케팅은 결과적으로 비효율적이라는 것이 그의 주장이다.

둘째, 고객은 선호하는 브랜드를 자주 변경하지 않는다는 의미에서 고객의 로열티가 간과된 마케팅을 실시하고 있다고 주장했다. 결과적으로 기존 마케팅 기법(광고, 프로모션 등)에 대해 소비자는 무관심하므로 퍼미션 마케팅을 통해 소비자의 관심을 얻어야 한다는 것이 그의 주장의 요지이다.

세스 고딘은 퍼미션 마케팅을 다음과 같이 설명했다.

- **기대되는(Anticipated)** 소비자들이 마케터로부터 메시지 듣기를 기대하는
- **개인적인(Personal)** 메시지는 직접적으로 개인과 연관되어 있는
- **관심있는(Relevant)** 장래 소비자가 흥미 있어 하는 어떤 것에 관한 것을 마케팅함.

결과적으로 퍼미션 마케팅의 키워드는 고객과의 관계(Relationship), 로열티(Loyalty), 상호작용(Interaction), 일대일맞춤형(One-to-One

Customized) 등이며, 현재에 이르러 퍼미션 마케팅은 온라인 마케팅의 많은 부분에서 활용되고 있다. 퍼미션 마케팅의 실행은 다음과 같이 진행된다.

첫째, 새로운 고객이 기업에게 어떤 가치가 있는지를 먼저 파악한다. 고객 데이터 없이는 새로운 퍼미션을 확보하는 것이 어떤 가치가 있는지 평가할 수 없기 때문이다. 고객 데이터는 크게 고객의 신상에 관한 정보와 구매행동과 관련된 정보로 구분된다. 예를 들어, 유아를 자녀로 둔 고객의 경우 유아 관련 제품에 관심이 있을 것이다. 혹은 기존에 쇼핑몰에서 소형 전자제품을 구매한 고객의 경우 비슷한 신제품이 있으면 관심을 가질 것이다.

둘째, 잠재고객을 친구로 만들기 위해 사용하게 될 일련의 상호작용을 발견해내고 이를 구축한다. 고객과의 상호작용은 전자우편, DM(Direct Mail), TM(Telemarketing) 또는 온라인 도우미 등으로 가능하다. 여기에는 네 가지 요소가 필요하다. 우선 상호작용을 여러 번 반복해야 하고, 고객이 반응을 보일 만한 충분한 이유(Benefit)를 제공해야 한다. 이 반응을 통해 상호작용을 한 단계 앞으로 전진시킬 수 있어야 한다. 그리고 고객을 더 많이 파악하면서 고객이 질리지 않도록 메시지를 변경한다. 끝으로 소비자를 구매로 이끌어야 하고, 마케터는 그 결과를 측정할 수 있어야 한다.

셋째, 고객이 적극적인 관심을 보이거나 구매를 할 수 있도록 모든 광고를 변경한다. 즉, 광고는 기본적으로 고객이 반응을 보일 기회를 지속적으로 제공해야 한다.

넷째, 각 마케팅 도구의 결과를 평가한다. 평가 결과 일정 수준 이하를 받은 도구는 버리고 새로운 방법으로 대체한다. 또한 계속해서 다른 방법을 평가해본다.

다섯째, 고객으로부터 얼마나 많은 퍼미션을 확보했는지, 그리고 그 퍼미션을 통해 고객의 행동이 얼마나 달라졌는지를 평가한다. 조직 내부적으로는 목표를 초과달성한 팀에게 보상을 하는 것도 중요하다.

여섯째, 퍼미션 기반을 지휘할 사람을 임명해서 개인으로부터 얻은 퍼미션의 수준을 높이기 위해 중점적으로 일하도록 하는 한편 이로 인한 이득이 생기면 그 사람에게 보상한다.

일곱째, 자동응답시스템이나 전자우편, 인터넷 등을 이용해 고객과의 접촉에 드는 비용을 절감한다.

여덟째, 사이트를 퍼미션 확보를 위한 매체적 개념으로 재정립한다.

아홉째, 정기적으로 퍼미션 기반을 점검하여 퍼미션이 얼마나 깊이 있는지를 결정한다.

마지막으로 더 많은 제품과 서비스를 제공하거나 파트너와 제휴 마케팅 전략을 펴는 것으로 퍼미션을 활용한다.

퍼미션 마케팅의 실행 단계들이 여러 기업들에 의해 지속적으로 구현되면서 최근에는 다양한 형태로 진화하고 있다. 초기의 퍼미션 마케팅은 고객들에게 DM 혹은 TM을 발송하고, 고객에게 유사한 다른 상품을 추천하는 정도가 대부분이었다. 그러나 최근에는 다음과 같은 두 가지의 진화된 움직임을 보이고 있다.

먼저 첫 번째로, 기존보다 더욱 적극적인 상호작용에서의 참여를 바탕으로 고객과의 관계구축이 이루어지고 있다. 이전에는 기업들이 구매를 목적으로 상품정보제공, DM 발송, 마일리지 적립 등의 고객상호작용을 실시했다면, 최근에는 당장의 구매와 관련이 없어도 고객에게 유익한 정보를 제공하거나 유사한 관심을 가진 고객들에게 의견교환의 공간을 마련해줌으로써 해당 사이트에 대한 충성도를 증가시키고 있다. 이러한 움직임을 브랜드 커뮤니티 혹은 온라인 커뮤니티라 부른다. 고객과의 적극적인 상호작용은 결과적으로 앞으로 출시될 제품에 대한 관심고객의 증가와 더불어 고객의 니즈가 더욱 반영된 제품을 출시할 수 있다는 장점이 있다.

기아자동차의 SUV인 소렌토는 출시되기 전부터 인터넷 동호회에서 많은 내용이 회자되었다. 동호회 회원들은 소렌토에 대한 애정을 과시하며 여러 가지 정보들을 올려놓고 의견을 나누었으며,

기아자동차의 소렌토

결과적으로 차량 출시 후 그 사이트의 많은 회원이 소렌토를 구입하였다.

얼마전에는 PMP라는 신세대 정보기기가 유행했다. PDA보다는 크고 PC보다는 작은 크기의 기기이면서 DMB 등 다양한 영상 콘텐츠와 무선랜, 와이브로 등 새로운 통신서비스를 수용하면서 젊은이들 사이에 많은 인기를 끌었다. 그러나 PMP 생산업체들이 중소기업 기반이어서 시장의 성장을 촉발시키기에는 한계가 있었다. 그럼에도 불구하고 어떤 업체는 몇 시간 만에 3,000여 대를 판매하는 기록을 세웠다. 한 대당 가격이 50만 원이라 했을 때 몇 시간 만에 15억 원의 매출을 올린 것이다. 그 업체가 개발 중인 기기에 관해 관심 있는 잠재고객들로 하여금 온라인 카페를 개설하여 활동하도록 하고, 더 나아가 예약판매를 실시하여 많은 사람들의 호기심을 극대화시켰기 때문에 가능한 일이었다. 이게 바로 온라인 커뮤니티의 위력이며 퍼미션 마케팅의 능력이다.

두 번째로는, 진화의 장점이라기보다 부작용에 가까운 특징이다. 최근에 개인정보유출, 해킹 등 개인정보침해와 관련된 여러 가지 사건들이 일어나면서 고객들이 자신의 정보를 공개하는 것을 꺼리기 시작하였다. 즉, 퍼미션의 장애요인이 등장한 것이다. 사이트를 이용하려면 항상 부닥치는 관문인 회원가입, 그리고 그때 정보의 정확성을 위해 요구되는 많은 개인정보들이 문제였다. 이를 해결하기 위해 회원가입 시 고객이 정보를 입력하면 경품 혹은 마일리지 지급 등의 대가를 지불하거나 강력한 해킹방지 도구들을 고객의 PC에 무료로 설치해주는 방법 등이 사용되고 있다. 온라인쇼핑몰, 금융 사이트 등을 방문하여 구매를 할 때 해킹방지 프로그램이 설치되는 것을 볼 수 있는데, 키보드 해킹방지, 암호키 생성프로그램, 해킹방지 프로그램, 전자지갑 설치모듈 등 그 종류도 매우 다양하다. 덕분에 고객은 개인정보를 입력함에 있어 다소의 심리적인 안정감을 갖게 되었다.

▪️DIY 마케팅 Do-It-Yourself Marketing

'백만인 중의 한 사람만을 위한 디자인'.

고객들에게 개성과 '나만의 것'의 중요성을 각인시킨 카운테스 마라의 광고 카피이다. 실생활에서 난감한 상황 중 하나는 하필 나랑 똑같은 옷을 입은 사람과 마주쳤을 때이다. 상대방과 자신 모두 민망하긴 마찬가지다. 1980년대에 도입된 카운테스마라 브랜드는 이러한 심리를 잘 파악하여 꽤 성공적인 출시를 기록하였다. 비록 직접적인 DIY 마케팅의 사례는 아니지만 완성품 상표이면서도 '나만의 것'을 갖고 싶어 하는 소비자들의 심리를 잘 포착한 사례이다.

KTF는 2007년 후반에 인터넷에 익숙한 20~30대 고객을 대상으로 특유의 통화패턴과 라이프스타일을 반영해 자신만의 요금제를 직접 설계할 수 있는 'SHOW DIY요금'을 출시했다. 이 요금제는 저렴한 기본료에 선택항목별로 최대 53.3%까지 할인받을 수 있도록 구성돼 있다. 또한 무료통화시간, 무료문자건수 등 총 21개의 선택항목 중 고객이 원하는 것을 조합해 1만여 가지 이상의 다양한 맞춤요금을 만들 수 있으며, 요금 이름도 고객이 원하는 애칭을 사용해 직접 만들 수 있고, 실제 고객이 받아보는 청구서와 사이버 청구서에도 이 이름이 그대로 적용된다고 한다.

동서고금을 막론하고 같은 사양이면 더 저렴하게, 혹은 같은 값이면 더 고급스러운 것을 원하는 소비자들의 심리는 변함이 없으며, DIY 마케팅은 이러한 고객의 심리에 '개성' 이라는 키워드를 부여하여 고유의 영역을 확보하고 있다.

현대 소비자들은 똑똑해졌고 웬만한 상품에는 눈길조차 주지 않는다. 이에 따라 야근을 밥 먹듯이 해야 하는 부서가 기업들의 상품기획부서이다. 고객들의 시선을 사로잡고 구매까지 연결시켜야 하니 쓸 만한 아이디어 하나 구하기가 쉽지 않다. 더군다나 최근에는 하나를 사더라도 자신에게 맞는 상품을 구매하는 신종 소비족들이 늘고 있다. DIY 마케팅은 가정용품, 가구를 거쳐 현재는 화장품, 외식, 의류, 액세서리 등 전방위적으로 확대되고 있다.

구체적으로, DIY는 제2차 세계대전 후 영국에서 시작된 소비자 주도의 재건 운동으로부터 시작되었다. 그 후 미국과 유럽을 거쳐 일본에까지 전파되었다. 초기 DIY는 가정에서 손쉽게 보수하거나 제작할 수 있는 용품 중심으로 발전하였다. 전구를 갈거나 세면대를 고치거나 할 때 사용되는 부품과 전기드릴, 드라이버 등의 생활

공구, 그리고 간단한 의자, 책상 등의 가구를 누구나 손쉽게 제작할 수 있도록 돕는 가구제작 키트 등이 대표적인 사례들이다. 이와 관련된 미국의 대표적인 DIY 마트는 '홈디포Home Depot'가 있으며 유럽에는 '비앤큐B&Q HOME'가 있다.

가구와 관련된 국내의 대표적 DIY 사례로는 한 건축설계사가 실용적인 생활가구를 직접 만들면서 친목을 나누자는 취지로 2000년에 개설한 온라인 동호회가 있다. 현재 회원 수만 3만 명을 바라보는 큰 동호회이다. 이 사이트에 게시된 DIY 작품들은 획일적인 기성품 가구에 익숙한 사람들에게는 충분한 놀라움을 선사한다. 이 동호회는 단순히 DIY 가구를 소개하는 것에 그치지 않고 공구 사용법, 재료 파는 곳, 가구 제작 팁 등 꼭 알아야 할 자료들부터 인테리어 정보까지 일목요연하게 정리해, 평소 DIY 가구 제작에 관심을 가져온 이들이라면 관심을 가질 수밖에 없게 되어 있다. 또한 초보 회원들이 직접 가구를 만들며 DIY 가구 제작의 재미를 체험할 수 있도록 오프라인 공간도 지원하고 있다.

그뿐만 아니다. 외식분야에 있어서도 DIY 마케팅은 긍정적인 반응을 얻고 있다. 패밀리레스토랑 빕스는 다양한 재료의 샐러드바를 마련해놓고 샐러드 재료를 활용해 고객이 직접 만들어 먹을 수 있는 다양한 요리법을 홈페이지에 소개하고 있어 고객들로부터 인기다. 미스터피자가 내놓은 '프리타 피자'도 메인 토핑과 피자빵인 도우를 고객이 직접 고를 수 있도록 했다.

파리바게뜨는 DIY 마케팅의 일환으로 어린이날 케이크 만들기

미스터피자의 프리타 피자

이벤트를 열었다. 또한 집에서 자녀들과 함께 간편하게 쿠키와 케이크를 만들 수 있는 제품을 출시하기도 했다.

또한, DIY 패션은 미국, 유럽 등 전 세계적으로 유행하고 있는 트렌드이다. 푸마PUMA 본사는 매장에서 고객이 고른 소재와 색상으로 제품을 완성해주고, 폴로POLO는 본사 홈페이지에서 색상이나 로고 디자인 등을 고객이 스스로 선택할 수 있다. 프라다PRADA나 나이키NIKE도 제품에 자신의 이름을 새겨 넣을 수 있는 서비스를 제공하고 있다.

인터넷쇼핑몰에서도 DIY 제품이 인기를 끌고 있다. 인터넷 쇼핑 시 '나만의 상품 만들기'와 같은 코너를 이제는 쉽게 발견할 수 있다. 비록 아직까지는 생활소품 등 초기에 유행했던 DIY 제품을 주로 판매하고 있으나 점차 다양한 제품으로 넓혀지고 있는 추세다.

최근 DIY 마케팅이 가장 활발히 이루어지고 있는 분야는 자동차와 휴대전화이다. 두 상품 모두 전문적인 기술과 지식이 필요한 부분이어서 DIY가 쉽지 않을 것 같지만, 현재 마케팅의 주요 트렌드 중 하나인 디자인을 돋보이도록 하기 위한 용품 DIY가 존재하며, 이를 '튜닝'이라 부른다. 일본의 자동차 튜닝시장 규모는 보통 25조 원 정도인 반면 우리나라는 일본의 2% 정도인 5,000억 원 정도여서 앞으로 발전가능성이 많은 분야이다. 자동차부품 전문기업인 현대모비스는 이러한 추세에 따라 용품전문점인 '카페^{Carfe}'와 튜닝 전문 브랜드인 '튜니앤데코^{Tunny & Deco}'를 내놓았다. 이외에 제품 외관에 스티커 등을 붙여 새 제품처럼 보이게 하는 휴대전화 튜닝 역시 매년 성장세에 있는 분야이다.

DIY 마케팅이 인기를 얻는 이유는 세상에 하나뿐인 나만의 상품을 가질 수 있다는 만족감 때문이다. 이는 마케팅 트렌드의 변천이 대량생산에서 다품종 소량생산을 거쳐 자신만의 개성을 표현할 수 있는 트렌드로 진화하고 있는 것과 유사하다. 이미 충분한 다품종 상품들이 난무하고 있으나 소비자들은 이에 만족하지 못하는 것이다. 이에 대해서는 우리나라가 단일민족국가이기 때문에 유독 남들과 차별화하고 싶은 욕구가 강하다는 일설도 있다. 비단 이런 설명이 아니더라도 '개성 있는', '차별화된', '고유한' 등의 용어들은 DIY 마케팅이 점점 더 인기를 얻고 있는 이유를 설명해준다.

더 저렴한 비용으로 더 많은 만족을 누릴 수 있는 것 역시 DIY 마케팅의 인기 요인이다. 크리스털로 화려하게 장식된 100만 원대 유명 청바지를 소비자들이 직접 크리스털을 사서 붙여 입으면 10만

원 정도의 비용으로 유사한 효과를 누릴 수 있다. 사실 초기 DIY 분야에서 가구나 가정용품 보수시장이 발전한 근본적인 이유 역시 비용의 저렴함이었다.

마지막으로 직접 제작할 경우 완성에 대한 성취감이 높고 제품에 더욱 애착이 가며 나아가서는 취미활동으로까지 발전시킬 수 있어서 만족도가 높다. 유명한 블록완구인 레고Lego는 블록들을 가지고 여러 가지 형체를 만들어 완성시켰을 때의 성취감이 높기 때문에 어린이들에게 인기가 높다. 또한 일본의 유명한 만화인 건담 로봇의 경우 소비자가 직접 제작한 작품 전시회를 열 정도이다.

그러나 DIY 마케팅이 장점만을 지닌 것은 아니다. 일단 DIY 상품을 완성시키는 데는 많은 시간과 노력이 소요된다. 저렴한 비용만큼 그 대신 소비자의 시간을 필요로 하는 것이다. 또한 제작 중 실수를 하거나 공정이 틀렸을 경우 구입비용만큼 손실을 보기도 하고 이에 따른 책임도 스스로 져야 한다. 따라서 저렴한 비용에도 불구하고 DIY 상품을 선뜻 구입한다는 것은 그 만큼의 위험을 감수해야 함을 의미한다.

이러한 단점에도 불구하고 향후 DIY 마케팅의 인기는 지속적으로 증가할 것으로 예측된다. 왜냐하면 인터넷을 통한 정보공유가 가능하기 때문이다. 인터넷이 없던 시절, 즉 타인과의 정보공유가 힘들었던 시절에 DIY 상품을 설명서에만 의존해서 완성시킨다는 것은 상당한 위험을 내포하고 있었기 때문에 상품의 구입을 망설였다면, 요즘에는 많은 관련 사이트들이 존재해서 그 위험을 상당

수준 낮춰준다.

관련한 사례로 PC 시장을 들 수 있다. PC 시장은 전통적으로 완성PC와 조립PC 시장으로 구분되었다. 현재 조립PC는 부품들의 모듈화에 따른 편리함 외에도, 관련 사이트에 조립에 따른 어려움, 조립 후 작동불량 등 여러 문제점에 따른 Q&A가 잘 정비되어 있어서 소비자들은 단지 검색하거나 질문만 올리면 문제를 해결할 수 있게 되었다. 비록 대기업들에 의한 완성PC가 디자인이 좋고, A/S가 잘 되고, 브랜드가치가 높다고는 하지만, 조립PC 고객들은 낮은 위험에 저렴한 비용으로 높은 성능을 가진 상품을 가질 수 있다. 이렇듯 인터넷을 통한 정보공유는 생산자 우위의 시장에서 소비자 중심의 시장으로 판도를 바꿔놓고 있으며, 생산자 위주의 '정보 비대칭성' 역시 소비자와 생산자의 '정보 균형' 으로 바꿔가는 데에 일조하고 있다.

이러한 사실들에 비춰볼 때 DIY 마케팅을 기획하고 실행할 때 가장 유의할 점은 DIY를 시도할 때의 난이도, 즉 완성에 따른 어려움을 최소화시키는 방안을 마련하는 것이다. 이에 따라 다음의 두 가지 경우를 생각해볼 수 있다.

첫째, 완성 과정이 복잡하지 않고 과정상 조금 잘못되어도 별로 표시가 나지 않는 상품에 대한 DIY 마케팅이다. 이런 상품들은 완성품 자체보다는 직접 제품을 만들어가는 상황에서 즐거움을 제공하는 상품들이다.

밀가루에 각종 반죽 재료를 미리 배합해놓은 프리믹스는 시장규

프리믹스

모가 2005년부터 매년 약 두 배씩 신장하고 있다. 프리믹스의 종류도 많다. 팬케이크나 쿠키, 도넛은 물론 스펀지케이크, 찹쌀호떡 등도 있다. 프리믹스가 잘 팔리는 것은 여러 가지 이유가 있으나, 간편함과 엄마의 솜씨라는 것이 주요인이다. 즉, 손에 밀가루 묻혀가며 힘들게 반죽할 필요 없이 달걀이나 우유 등 간단한 재료만 섞어 구우면 누구나 손쉽게 빵을 만들 수 있으며, 설사 완성품인 빵모양이 조금 이상하다 해서 아무도 트집잡지 않고 오히려 더욱 즐겁게 먹을 수 있는 즐거움을 선사하기 때문이다.

둘째, 완성 과정이 복잡하거나 가격이 비싼 편이어서 구매에 따른 심리적 위험이 증가할 경우에는 이를 해소시키기 위한 부가적 장치를 반드시 제공해야 한다. 예컨대, 만약 당신이 DIY로 장착하려고 소니Sony의 최신 카오디오 키트를 구입했는데 막상 기존 카오디오를 탈거하지 못하고 있으면 어떻게 되겠는가. 즉, DIY 마케팅을 시도할 때는 정보를 제공하고 공유할 수 있는 장을 함께 마련해주는 것이 그만큼 중요하다.

프로슈머 마케팅 Prosumer Marketing

언제부턴가 자주 듣다보니 친숙해진 용어 중에 하나가 '클리닉Clinic' 이다. 클리닉이란 사전적 의미로 진단, 진료소 등을 의미하는데, 서울 강남역 주변의 많은 병원들 간판에서 쉽게 발견할 수 있다. 그런데 자동차 업계에서도 클리닉이란 용어가 존재한다. 국내 자동차 업계를 선도하는 모 회사는 새로운 자동차를 개발하거나 출시하기에 앞서 반드시 이러한 클리닉 과정을 거치도록 되어 있다. 이때의 클리닉은 고객품평회 정도가 적절한 해석일 것이다.

자동차 고객품평회의 구성 및 진행은 의외로 간단하다. 일단 해당 자동차 및 경쟁이 예상되는 몇 대의 자동차를 전시한 후 해당 자동차의 표적고객이라 생각되는 잠재구매자들을 초청하여 실제 운전을 제외한 나머지 부분들을 요모조모 비교하고 평가하는 것이다. 초청된 응답자들은 시트에 앉아도 보고, 보닛을 열어서 엔진룸을 관찰해보고, 경쟁 차량의 제원을 실측해서 비교할 수도 있고, 결정적으로 아직 출시되지 않은 차를 먼저 볼 수 있는 특권을 누릴 수 있다. 그러니 예상고객 입장에서는 신나는 일임에 틀림없다.

요즘은 더 나아가 아예 야외에 따로 장소를 마련하여 실제 운전까지도 해본다고 한다. 2008년 초에 출시된 기아자동차의 '모하비'는 아예 차 이름을 소비자의 투표로 결정하였고, 현대자동차의 'i30'나 '베라크루즈' 역시 마찬가지 방법으로 차명이 결정되었다. 이외에 기아자동차 '카니발'에 채택된 가죽시트, '로체 어드밴스'에 장착된 USB 포트와 AUX 단자, 지엠대우의 '윈스톰'에 적용된 차체자세제어장치(ESP) 등이 대표적인 고객의견 반영사례이다. 이른바 프로슈머 마케팅의 사례이다.

'프로슈머Prosumer'는 미래학자 앨빈 토플러가 그의 저서 『제3의물결』에서 언급한 것으로, 공급자(Producer)와 소비자(Consumer)를 합성한 용어이다. 국문으로는 '참여형 소비자'로 정의하고 있다. 제2의 물결인 산업사회를 구성하는 공급자와 소비자 간의 경계가 점차 허물어지면서 소비자가 제품개발과 유통과정에도 직접 참여하는 생산적 소비자로 거듭난다는 의미이다.

과거에도 기업 활동에서 고객참여가 없었던 것은 아니다. 미국의 「컨슈머 리포트Consumer Report」 같은 잡지나 인터넷 활동을 통한 고객들의 의견 수렴 창구는 항상 존재했었다. 그러나 프로슈머는 이러한 정보제공자의 역할에서 생산주체로의 변화를 의미하고, 더나아가 직접 생산하고 소비하는 DIY 단계까지도 포함한다.

프로슈머 마케팅은 자동차 같은 한 분야에 국한하지 않고 광범위하게 소비자들의 참여가 활발하게 진행되고 있다. 특히 디지털 분야인 IT산업에서 프로슈머의 역할은 지대하다. LG전자는 프로슈머들의 활동을 통해 '초콜릿폰' 개발과정에서 약 1천여 건의 아이디어를 제공받았고, 결과적으로 2005년 11월 출시 후 2007년까지 전 세계에서 1,500만 대를 판매하였다. 삼성전자 역시 프로슈머들의 도움으로 애니콜 '슬림 슬라이드폰'을 출시하였다. 온라인 게임사인 웹젠은 100억여 원의 제작비를 투입해 만든 온라인게임 'SUN'의 개발과정에서 프로슈머들의 도움을 받았다. 웹젠은 홈페이지에 게임 개발과정을 공개하고 소비자들이 참여할 수 있는 포럼과 칼럼을 운영하였다. 결과적으로 웹젠의 SUN은 2007년 중국에서 40만 명이 넘는 동시접속을 기록한 바 있다.

IT산업에서 프로슈머가 활발한 이유는 IT업계의 기술발전 속도, 중소 규모의 기업 크기, 그리고 고객 특성 때문이다. IT기술을 소개하는 사이트에 접속해보면 매일매일 쏟아져 나오는 IT기술에 대한 소개로 항상 북적거린다. 그러나 막상 IT제품을 개발하는 기업들의 실정은 대부분 영세하다. 더군다나 주요 고객들이 거의 30대 이하인 경우가 많아서 기호 변화도 매우 빠른 편이다. 따라서 고객의 니즈를 가장 빨리 파악할 수 있고 더군다나 R&D 비용까지 절감할 수 있는 프로슈머의 역할은 IT 기업의 성패를 좌우한다고 해도 과언이 아니다. 그뿐 아니라 이들 프로슈머는 향후 고객으로 연결될 가능성이 많기 때문에 IT기업의 프로슈머 마케팅은 더욱 확산될 전망이다.

그렇다면, 좀더 구체적으로 프로슈머 마케팅에 열성적으로 참여하는 고객들은 누구이며 그들은 왜 적극적인지를 알아보자. 국내한 연구에 의하면, 프로슈머는 〈표2-1〉과 같은 세 가지 유형으로

<표2-1> 국내 프로슈머의 유형

구분	신제품개발 참가형		정보 공유형		DIY형
	동아리 참가	모니터링	댓글 제공	평가 제공	자급자족
유통	기업 커뮤니티	특정 기업	인터넷쇼핑몰	평가 사이트 정보공유 사이트	온오프 커뮤니티
활동	신제품 테스트	제품 불만점 수집	구매경험 댓글	품질평가 관심정보 공유	제품제조 제조방식 공유

출처: 『프로슈머 마케팅의 현재와 미래』, 현대경제사회연구원, 2006.11

구분할 수 있다.

이들 프로슈머의 적극적 활동을 가능하게 만든 요인은 두 가지로 압축할 수 있다. 첫째는 새롭고 빠른 의사소통경로의 등장이다. 인터넷의 등장과 디지털 혁명은 우리 사회 전반에 많은 변화를 야기했고, 그에 따른 변화의 수용을 요구하였다. 약 10년 전만 해도 뉴욕이나 파리에서 유행하는 패션 아이템이 무엇인지 아는 사람은 별로 없었다. 또한 안다고 해도 시간차를 두고 알 수 있었다. 그러던 우리네 소비생활이 이제는 책상 앞에 앉아서 키보드만 두드리면 실시간으로 정보를 습득하고 타인과 교환할 수 있는 빠른 템포의 합리적 소비생활 체제로 바뀐 것이다.

둘째는 고객욕구의 진화이다. 자동차 관련 온라인 사이트에서 인기 있는 코너 중 하나가 '스파이샷Spy shot'이다. 개발 중인 자동차 사진이 한 장씩 올라올 때마다 해당 자동차에 관심 있던 동호회 회원들은 일희일비가 교차하고 의견들을 개진한다. 완성품이 나오기 전에 막연한 상상을 하는 것과 제품개발 과정에 대한 정보

〈표2-2〉 프로슈머의 AIO에 의한 라이프스타일 분석

구분	행동(Activity)	관심(Interest)	의견(Opinion)
내용	• 인터넷 사용에 능숙하다 • 자신의 가치관에 충실하다 • 일을 즐긴다 • 저가의 합리적 제품을 선호한다 • 변화와 혁신에 적극적이다 • 필요제품을 직접 생산한다	• 미래보다 현재를 중시한다 • 교육, 정보, 기술, 건강에 관심이 많다 • 정보 활용에 관심이 많다	• 정보 공유에 개방적이다 • 브랜드 조정자로서 역할한다 • 지속적으로 지식을 갱신하려 한다

출처: 『프로슈머 마케팅의 현재와 미래』, 현대경제사회연구원, 2006.11

를 알고 있다는 것은 큰 차이가 있다. 고객들이 더 많은 정보를 가지고 완성품이 나오기 전까지 더 많은 것을 기대하는 것은 당연하다. 여기에 일반고객과 다소 다른 프로슈머만의 특징이 결부되어 적극적인 고객참여 활동이 발생하였다. 연구에 의하면 프로슈머들의 라이프스타일은 일반 고객과 다른 점이 많다. 〈표2-2〉를 참조하라.

기업의 입장에서도 프로슈머의 적극적인 참여는 결과적으로 이득이 된다. 즉, 적은 비용으로 R&D와 고객관리를 수행하고 더 나아가 기업에 우호적인 소비자를 형성할 수 있기 때문이다. 물론 반대의 경우도 대비해야 한다. 직전까지 우호적이었던 프로슈머가 언제 안티고객으로 변할지는 아무도 알 수 없다. 게다가 프로슈머가 생산참여자에서 직접생산자로 변화할 가능성도 항상 존재하기 때문에 프로슈머는 기업의 입장에서 장기적 경쟁자로 정의

할 수도 있다. 따라서 다음과 같은 관리적 관점에서 프로슈머에 대한 전략적 접근이 필요하다.

첫째, 프로슈머를 조직화해서 소속감과 애호도(Loyalty)를 높여야 한다. 현대카드의 '브랜드 사절단(Brand Ambassador)', 삼성카드의 'CS패널', LG전자의 '사이언 프로슈머 그룹', 삼성전자의 '애니콜 드리머즈' 등이 긍정적인 평가를 받는 대표적인 프로슈머 조직이다.

둘째, 프로슈머가 관심 있을 만한 제품이나 서비스를 개발해야 한다. 프로슈머가 일반고객과 차별화되는 특징인 개방적이고 다른 사람과 적극적으로 의사소통한다는 점은 기업에게는 또 하나의 마케팅 채널이다. 따라서 프로슈머가 자사 브랜드의 강점을 전파하도록 하는 것이 마케터의 주요 과업이라고 할 수 있다. 또 한편, 전체 소비자 집단 중에서 프로슈머의 시장 크기가 약 25%로 추정되고 있으므로 프로슈머가 관심 있을 만한 제품이나 서비스는 그 자체로 히트상품이 될 가능성이 높다.

셋째, 프로슈머는 정보교환을 중요시하기 때문에 기업으로부터의 피드백이 빨라야 한다. 이는 기업과 경쟁관계인 독립형 프로슈머의 출현을 방지하는 역할도 수행할 수 있다. 모 자동차회사는 동호회 사이트에 제시된 소비자들의 불만에 귀 기울이지 않다가 독립형 프로슈머의 출현을 경험하였고, 결과는 해당 승용차의 리콜로 이어져 큰 손실을 보았다.

◾롱테일 마케팅Longtail Marketing

PC와 IT기술의 발달에 힘입어 소비자의 구매행동을 이해하고 더 나아가 다음 구매를 예측할 수 있는 계량적 마케팅 역시 급속히 발전하였다. 그 결과물 중 하나는 기존의 시장세분화를 더욱 세분화해서 고객 한 명 한 명이 모두 다른 시장일 수 있다는 극단적이며 이상적 시장세분화인 CRM(고객관계관리)이다. 이는 맞춤형 혹은 원투원 마케팅이라 불리기도 한다.

1990년대 후반부터 전 산업에 걸쳐 급속도로 확산되기 시작한 CRM은 백화점이나 할인점과 같은 유통업계, 서점, 금융업, 음반, 호텔 등 고객 수가 많고 다양한 품목을 취급하는 업종에서는 지금까지도 활발히 적용되고 있다.

CRM의 기초는 고객분석으로부터 시작한다. 우리 기업의 고객은 누구이며, 그들의 행동특성(구매품목, 구매량, 방문시기, 방문주기 등)은 어떠한가 등을 분석함으로써 시작한다. 고객 수가 수만 명이든 수십만 명이든, 대용량 PC와 DBM(Database Management) 기법은 아주 훌륭한 분석을 수행할 수 있게 한다.

이러한 CRM의 확산과 더불어 유명해진 법칙이 하나 있는데, 그것이 바로 파레토Pareto의 '20:80 법칙'이다. 이탈리아의 경제학자인 빌프레도 파레토Vilfredo Pareto가 제시한 '20%의 상위고객이 80%의 매출을 설명한다'는 법칙은 CRM을 통한 고객분석 결과 상당히 많은 산업에서 타당한 것으로 증명됐다. 마케터들은 파레토 법칙이 적용되는 산업에서 곧 새로운 사업 기회를 찾았다. 매출기여도가 매우 높은 상위고객에 집중하는 마케팅을 고안한 것이다.

은행의 PB(Private Banking) 제도, 일반백화점과 격을 달리하는 명품백화점 및 멤버십서비스, 플래티넘 신용카드 등은 상위고객들로부터 열렬한 환영과 지지를 받았고, 그들로 하여금 일반고객과 차별화된 대우를 받고 있다는 만족감을 갖게 했다.

파레토의 법칙은 고객뿐만 아니라 상품에서도 나타난다. 즉, '상위 20%의 인기상품이 80%의 매출을 설명하고 있는 것'을 발견한 것이다. 따라서 한정된 공간과 자원을 가진 오프라인 매장에서는 잘 팔리는 상위 20%의 물건을 집중적으로 마케팅하는 경향이 있다.

대형서점을 방문하면 통로 한복판 혹은 눈에 가장 잘 띄는 곳은 어김없이 베스트셀러 책들로 진열되어 있음을 발견할 수 있다. 그러면 나머지 80%의 상품들의 운명은 어떻게 될까? 그들은 구석에서 조용히 고객의 손길을 기다리거나 아니면 진열 공간의 제한 문제로 인해 재고가 되어 처치 곤란해진 경우가 많다. 이는 다른 유통업에서도 어김없이 등장한다. 편의점은 작은 면적이지만 취급 품목은 약 3,000여 개에 이른다. 그래도 품목 수에서 항상 아쉬운 것이 편의점이다. 따라서 상품전시에는 항상 선택과 집중이라는 꼬리표가 붙으며 파레토의 법칙이 작용한다. 가장 상품성이 높은 것들을 중심으로 진열하며, 그 반대인 것들은 조용히 창고로 퇴출 되는 식이다. 이런 현상은 대형 마트에서도 그대로 적용된다. 왜냐하면 공간 크기의 차이일 뿐이지 상품 전시공간의 제약이란 조건은 누구나 가지고 있기 때문이다.

그런데 인터넷의 등장은 기업가들에게 시간과 공간의 제약을 극복하게 해주어 오프라인 마케팅과는 다른 특징을 보여주었다. 또한 온라인에서는 파레토의 법칙이 맞지 않는 경우가 발생하였다. 온라인 최대 서점인 아마존Amazon이 20%의 베스트셀러가 아닌 나머지 80%의 소외된 책들로부터 많은 수익을 올리기 시작했으며, 미국의 인터넷 경매 사이트 이베이eBay는 그동안 무시당해왔던 영세 중소 사업자들과 소비자들을 연결해주며 급성장했다. 또한 구글Google은 대형 광고주가 아닌 소규모 광고주들을 모아 상당한 이익을 올렸다. 20%의 상품이 80%의 매출을 담당하는 것이 아니라 80%의 상품이 상당한 매출을 담당하는 현상이 발생한 것이다.

이른바 주목받지 못하던 상품들의 반란이 시작되었다. 이런 현상을 '롱테일 법칙' 이라 한다. 롱테일 법칙은 2004년 유명 IT 잡지인 「와이어드Wired」의 편집장 크리스 앤더슨Chris Anderson이 구글, 애플, 아마존, 이베이 등 성공한 온라인 기업들을 벤치마킹하는 과정에서 만든 용어이다.

얼핏 보면 롱테일 법칙은 경영상식 밖의 이야기처럼 들린다. 비용관리가 중요한 현대 경영에서 어떻게 중요해 보이지 않는 사소한 상품들에게 관심을 기울이란 말인가. 하지만 온라인에서는 이런 현상들이 가능해진다.

롱테일 마케팅의 대표적 업종인 온라인서점과 아이튠스iTunes 같은 디지털 콘텐츠 쇼핑몰, 심지어 대표적 경매 사이트인 옥션을 봐도 이런 점은 더욱 분명해진다. 온라인서점과 옥션에서 상품진열과 관련하여 필요한 것은 무엇일까? 상품 이미지를 잘 찍을 수 있는 좋은 디지털 사진기와 정보들을 담을 수 있는 하드디스크가 담긴 서버 정도면 충분할 것이다. 아이튠스 같은 디지털 콘텐츠 숍에서는 심지어 음원 한 개에 여러 명의 사용자가 동시에 접속해서 음악을 즐기기도 한다.

크리스 앤더슨은 롱테일 마케팅의 등장에 토대가 되었던 여섯 가지의 소비자 특징을 그의 책 『롱테일 경제학』에서 다음과 같이 기술하였다.

첫째, 가상공간의 시장에는 히트상품보다 틈새상품이 훨씬 더 많다. 둘째, 틈새상품을 구매하는 데 드는 비용이 현저히 감소하고 있다. 셋째, 필터기능이 수요를 꼬리에 몰려들게 한다. 넷째, 결국 꼬리 부분의 수요가 증가해 곡선이 점점 더 평평해지고 두터워진다. 다섯째, 결국 틈새상품의 총합은 히트상품과 경쟁할 수 있는 시장을 형성한다. 여섯째, 정보가 희소하고 유통에 장애가 있으며 진열공간이 부족하던 이전과 달리, 이제 고객만큼 다양한 수요곡선이 생긴다.

결과적으로 롱테일에 있는 무수히 많은 틈새상품이 수익을 만들어내기 때문에 과거처럼 히트상품에만 매달린다면 많은 시장 기회를 잃게 될 것이라고 크리스 앤더슨은 경고하고 있다.

그렇다면 롱테일 마케팅의 성공적 실행에 반드시 필요한 요인에는 어떤 것들이 있을까? 가장 먼저 비용 문제를 따지지 않을 수 없다. 예컨대, 주목받지 못한 사소한 상품들의 마케팅 비용을 최소화함으로써 그 존재가치를 더욱 빛나게 할 수도 있다. 이러한 비용의 최소화 방안과 관련한 구체적인 내용은 다음과 같다.

첫째, 재고비용을 최소화해야 한다. 온라인은 오프라인 대비 재고비용을 획기적으로 줄일 수 있는 새로운 개념의 유통채널이다. 일례로 미국의 대규모 온라인쇼핑몰인 아마존 같은 기업들은 다양한 상품들을 제공하지만 재고는 협력업체의 창고에 위치한다. 소규모 매장을 가진 용산 전자상가의 가전제품 도매상들처럼 아마존은 단지 해당상품의 이미지와 설명만을 보여주고 판매하는 것이다.

둘째, 운영비용을 최소화해야 한다. 대형할인매장 코스트코^{Costco}에서는 판매원을 찾아보기 힘들다. 고객들은 마치 창고 같은 상품 진열대 사이를 거닐며 자신이 원하는 물건을 열심히 찾아야 한다. 이러한 불편에도 불구하고 소비자들은 큰 불만을 제기하지 않는다. 왜냐하면 고객들은 코스트코가 그만큼의 인건비를 절감해서 고객들이 상품을 더 저렴하게 구입할 수 있도록 했다는 것을 알기 때문이다. 이와 마찬가지로 온라인상에서 구글은 '구글 애드센스^{Google Adsense}' 프로그램에 롱테일 기법을 적용하였다. 구글 애드센스는 광고 게시자의 홈페이지에 구글 배너를 삽입하고 광고수익을 광고 게시자에게 일정 배분하는 CPC(Cost per Click. 클릭 수만큼 광고비를 받는 종량제 광고) 방식의 광고이다. 놀라운 것은 수많은 사용자가 얽혀 있는 이 광고 프로그램이 구글의 광고 관련 매출 중에서 약 40%의 비중을 차지하고 있다는 점이다. 기존의 포털 사이트들이 폐쇄형 구조로 운영되기 때문에 광고를 띄우려면 그만큼의 공간이 필요했던 반면, 애드센스는 꼭 구글이 아니어도 고객들의 홈페이지나 블로그를 광고공간으로 이용했다. 따라서 운영비용이 절감되는 동시에 매출은 증가하는 결과를 가져올 수 있었다.

비용에 이어 롱테일 마케팅의 성공적 실행에 필요한 두 번째 요인은 틈새시장에 적합한 마케팅 기회의 발견이다. 여기서 의미하는 마케팅 기회는 상품, 가격, 유통, 판촉을 모두 망라하는 영역을 포함한다. 롱테일은 기존 마케팅처럼 표적고객(혹은 핵심고객)에게 접근하는 것이 아니라 아주 다양한 대규모 고객에게 접근하는 것을 의미한다. 따라서 이 고객들은 본인들이 선호하는 상품, 가격, 유통경로 등이 상이할 가능성이 높다. 다행히 온라인 공간에서는 다양한 상품을 취급하는 것에 대해 큰 비용이 들지 않기 때문에 마케터는 끊임없이 시장을 모니터링하고 경쟁사의 움직임을 주시해야 한다. 그리고 무엇보다도 고객들에게 충분한 정보를 지속적으로 제공해야 한다. '충분한 정보'의 의미란 몇몇 상품에 국한된 심도 있는 정보가 아니라 혹시 히트상품으로 발돋움할지 모르는 잠재적 상품들을 위해 모든 상품에 관한 정보들을 충분하고 끊임없이 제공해야 됨을 의미한다. 이처럼 고객에게 롱테일에 관한 충분한 정보를 제공하는 것을 애그리게이션Aggregation이라 한다.

크리스 앤더슨이 한국을 방문했을 때 모 기업 CEO에게 해준 조언은 틈새시장에 적합한 마케팅 기회의 또 다른 발견 노력을 엿볼 수 있게 한다. 그는 온라인 음원 사이트의 성공을 위해 다양한 리스트를 만들 것을 주문했다고 한다. 이때 다양한 리스트란 롱테일이 고객들에게 주목받을 수 있는 기회를 다양하게 제공하라는 의미이다. 이런 결과를 증명하듯, 예전에는 베스트셀러가 고객에게 제공된 리스트의 전부였다면 요즘은 베스트셀러, 386을 위한 노래, 고전주의 클래식 명곡시리즈, OST 특집 등 참으로 다양한 리스트들이 제시된다. 이렇듯 방대한 정보 속에서 고객이 원하는 정보나 추천 정보를 다양하게 제공하는 작업을 '필터링Filtering'이라 한다. 필터링은 롱테일에 위치한 상품들의 복잡성과 노이즈(원하지 않는 정보)를 잘 여과하여 고객이 정확한 것을 찾을 수 있도록 도와주는 서비스를 의미한다.

▪️TPO 마케팅Time Place Occasion Marketing

흔히들 광고를 가리켜 30초의 예술이라 한다. 그런데 30초보다 훨씬 짧은 10초 이내에 광고를 하면서도 경쟁이 치열한 시간대가 있다. 바로 시보를 알려주는 광고이다. 시보는 1987년에 어느 시계업체가 상품 특성과 부합하게 시계를 보여주면서 시간을 알리던 것이 그 시초인데, 요즘의 시보광고는 더욱 다양한 방식으로 짧지만 강렬한 인상을 주고 있다.

KTF의 3세대 이동통신 서비스 브랜드인 '쇼SHOW'의 10시~12시 사이의 시보광고는 'SHOW를 하면, 아빠가 오늘 안에 들어온다'

라는 내용으로 어린 여자아이가 깜찍한 표정연기를 선보였다. 오뚜기의 '진컵' 광고는 출출할 만한 저녁시간에 '출출한 시간을 알려드립니다' 라는 멘트와 함께 현재 시간을 알려주었다. 늦은 시간(Time)에 아빠가 빨리 집에 들어오길 바라는 심정과 간식이 생각날 만한 시간(Time) 등이 적절하게 배합된 광고였다.

농심의 '짜파게티' 와 오뚜기의 '3분카레' 광고는 일요일(Time)과 가정(Place)을 유독 강조하는 광고로 많은 사람들의 기억에 남아 있을 것이다. 물론 피자, 치킨 등 주말을 노리는 많은 상품들이 있었지만, 두 상품은 가정을 강조한 지속적인 광고로 적절한 시간(Time)과 장소(Place)를 노려 성공을 거두었다.

진통제의 대명사인 타이레놀이 미국의 인터넷 주식 사이트에 배너 광고를 낸 적이 있다. 그런데 그 광고는 미국의 주가지표인 다우지수가 100포인트 이상 하락할 경우에만 배너로 떴다. 주가가 심각하게 하락해서 머리가 아플 땐 타이레놀을 복용하라는 의미였던 셈이다. 주가가 떨어지는 상황이야말로 머리가 아픈 상황(Occasion)이니 저렴한 비용 대비 효과가 좋았던 적절한 광고가 아닐 수 없었다.

위 사례들은 모두 적절한 시간과 적절한 장소, 그리고 적절한 상황에 맞는 마케팅 기법들이다. 이러한 마케팅을 TPO(Time, Place, Occasion) 마케팅이라 한다. TPO가 급작스럽게 튀어나온 용어는 아니다. 이미 위의 사례들처럼 광고업계에서는 광고 제작 시 TPO에 맞는 장면들을 연출하기 위한 많은 노력들을 하고 있었기 때문이다. 얼마 전 삼양라면의 광고를 보면 TPO가 어떻게 사용되는지 잘 알 수 있다. 삼양라면은 자취방, 병원, 미장원 등 다양한 장소에서 학생, 의사, 직장인 등 다양한 고객들이 간식으로 라면을 맛있게 먹는 모습을 보여주면서 "이거 무슨 라면이야?" 하고 물어보는 광고를 시리즈로 내보냈다. 그 결과 삼양라면 매출은 광고 캠페인 이전 대비 두 배로 상승하였다.

이제 TPO는 광고제작에만 국한하지 않고, 이벤트 등의 판매촉진 분야와 상품개발에까지 적용되고 있다. 삼성전자의 '에어워시' 세탁기는 물세탁 기능 이외에 물을 사용하지 않고 공기를 사용하여 옷에 밴 냄새와 먼지, 진드기, 세균 등을 세탁해주는 제품이다. 이 상품이 삼성전자의 드럼세탁기 매출에서 차지하는 비중도 45%나 된다. 이에 대해 삼성전자의 관계자는 TPO를 활용한 체험마케팅 덕분이라고 했다. 봄철에는 산후조리원에서 꽃가루 및 집먼지 진드기 등 알레르기 원인 물질을 간편하게 제거할 수 있는 '에어워시' 기능을 현장에서 체험토록 했고, 여름에는 휘트니스센터에 제품을 설치해 이용객들을 대상으로 땀 냄새 제거와 살균이 동시에 가능한 에어워시 기능을 사용해 보도록 했다. 가을에는 아파트 단지를 순회하며 눅눅한 이불을 살균, 탈취해주는 무료체험행사를 진행했으며, 겨울에는 스키장에 체험존을 설치, 눈과 땀에 젖어 냄새 나는 스키복과 모자, 장갑 등을 무료로 건조, 살균, 탈취해주는 TPO 이벤트를 진행하였다.

신상품 아이디어는 R&D 부서와 마케팅 부서를 괴롭히는 주요 요인 중 으뜸이다. TPO 마케팅이 유용한 이유는 신상품에 관한 아이디어를 찾는 방안으로 TPO만큼 쉬우면서도 통찰력을 제공해주는 도구가 없기 때문이다. TPO 마케팅의 근간은 특정 상품에 대한 소비자들의 니즈는 불변이 아니라 시간, 장소, 상황에 따라 달라질 수 있음에 기인한다. 따라서 TPO에 따라 고객행동을 관찰하고 기록하다 보면 아이디어를 창출할 수 있는 기회를 잡기가 수월해진다.

식품업체에서도 제품명이나 브랜드에 TPO를 직접 반영해 소비자로 하여금 제품의 정확한 특징이나 사용목적을 직접 전달하려는 시도가 유행하였다. 대상FNF의 '종가집'이 출시한 '맛있는 양념이 필요할 때'는 요리에 익숙하지 않은 젊은 고객들을 대상으로 각 상황(Occasion)에 맞추어 '맛있는 찌개가 필요할 때', '맛있는 볶음이 필요할 때', '맛있는 조림이 필요할 때', '맛있는 무침이 필요할 때' 등으로 구성되어 인기를 끌었다. 출근 때문에 바쁘고 정신없는 아침시간을 위해 롯데제과는 '굿모닝'을 선보였으며, 백설햄스빌은 '아침에 베이컨'을, 이미 '아침에~' 시리즈를 내놓았던 서울우유는 '아침에 버터'를 출시한 바 있다. 피곤한 오후시간을 위한 오리온의 초콜릿바 'To You 오후의 휴식', 세븐일레븐의 밀크티 '런던의 오후', 풀무원의 녹즙식초음료인 '피곤한 오후 4시 흑초와 모로미초' 등도 TPO 활용의 좋은 사례이다. 늦은 밤이라 해서 예외는 아니다. 삼양식품은 '야참라면'을 출시하면서 기존 라면 양을 절반으로 줄이고 가격도 낮춰 많이 먹기 부담스러운 고객들의 니즈에 부합하였다.

TPO 마케팅의 실행은 별로 어렵지 않다. 소비자들의 입장에서 그들의 생각과 행동을 유추하고 따라해보는 것으로부터 시작하면 된다. 비유하자면, 요즘 사회과학연구에서 유행하고 있는 민족지(Ethnography) 방법론이 바로 그것이다. 경영분야에서 민족지 방법론은 생소한 방법론이지만 그 내용은 간단하다. 민족지는 민족학(Ethnology) 연구에서 사용되는 방법론으로 주로 관찰, 인터뷰, 참여와 같은 방법을 사용하는 것에서 기인하여 대상 집단의 행태를 최대한 객관적으로 기록하는 방법을 말한다. 이와 마찬가지로 일상생활 속에서 제품을 사용하는 사용자의 입장에서 TPO를 관찰 및 기술하는 것으로부터 TPO 마케팅은 시작된다.

예를 들어, 어떤 기업이 새로운 네비게이터에 추가할 기능들에 관한 아이디어를 얻고자 할 경우를 보자. 네비게이터는 자동차에 장착되는 기기이므로 당연히 운전자가 주요 고객층이 될 것이다. 운전자는 다시 직장인, 주부, 자영업자, 학생, 택시나 버스 운전자 등 여러 사용자 계층으로 구분 가능하다.

40대 가장인 직장인 A씨는 자동차를 주로 출퇴근(Occasion)을 위해 이용한다. 따라서 직장인 A씨가 자동차를 사용하는 시간(Time)은 주로 출퇴근시간이다. 그러므로 출근시간에 A씨가 어떤 니즈들을 가지고 있는지를 관찰하면 된다. 출근 시 A씨의 가장 큰 니즈는 직장에 최단시간에 출근을 하는 것이다. 또한 그날의 날씨와 아침뉴스 등이 궁금하다. 또, 요즘 직장인들은 직장 내 경쟁이 치열하기 때문에 A씨 역시 자기계발, 그 중에서도 어학공부에 대한

〈표2-3〉TPO에 따른 니즈와 기능 분석

TPO에 따른 니즈	필요 기능
최단시간 출근	교통정보를 감안한 출근길 경로 정보
날씨, 아침뉴스	VOD(날씨, 뉴스, 주식정보 등)
어학공부	어학학습 기능
스케줄 확인	일정관리 기능
음성조작	음성 상호작용 인터페이스

니즈가 많다. 더 나아가서 당일의 스케줄도 확인하고 싶다. 그런데 이 모든 것들을 위해서 운전하랴 이것저것 조작하랴 여간 피곤한 게 아니다. 따라서 손으로 조작하지 않고 음성으로 조작하거나 아니면 아예 알아서 해주는 게 있으면 좋겠다는 생각이 든다. 여기까지만 해도 〈표2-3〉과 같은 기능들이 필요함을 알 수 있다.

계속 이어서 A씨의 자동차 생활을 관찰한 결과, 출퇴근 이외에 '업무상 외부미팅', '가족과의 레저활동' 등의 상황(Occasion)이 있음을 발견하였다. 즉, 업무상 외부미팅 때문에 이동할 때의 A씨의 니즈는 약속시간에 늦지 않게 가고, 급한 전화나 메시지가 있으면 확인도 하고 싶은 것이다. 또한 도착 5분 전에 상대방에게 미리 알려주고 싶다. 그뿐 아니라 주말에 가족과의 레저활동을 위해 A씨는 자동차로 갈 만한 유명한 곳을 알고 싶고, 주변의 맛집도 알고 싶다. 장거리운전 시 졸립지 않았으면 하는 니즈도 빼놓을 수 없다. 더불어 라디오를 들을 때 지역마다 다른 주파수 때문에 번거롭게 주파수를 재설정하는 작업을 안 했으면 하는 생각도 있다. 이상의 니즈

<표2-4> TPO에 따른 니즈와 기능 분석

TPO에 따른 니즈	필요 기능
약속시간 준수	교통정보를 감안한 경로 정보
전화, 메시지 확인	휴대전화 기능 및 블루투스
상대방에게 매너콜	상대방 휴대전화에 메시지 발송 기능
유명 관광지 정보	유명 관광지 DB관리 기능
맛집 정보	맛집 DB관리 기능
졸음운전 방지	장거리운전 시 신나는 음악 재생
지역마다 다른 라디오 채널 선국의 번거로움	GPS로 지역 탐색 후 자동 주파수 변경 기능

들을 고려한 기능에는 〈표2-4〉와 같은 것들이 있을 수 있다.

네비게이터에 필요한 기능들을 파악하기 위해 간단한 TPO 분석을 적용시킨 위의 사례를 통해 알 수 있듯이, TPO 마케팅의 성공은 무엇보다 훌륭한 TPO 분석으로부터 출발한다. 다행히 TPO 마케팅을 위한 TPO 분석은 간단하다는 장점이 있다. '훌륭한 인사관리는 적재적소를 달성하면 된다' 라는 말이 있듯이 시간, 장소, 상황에 적절하도록 소비자의 니즈를 충족시키는 마케팅 전략을 구현하면 실패 가능성을 크게 줄일 수 있다.

▪️구전 마케팅 Word-of-Mouth Marketing

휴대용 멀티미디어 플레이어(PMP) 업계는 출시 이벤트에 늘 열심이다. 출시되기 전에 체험단을 모집해서 체험수기를 쓰게 하고, 출

아이리버의 제품들

시 때 사전예약판매를 통해 초기고객(얼리어답터)의 관심을 사로잡는 식이다. 이러한 마케팅 기법의 시행으로 많은 잠재고객들의 관심이 높아지고 그것이 구매로 이어짐은 당연한 수순이다.

국내 MP3 플레이어인 레인콤의 '아이리버'가 해외 제품들을 제치고 1위에 등극한 것이 한동안 화제였다. 비록 그 성공 비결을 한 가지로 압축할 수는 없지만, 기능과 디자인 같은 제품 성공요인 이외에 MP3 플레이어의 주 고객층인 젊은 고객들이 자주 찾는 온라인을 통해 제품을 홍보한 구전 마케팅의 역할도 매우 컸다. 아이리버의 출시와 함께 레인콤은 주 고객층이 자주 찾는 온라인 사이트에서 아이리버에 대한 칭찬을 글로써 올리기 시작하였다. 칭찬은 아이리버의 디자인과 음질을 중점적으로 부각시켰다. 이런 구전 마케팅 시도는 대성공을 거두었으며, 심지어 아이리버 마니아 클럽이 형성될 정도였다. 이처럼 구전 마케팅의 효과가 알려지기 시작하면서 현재는 실생활에서 쉽게 접할 수 있는 마케팅 기법이 되었다.

구전 마케팅은 관심 있는 소비자들에게 일종의 신드롬을 형성하는 과정을 의미하는 '버즈Buzz 효과' 와 관련이 깊다. 이는 기업에 의해서 일방적으로 전달되는 광고와 달리 고객 상호간에 양방향으로 전파되는 특징이 있으며, 처음 진원지가 된 정보에 소비자들이 자발적으로 첨가 및 편집된 정보까지 추가하여 궁극적으로는 거대한 메시지와 파급효과를 불러온다.

구전 마케팅은 몇 가지 유형으로 구분할 수 있다. 첫째, 희소성을 목적으로 상품 공급을 제한하여 이를 구전에 활용하는 형태가 있다. 애플의 '아이폰' 과 더불어 논쟁이 뜨거운 LG전자의 '프라다폰' 은 초기에 한정생산이라는 소문이 돌면서 웃돈을 얹어주고 구입하는 해프닝까지 벌어진 적이 있다. 이 유형은 소위 명품시장에서 많이 사용하는 방법 중 하나이다.

둘째, 연예인, 정치인 등 유명인의 힘을 빌려 구전에 활용하는 방법이 있다. 유명인들의 호응을 얻음으로써 그들이 사용하는 물건을 소비자들도 사고 싶어 하는 심리를 이용하는 것이다. 인터넷 검색사이트 순위에 가끔씩 올라오는 누구누구의 목걸이, 귀걸이, 의상 등은 네티즌들이 구전 대상으로 즐겨찾는 아이템이다. 이와 유사한 것으로 영화나 TV 프로그램에 협찬을 통하여 자사 상품을 노출시키고 구전을 활용하는 PPL(Product Placement)이 있다.

셋째, 소비자의 궁금증을 유발시켜 구전을 전파시키는 방법이다. 얼마 전 한 여성이 '나는 90일을 삽니다' 라는 팻말을 들고 인파 속에 서 있는 동영상이 각종 포털 사이트에서 화제가 된 적이 있다. 네티즌 사이에서 '시한부 인생을 사는 여자', '행위예술',

화장품 회사의 티저광고

'연예기획사의 홍보전략', '기업의 티저광고' 등 다양한 의견을 내놓으며 관심이 증폭됐다. 결국 이 '90일녀'의 정체는 한 화장품 브랜드의 티저광고로 밝혀졌다. 해당 기업 제품의 '유통기한 90일'이라는 차별화를 알리기 위해 시내 번화가에서 이 같은 퍼포먼스를 기획한 결과 동영상이 삽시간에 퍼져 주요 포털 실시간 검색어 1위에 올랐던 것이다. 이런 점이 바로 구전 마케팅의 특징 중 하나이다.

구전 마케팅의 사례로 우리나라에서 역대 최다관객을 동원한 영화「괴물」을 빼놓을 수 없다. '괴물'은 먼저 해외영화제를 겨냥하여 프랑스 칸에서 시사회를 가졌으며, 두 달 후 기자와 일반인을 대상으로 하는 국내시사회를 가졌다. 주목할 점은 첫 번째와 두 번째 시사회의 시간 간격이 두 달이나 됐다는 것이다. 이 기간 동안

배급·마케팅 회사가 주력한 부분은 구전 마케팅이었다. '해외에서 호평을 받은 영화', '일동 모두의 기립박수를 받은 영화' 등의 문구와 티저 몇 편 정도만 공개하여 소비자들의 호기심을 증폭시켰던 것이다. 그 60일 동안 온라인상에서 온갖 추측과 기대가 난무하도록 만든 것이 그 같은 흥행기록 비결 중 하나였다.

반면 소비자의 자발적 구전에 의해 기업 활동이 영향을 받는 사례도 많다. 최근 한 수입차 고객이 차량 결함으로 인한 교체요청을 했으나 이를 수입업체로부터 거절당하자 자동차 관련 사이트에 관련 글을 게시한 적이 있다. 그러자 해당 글의 조회수가 기하급수적으로 올라가고, 그에 따른 수입업체 성토와 불매운동 분위기 등의 부정적 구전이 확산되기 시작했다. 결과적으로 해당 고객은 무난히 새 차로 교환받을 수 있었다. 그런가 하면, 르노삼성자동차의 구형 'SM5'는 '강남 주부들의 공식지정차'라는 긍정적 구전이 돌기 시작하면서 현대자동차의 경쟁모델 판매량을 앞지르기도 하였다.

이쯤에서 성공적인 구전 마케팅을 위해 유념해야 할 것들을 살펴보자. 첫째, 구전에 필요한 매체(Media)의 선정이다. 많은 사람들이 온라인 공간을 구전에 가장 적합한 매체로 손꼽는다. 이는 인터넷 유저 사이의 상호작용이 구전에 필요한 상호작용과 일치하기 때문이다.

둘째, 우리 주변에는 많은 네트워크들이 존재하며, 이들을 통해 구전이 확산되므로 반드시 해당 네트워크에 대한 분석이 수반되어야 한다. 즉, 온라인동호회, 학교, 직장 등 구전이 빨리 확산되는 네트워크가 있는가 하면, 교회처럼 늦게 확산되는 네트워크도 존재한다는 것을 파악해야 한다.

셋째, 상품에 따라 구전 효과가 다르다는 점에 유의해야 한다. 신기술이 중요한 IT 산업에서는 일반적으로 제품에 대한 경험이나 지식이 부족하기 때문에 최소한의 인원으로 탁월한 구전효과를 거둘 수 있다. 고가의 오디오 관련 사이트에서 구전활동을 통하여 잘 알려지지 않은 신제품의 매출이 급상승하기도 하는 것은 좋은 사례이다. 그러나, 같은 고가라도 자동차, 브라운관 TV 등의 구입에 있어서는 소비자가 기존의 경험과 지식을 갖고 있기 때문에 구전효과가 많이 작용하지 않는 경향이 있다. 반대로 생필품 등 저가상품들의 구전효과는 매우 높은 편이다. 왜냐하면 저가상품 구매시 소비자가 구전에 의한 구매를 한다고 해서 큰 위험(본인의 불만족, 주위 사람들의 힐난 등)에 빠지지는 않기 때문이다. 〈표2-5〉는 제품의 가격, 그리고 도입시기(Old/New)에 따라 구전 마케팅이 소비자에게 끼치는 영향을 나눠놓은 것이다.

마지막으로 구전에 따른 피드백이 빨라야 한다. 특정 제품에 대한 불만이 온라인 사이트에 계속 남아 있다고 상상해보라. 해당 기

〈표2-5〉 가격과 구입시기에 따른 구전 효과

	저가	고가
기존 제품	많음	적음
신제품	많음	많음

업에 대한 인식이 매우 안 좋아질 것이다. 반면, 불만을 신속히 해결해주는 기업은 오히려 예전보다 인식이 더 좋아질 가능성이 크다.

◢️네티즌 마케팅Netizen Marketing

서울 상암동 월드컵 경기장에서 국가대표 축구시합이 열리던 날, 혼잡한 경기장 한켠에서 갑자기 "외계인이다" 하는 외침과 함께 수십 명의 사람들이 비명을 지르며 쓰러졌다. 그러나 잠시 후 모두 일어나 요란하게 박수를 치고 아무 일도 없었다는 듯이 뿔뿔이 흩어졌다. 네티즌 사이에 유행했던 플래시 몹Flash Mob의 한 장면이다.

한 카메라 수입회사는 몇 년 전 제품판매를 중단하고 본사에 품질검사를 의뢰하는 사상 초유의 의사결정을 내렸다. 네티즌들이 이 회사가 판매하는 제품에 하자가 있다고 동호회 내에서 꾸준히 글을 올렸기 때문이다. 한 네티즌이 고급 카메라에 관한 전문 사이트에 태양광 같은 강렬한 빛에 노출된 상태에서 촬영을 하면 피사체 주변에 녹색 잔영이 발생하는 현상이 발견된다고 글을 올림으로써 이 사건은 시작되었다. 회사의 해명에도 불구하고 네티즌들의 게시판을 통한 동일증상 발견 및 항의의 글이 쇄도했고, 마침내 회사는 위와 같은 결정을 내렸던 것이다. 물론 기업이 그러한 결정을 내렸다는 것만으로도 그 제품은 예상보다 더욱 많은 고객을 확보할 수 있었다.

네티즌 마케팅은 사이버 공간에서 상품 또는 서비스를 소비자에게 유통시키는 데 관련된 모든 체계적 경영활동을 의미한다. '네티즌'이란 시민을 뜻하는 '시티즌'과 통신망을 뜻하는 '네트워크'의 합성어로 컬럼비아 대학교 하우번Hauben 교수에 의해 처음 소개된 개념이다. 하우번은 단순히 통신을 목적으로 네트워크를 활용하는 사람은 네티즌이 아니며, 온라인 공동체를 형성하는 문화적 활동 주체가 바로 네티즌이라고 했다. 네티즌들의 집단화는 온라인 커뮤니티 활동, 개인홈페이지 활동 등으로 이어지는데, 이들 공간의 힘이 점차로 커지고 있다. 따라서 온라인 공간 어딘가에는 네티즌이 소속되어 있으며, 이들을 표적고객으로 삼아 마케팅 활동을 하는 것이 네티즌 마케팅의 특징 중 하나이다. 관련해서 널리 알려진 마케팅 기법으로는 '블로그 마케팅'과 '공동구매' 등이 있다.

블로그 마케팅은 1인 미디어인 블로그나 개인홈페이지를 기업의 주요 커뮤니케이션 수단으로 활용하는 것을 의미한다. 공동구매는 온라인에서 네티즌들에게 이미 친숙한 용어가 되었다. 공동구매는 작게는 개인홈페이지에서부터 동호회, 심지어 G마켓이나 GS이스토어, 그리고 옥션 같은 인터넷 오픈마켓도 여러 판매자 중에서 가장 저렴한 가격을 제시하는 판매자에게서 구매한다는 점에서 넓은 의미로 보면 공동구매라고 볼 수 있다.

또 하나의 네티즌 마케팅의 특징은 네티즌들의 커뮤니케이션에 있다. 네티즌 커뮤니케이션에서 가장 보편적으로 사용되는 방법은 '구전'이다. IT가 발달할수록 소비의 중심은 10대부터 30대에 이르는 디지털 세대가 되어 간다. 이들이 주로 활동하는 오프라인 공간은 서울의 경우 강남역, 신촌, 종로 등으로 한정되어 있지만, 온라인상에서 이들의 활동영역은 그야말로 무한하다. 최근 자료에 따르면 10~30대에 이르는 젊은이 10명 중 9명은 네티즌인 것으로 나타났다. 네티즌들의 상호작용은 광속으로 이루어진다. 최근 유행하는 UCC의 경우만 봐도 속칭 무엇인가 '떴다' 하면 온라인상에서 급속도로 퍼져나가는 것을 볼 수 있다. 실제로 최근 생방송 도중 여성 연예인의 실수로 인한 상반신 노출에 관한 자료가 너무 빨리 퍼져 나가서 급기야는 경찰의 도움으로 간신히 확산을 막을 수 있었다.

필자가 자주 방문하는 온라인 사이트에서는 중고장터가 활발한 편이다. 그런데 재미있는 현상은 인기가 없던 제품들도 몇몇 동호인들이 활발한 게시판 활동을 펼치면 금세 중고가격이 상승하곤 한다는 것이다. 구전의 대표적인 효과이다. 수요확산 모형으로 유명한 배스Bass에 의하면, 수요에 영향을 미치는 요인은 크게 모방효과와 혁신효과가 있다고 한다. 이 중에서 모방효과에 영향을 미치는 것이 구전활동이다.

구전활동을 통한 네티즌 마케팅의 실행방법은 다음과 같다. 첫째, 구전 정보원의 신뢰성을 높여야 한다. 구전이 누구로부터 시작되었고, 누구를 통해서 전파되는가를 파악하는 것은 구전정보의 신뢰성과 관련이 있기 때문에 매우 중요하다. 둘째, 구전이 빨리 퍼질 수 있는 경로를 제공해야 한다. 구전이 빨리 퍼지는 경로는 역시 많은 방문자를 가지고 있는 온라인 사이트이다. 예를 들어, 네이버Naver, 야후Yahoo, 다음Daum 같은 주요 포털 사이트의 하루 방문자수는 1만 명이 넘는다. 따라서 이러한 사이트를 통할 때 구전은 빨리 확산된다.

■바이럴 마케팅Viral Marketing

영국의 유명잡지 「가디언Guardian」은 신종 마케팅 기법으로 "광고주들이 자사 광고 패러디를 일부러 인터넷에 퍼뜨려 입소문을 낸다"고 발표하였다. 기사에 의하면 버드와이저, 리바이스, 포드, 마스터카드 등 유명 브랜드들이 자사 광고를 패러디한 기발하고 과격한 동영상을 직접 유포하고 있다고 하였다.

2008년 6월에 코엑스 상공에 UFO가 나타났다는 기사와 더불어 관련 동영상이 인터넷에 떠돈 적이 있다. 그리고 며칠 후에는 충청남도 보령시에서 한국 최초로 미스터리 서클이 발견되었다는 기사가 나왔다. 이 서클은 지름이 200m에 달하는 거대 규모로, 수많은 네티즌들의 주목을 끌었다. 진위여부를 놓고 여러 사람들의 공방이 벌어지기도 했다. 그러나 며칠 후 미스터리 서클 이미지와 함께 'Do you see the lie?', 'Do you see the truth?' 라는 문구가 삽입된 포스터가 서울 시내에 부착되면서 이 작품들은 모두 가수 서태지가 4년 만에 복귀하면서 준비한 티저 퍼포먼스임이 밝혀졌다.

가수 서태지의
티저 퍼포먼스

 세계적인 동영상 공유 사이트인 유튜브^{YouTube}에서 한 동영상이
연일 화제에 오른 적이 있다. 야구시합에서 외야석 펜스로 떨어지
는 파울볼을 볼걸^{Ball Girl}이 펜스를 향해 2단 점프를 해서 캐치하는 장
면이 담긴 내용이었다. '놀라운 볼걸 캐치(Amazing Ball Girl Catch)'
라는 타이틀의 이 동영상은 100만 건의 조회수를 기록하며 댓글에
서 진위여부를 놓고 공방이 벌어지기도 했다. 한 지역방송은 스포
츠 뉴스시간에 이 동영상을 소개하기도 했다. 그러나 결국 이 동영
상은 스포츠음료 게토레이의 광고영상인 것으로 밝혀졌다.
 게임에서도 이런 방식의 마케팅이 발견된다. 블리자드 사의 월
드오브워크래프트, 넥슨의 카트라이더 등의 게임에서 자사 캐릭터
를 이용한 메신저 이모티콘이나 PC 월페이퍼 등을 제공하여 좋은
반응을 얻은 바 있다. 독일의 유명 자동차 제조사인 폭스바겐에서
는 사람들에게 무료로 벨소리 다운로드 서비스를 제공했는데, 이
벨소리의 처음이 '폭스바겐'이라는 단어로 시작해서 확실한 광고
효과를 보았다고 한다.

이상은 바이럴 마케팅에 대한 간단한 사례들이다. 바이럴 마케팅은 네티즌들이 이메일이나 메신저 혹은 블로그 등을 통해 자발적으로 기업이나 상품을 홍보하도록 만드는 기법을 의미한다. 바이럴 마케팅이 다른 마케팅 기법과 차이를 보이는 주요한 부분은 '자발적 구전확산'이라는 데 있다. 이러한 점에서 구전 마케팅, 버즈 마케팅과 유사하다. 하지만 구전 마케팅은 주로 상품의 이용평, 기능 등 상품 자체와 관련된 내용이 많고, 버즈 마케팅은 광고를 특이하게 한다거나 이벤트성 광고를 진행하는 것인 반면에 바이럴 마케팅은 홍보용 매체를 네티즌들이 자발적으로 확산시킨다는 점에서 다르다. 온라인 매체들을 통해 마치 PC 바이러스가 퍼지는 것처럼 급속히 확산된다고 해서 '바이러스 마케팅'이라고도 불린다.

정리하자면, 바이럴 마케팅은 소비자들의 주의(Attention)를 일으켜 광고 노출을 유도하는 기법이다. 즉, 네티즌들의 기호에 따라 엽기적이거나 재미있고 신선한 내용의 콘텐츠와 자사 브랜드가 결합된 웹 콘텐츠를 제작한 후 이를 인터넷에 게재하는 기법이다. 네티즌은 애니메이션 내용이 재미있으면 이메일을 통해 다른 네티즌에게 그것을 전달하게 되고, 이러한 과정이 반복되다 보면 어느새 네티즌 사이에 화제가 됨으로써 자연스럽게 기업 및 상표에 대한 인지도가 증가한다.

바이럴 마케팅 실행 시 유의할 점은 홍보 내용을 담은 파일 크기가 작도록 유지해야 한다는 것이다. 바이럴 마케팅은 순간적으로 고객의 주의를 끌어야 하기 때문에 클릭과 동시에 실시간으로 재생이 가능해야 한다. 따라서 파일 크기가 작아야 하며, 관련 프로그램만 이용하면 누구나 쉽게 제작할 수 있어야 한다. 이런 점에서 웹 2.0에 의한 UCC 및 유튜브의 등장은 바이럴 마케팅에 있어서는 활용 가능한 최고의 무기로 등장한 셈이다. 자신의 블로그나 홈페이지에 파일을 업로드하지 않고 단지 주소만 알려주면 자발적으로 찾아가서 클릭하기 때문에 훨씬 접근이 편리해진 것이다.

▪️노이즈 마케팅Noise Marketing

2006년 LG텔레콤은 특정 장소에서 이동전화 통화요금을 유선전화 수준으로 낮추는 '기분존(Zone)' 서비스를 출시하면서 유선전화 사업자인 KT의 심기를 건드렸다. 이 서비스에 대해 LG텔레콤이 "집안에서는 유선전화로, 집 밖에서는 이동전화로 사용할 수 있다"며 KT를 직접 겨냥해 비교했기 때문이다. 이에 대해 KT는 가뜩이나 이동전화 탓에 유선전화 시장이 침체에 빠진데다 LG텔레콤이 마치 집전화인 양 '기분존' 서비스를 홍보하자 "가만둘 수 없다"는 입장을 보였다.

LG텔레콤은 이에 아랑곳하지 않고 '국민 여러분께 드리는 호소문'이란 광고를 통해 "SK텔레콤, KTF는 가만있는데 왜 KT만 저희를 이토록 못살게 구는 겁니까"라며 KT를 자극하였다. 물론 KT가 이에 극도로 분노했음은 두말할 필요도 없다.

이 마케팅 전쟁은 여기서 끝나지 않았다. LG텔레콤은 "본의 아니게 KT, 하나로텔레콤 등 유선사업자에게 심려를 끼쳐드렸다"며 '기분존 서비스에 대한 사과문'이란 광고를 일간지에 실어 또다시 경쟁사들을 자극했다. 이외에 LG텔레콤은 상품 출시에 맞춰 서울 광화문 KT 사옥 앞에서 '가출한 집전화 시위' 퍼포먼스를 벌이기도 하고, 서울 강남역 사거리에 '가출한 전화기' 그림을 담은 대형 현수막을 내거는 등 노골적으로 KT 신경을 건드렸다.

KT 내부에서는 "LG텔레콤을 공정거래위원회에 제소해야 한다"거나 "LG텔레콤에 '기분존 폰'을 공급하는 LG전자의 휴대전화를 유통시키지 말아야 한다"는 강경론까지 일었던 것으로 전해졌다.

LG텔레콤과 KT의 위와 같은 해프닝은 연일 신문 지상에 오르내렸고, 그 결과 LG텔레콤의 기분존 서비스는 출시 3개월 만에 6만 명의 가입자를 확보하는 성공을 거두었다.

이와 유사하게 하나로텔레콤의 TV포털 서비스 '하나TV'도 방송위원회 규제 논란에 따른 홍보효과에 힘입어 가입자 기반을 확대하였다. 하나TV 출시에 따라 케이블TV협회는 "TV 기반의 VOD는 방송"이라고 주장하며 방송위원회에 하나TV를 제재해 줄 것을 건의했다. 방송위원회는 이에 화답하듯 "하나TV는 방송허가를 받지 않은 불법 방송"이라며 제재 방침을 밝혔다. 케이블TV협회는 하나로텔레콤을 방송법 위반으로 검찰에 고발하겠다고 선언하기도 했다.

하지만 경쟁업체들의 거센 반발은 오히려 톡톡한 홍보효과를 낳았다. 그 당시 하나로텔레콤보다 먼저 유사한 서비스를 시작한 KT의 TV포털 가입자는 1만여 명 수준에 불과했고, KT가 TV포털 서비스를 하고 있는지조차 모르는 사람들이 많았다. 그러나 하나 TV는 케이블TV협회와 방송위의 반발로 널리 알려지면서 서비스 시작 불과 2주 만에 2만 명 이상의 가입자를 유치했다.

노이즈 마케팅은 시장에서 상품과 관련된 각종 이슈를 요란스럽게 화젯거리로 만들어 소비자들의 주의를 유발하는 마케팅 기법이다. 노이즈는 말 그대로 '잡음'이란 뜻이며, 제품에 대한 광고활동이 아닌 다른 사유로 소비자들의 입담에 회자되는 것을 의미한다. 이렇듯 상품에 대한 노이즈를 의도적으로 조성해 이를 판매활성화로 유도한다는 의미에서 노이즈 마케팅이라 부른다.

노이즈는 광고와 달리 어떤 방향성을 갖지 않는다. 광고가 소비자들에게 항상 긍정적인 면만을 강조하려고 노력하는 활동이라면, 노이즈는 대체로 긍정적일 때보다는 부정적일 때가 더 많다. 왜냐하면 노이즈 마케팅은 화제의 내용이 긍정적이든 부정적이든 사람들의 입에 자주 오르내리면 그 상품에 대해 호기심을 갖게 되고, 이것이 곧 상품 구매로 이어진다는 데서 출발하는 기법이기 때문이다. 이런 점에서 노이즈 마케팅은 구전 마케팅의 한 종류에 속하기도 한다. 또한 노이즈 마케팅은 부정적인 뉴스를 알리며 홍보한다는 점에서 '네거티브 마케팅Negative Marketing'이라고도 불린다.

노이즈 마케팅은 때로는 드러나지 않게 시행되는 경우도 있다. 영화촬영을 하는 동안 출연배우들이 유달리 사고를 많이 당하는 기사들이 신문에 실리는 것을 볼 수 있다. 자세한 내용을 들여다보면 대부분은 배우 누구누구가 어디를 지나다가 교통사고를 당해서 크게 다쳤으나 그럼에도 불구하고 스케줄대로 영화촬영에 임하는 투혼을 발휘하였다는 식의 내용들이다. 이러한 노이즈들은 발표 직후 바로 포털 사이트에서 인기검색어 1위를 달성할 정도로 파급효과가 크다.

단, 노이즈 마케팅은 네거티브 마케팅이라고도 불리는 만큼 긍정적 효과 외에 부정적 효과를 가져올 가능성도 크다는 것을 염두에 두어야 한다. 따라서 노이즈 마케팅을 실행할 때에는 다음과 같은 사항들을 주의해야 한다.

첫째, 광고효과에 관한 연구에 따르면, 광고의 부정적 메시지는 해당 광고의 인지도는 높이지만 광고 대상이 되는 제품에 대한 선호도는 감소시킬 수도 있다고 한다. 일례로 노이즈 마케팅을 홍보에 활용한 영화 중에서 실제 흥행에 성공한 영화는 손에 꼽을 정도다.

둘째, 노이즈 마케팅의 수준 혹은 강도를 적절히 유지해야 한다. 너무 강한 수준의 노이즈는 소비자들에게 호기심을 넘어서 짜증을 유발시킬 뿐이다. 매년 바캉스 시즌이 되면 자동차 판매량의 증가와 더불어 영업시장은 전쟁양상을 띄게 마련이다. 처음엔 자사 자동차에 대한 홍보에서 시작해 나중엔 경쟁사 제품에 대한 헐뜯

기로 이어지는 식인데, 이런 경우 초기 목적인 인지도와 선호도 증가보다는 기사나 광고에 대해 대중이 외면해버림으로써 결과적으로는 판매하락이 될 가능성이 높다.

마지막으로, 노이즈 마케팅의 빈도를 조절해야 한다. 너도나도 모두 노이즈 마케팅을 실시하면 어떻게 되겠는가. 차별화와 상극인 용어 중 하나는 '빈번하게(Often)'이다. 노이즈 마케팅 역시 차별화를 목적으로 실시하는 마케팅 기법이므로 실행 시 시장에서 너무 자주 사용되고 있는 것은 아닌지 잘 파악한 다음에 실행에 옮겨야 할 것이다.

■블로그 마케팅Blog Marketing

모 이동통신회사에 근무하는 김 과장은 바쁜 업무 중 갑자기 생각난 아이디어가 있어 급히 자신의 개인홈페이지에 접속하였다. 그런데 일촌들이 다녀간 기록과 자신에게 보낸 쪽지 등이 남아 있는 것을 보고 이런저런 일들을 처리하다가 그만 상사에게 들켜 꾸지람을 들었다. 그러나 김 과장은 다시 자신의 개인홈페이지에 접속해서 블로그 정리를 다한 후 본연의 업무로 돌아올 수 있었다. 김 과장이 접속한 곳은 다름 아닌 한국적 정서에 바탕을 둔 일촌 기반의 '개인홈피' 서비스로 대박을 거둔 싸이월드(www.cyworld.com)였다. 자신의 이야기를 미니홈피에 기록하고 일촌들이 여기에 반응을 보이는 공간이다. 그리고 하루에 한 번이라도 접속을 안 하면 마음이 불안해서 일을 할 수 없는 김 과장 같은 사람들을 '싸이홀릭' 이라 부르며 싸이에 열중하는 활동을 뜻하는 '싸이질' 같은 단어가 하나의 문화코드로 자리 잡았다.

싸이월드 이용자의 90%는 자기PR에 역동적으로 관심이 많은 20대이다. 이러한 덕분으로 2004년에 회원수 1천만 명을 돌파한 후 현재까지 싸이월드의 성장은 계속되고 있다. 싸이월드는 수익 모델에서도 다른 사이트와 차이를 보이는데, 그것은 바로 사이버 머니인 '도토리' 를 바탕으로 미니홈피 배경음악과 배경화면 같은 다양한 유형의 콘텐츠 판매수입을 올리는 것이다.

싸이월드는 인터넷 공간에 '우리' 가 아닌 '나' 를 표현할 수 있는 공간을 제시하였으며, 이에 따라 현재 싸이월드에서 사람들이 미니홈피를 꾸미기 위해 지불하는 금액은 하루 평균 3억 원에 달한다. 더군다나 1세대 포털들의 명암이 엇갈리는 가운데 싸이월드는 소규모 벤처로 출발해 국내 최대 1인 미디어로 성장, 해외에까지 진출함으로써 한국 인터넷 역사에 있어 가장 극적인 성공사례를 보여주고 있다. 최근에는 기존의 미니홈피에 사진서비스 기능과 외부 블로그와의 자유로운 커뮤니케이션 기능, 메인 페이지 편집 기능 등을 갖추었다. 최대 2MB에 달하는 대용량 사진을 올릴 수 있고, 작은 창이 아닌 스크린 전체에 화면을 띄워 감상하는 것이 가능한 새로운 버전의 미니홈피를 제공하기도 했다.

싸이월드가 개인 미니홈피로 인터넷 공간을 점령했다면, 네이버 블로그는 후발주자로서 싸이월드와 차별화된 시스템으로 성공한 사례이다. 네이버 블로그(blog.naver.com)는 2003년 '페이퍼'라는 이름으로 처음 서비스된 이후 동년 10월에 '네이버 블로그'로 서비스 이름을 변경한 후 현재에 이르고 있다. 지금 그들은 전체 블로그 시장의 80%가량을 장악하며 블로그에 있어 본원적 상표로 자리 잡았고, 고객층도 신세대들뿐 아니라 중장년층까지 다양하게 존재한다.

네이버 블로그는 사용자 자유도와 편의성을 강화한 서비스가 가장 큰 장점으로 꼽힌다. 즉, 블로거가 원하는 대로 블로그를 디자인할 수 있도록 하고 레이아웃과 배경색을 자신의 취향대로 꾸밀 수 있게 되어 개성 있는 블로그 연출이 가능해졌다. 또한 검색엔진 1위답게 네이버 블로그는 기존 기능 외에도, 검색, 지식iN, 뉴스 등과 연동이 가능하다. 특히 1인 미디어 시대가 본격 개막하면서 네이버 블로그 내에서 활발하게 활동하는 파워블로거는 새로운 온라인 오피니언리더 그룹으로도 급부상하고 있다. 온오프라인을 막론하고 이들의 영향력은 막강하며, 이들의 의견에 따라 새로운 서비스가 출시되거나 기존 회사 정책이 바뀐 사례도 적지 않다. 이 가운데 자신의 전문 블로그를 발판삼아 강연, 출판 등으로 영역을 확대하거나 블로그 운영으로 돈을 버는 프로 블로거까지 생겨나고 있다.

싸이월드와 네이버 블로그의 사례에서 보듯, 오늘날 블로그 마케팅은 다양한 수익원이 존재하는 상당한 규모의 시장을 형성하고 있다. 블로그는 다음과 같은 여러 가지 특징들로 인해 사람들에게 큰 매력으로 다가오고 있다.

첫째, 블로그는 기록의 문화이기 때문에 시간 순서로 정리된다.

둘째, 블로그는 제목과 본문을 동시에 보여준다.

셋째, 블로그는 1인 미디어이다.

넷째, 블로그는 속도가 빠른 매체에 속한다. 이는 기업 입장에서 블로그 마케팅을 활용하게 된 이유이기도 하다. 뉴스의 전파에도 빠른 편이고, 개인의 생각을 전파하는 데에도 빠른 편이다. 이것이 가능한 이유는 자신의 생각이나 이미지, 동영상 같은 자료들을 블로그에 쉽게 올릴 수 있기 때문이다.

다섯째, 이것을 바탕으로 개인의 생각을 정확하고 생생하게 전달한다. 1차 걸프전 당시 이라크 전쟁 상황을 가장 빠르고 생생하게 전달한 곳은 CNN이었다. 2차 걸프전 때도 CNN이 주축이긴 했지만, 이런 자료화면들을 가장 빠른 시간 내에 전파한 곳은 다름 아닌 블로그였다. 중동 지역의 아랍계 민족들이 자기네 상황의 어려움을 진솔하게 호소한 공간 역시 블로그였다. 마찬가지로 미국의 911 사태 역시 블로그를 통해서 최신 정보들이 빨리 전파되었다.

여섯째, 블로그는 온라인상에서 가장 하위에 존재하는 개별단위라 볼 수 있다. 즉, 언제든지 블로그끼리 연합해서 온라인 커뮤니티를 구성할 수 있다는 의미이다.

마지막으로, 블로그가 성공할 수 있었던 가장 중요한 요인은 사용하기 쉽다는 사용자 편리성이다. 블로그 이전 시절 인터넷 공간에 글과 사진을 올려본 사람이라면 그 작업이 얼마나 힘든지 알고 있을 것이다. 얼마나 어려우면 홈페이지 제작업체가 성황을 이루었을까. 블로그를 제작해주는 업체는 아직 없다. 그리고 앞으로도 없을 것이다. 왜냐하면 블로그는 태생적으로 1인 홈페이지이며, 그 개념에 알맞게 사용 편의성이 극대화된 인터넷 도구이기 때문이다.

마케팅에서 사용편리성이 제품의 성과에 영향을 주는 경우는 많다. 대표적인 사례가 복사기 제조업체인 제록스이다. 제록스는 습식복사기가 대중적이던 시절 건식복사기를 발명하여 오늘날 복사기의 원조로 통하고 있다. 습식복사기는 여러 약품들과 긴 공정으로 인하여 복사에 상당한 어려움이 있었지만, 건식 복사기는 토너 관리만 잘 해주면 사용자는 단지 복사만 하면 된다. 블로그 역시 복잡한 웹프로그래밍 언어를 알지 못해도 사용하기 쉽다는 장점이 있다.

블로그 마케팅은 1인 미디어인 블로그나 개인홈페이지를 기업의 주요 커뮤니케이션 수단으로 활용하는 것을 의미한다. 그렇다면 기업 홈페이지 같은 웹페이지에 광고, 홍보를 하는 것과 블로그 마케팅은 어떤 차이를 보이는 것일까? 기업의 웹페이지는 그 페이지를 방문하고자 마음먹은 고객에게만 보여지기 때문에 상당히 능동적인 광고매체라고 할 수 있다. 반면, 블로그는 우리 이웃과도 같은 하위구조의 네트워크이기 때문에 신문을 보다가 자연스럽게 광고에 노출되는 것처럼, 버스를 기다리다 무심결에 보는 버스 옆면의 광고처럼, 수동적인 광고매체이다. 일단 광고에 노출된 소비자가 관심이 증대되면 곧바로 링크로 연결된 해당 웹페이지(기업 홈페이지 등)로 순식간에 이동하게 됨으로써 기업의 입장에서는 광고 노출을 증대시키는 효과가 있다. 또한 고객의 입장에서도 요즘 같은 정보의 홍수 속에서 블로그에 있는 광고들은 블로그의 주인들이 한 번 정도 거른 것이라 생각하기 때문에 부정적이기보다는 긍정적으로 생각하는 경우가 많다. 따라서 기업의 입장에서 우호적인 고객들을 만날 수 있는 매체가 된다.

그렇다면 블로그 마케팅으로 성공을 거둔 사례로는 어떤 것들이 있을까? 사회적으로 반향을 일으키며 가장 대표적인 사례로 부상한 것은 연예인들의 '미니홈피'이다. 이를 통해서 연예인들의 솔직한 일상생활과 더불어 그들이 출연하거나 출시한 음반, 영화, 공연 등의 정보들이 자연스럽게 노출되었다.

이외에도 G마켓에서 블로그형 쇼핑몰인 판매자 미니숍을 구축한 경우, 피자헛에서 미니홈피를 만들어 피자에 대한 프로모션을 진행하여 성공한 경우 등 몇 개 산업에서 속속 성공사례가 보고되자 현재는 미니홈피를 이용한 기업의 광고와 홍보가 자연스러운 전략이 되었다.

사실 블로그 마케팅을 통한 마케팅 기회는 다양하다. 고객과의 일대일 커뮤니케이션이 가능하다는 점, 고객 블로그와 네트워크로 연결되어 있고 공개된 개인정보를 통해 효과적인 타깃 마케팅을 할 수 있다는 점, 고객 블로그를 방문하는 다른 고객들을 자신의 블로그로 자발적으로 방문할 수 있도록 하는 겟멤버Get Member 기능 등 다양하다. 특히 자발적인 방문은 광고를 통한 단순 호기심에 의한 방문보다 해당 블로그에 대한 호감도가 높아진다는 장점이 있다.

한편, 블로그 마케팅이 참여자끼리의 자연스러운 의사소통수단 으로 자리 잡음에 따라 블로그 마케팅 실행 시 첫 번째로 고려되어야 할 사항은 '자연스러움' 이 되었다. 블로그의 가장 큰 특성은 자연스럽게 내가 아닌 다른 사람(이웃 블로거 혹은 일촌 등의 사이버 이웃)들과 관계를 맺는 것이다. 따라서 일반적인 광고문구처럼 인위적인 상황이 구축되면 반감을 가질 가능성이 크다. 따라서 진솔한 사용자 경험, 타사 제품까지 포함한 정보의 공유 등 우리 제품을 너무 노골적으로 드러내지 않도록 하는 것이 유리하다.

댓글 마케팅Reply Marketing

다양한 형태의 온라인쇼핑몰이 많은 사람들로부터 사랑을 받고 있다. 그 중에서도 대표적인 경매 사이트인 옥션(www.auction.co.kr)은 1998년에 시작된 이래 지금까지도 업계의 중심에 자리 잡고 있다. 옥션의 성공요인 가운데에는 '옥션토크' 라는 인터넷 댓글 활성화 코너의 도입을 빼놓을 수 없다. 옥션토크란 판매와 구매후기로 구성되어 있으며, 판매상품의 품질, 판매상의 신용, 그리고 상품 주문부터 배송까지, 또 유통의 모든 과정 등에 대해 사용자들이 구체적인 의사표현을 할 수 있게 해주는 공간이다. 그리고 이용자들은 자신의 만족도를 세분화하여 체계적으로 평가할 수도 있다. 이에 따라 판매자는 일반셀러부터 슈퍼셀러까지 다양한 등급으로 존재하며, 이는 다시 판매와 마진에 영향을 미치는 선순환적 가치 체계를 갖는다.

사실 소비자의 댓글문화는 미국의 오프라인 시장에서 이미 형성되어 있었다. 좋은 물건을 좋은 판매자로부터 좋은 방법으로 싸게 구입한다는 취지에서 시작한 「컨슈머 리포트Consumer Report」지가 그것이다. 「컨슈머 리포트」는 소비자들이 상품(특히 고가이거나 처음 구매하는 경우)을 구매할 때 반드시 고려해야 하는 지침서처럼 자리매김했다. 매우 다양한 소비자들의 의견이 여과나 가감 없이 실렸기 때문이다. 이러한 소비자들의 의견을 온라인상에 반영한 것이 바로 댓글 마케팅이다.

댓글 마케팅이란 소비자들의 주 쇼핑의 장이 된 인터넷 쇼핑몰에서 상품 홍보 도구로 댓글을 활용하는 것을 의미한다. '댓글'은 '대답하다'는 뜻의 영어 '리플라이reply'의 앞부분만 따온 '리플'이란 말의 순 우리말 표현이다. 참여자들이 제품정보나 신변잡기 등 자유롭게 자신의 의견을 개진할 수 있는 사이버공간이 점점 확장함에 따라 자연스럽게 생긴 대표적 인터넷 문화가 바로 댓글문화인데, 댓글 마케팅은 바로 이 댓글문화로부터 출발한다.

댓글 마케팅이 성공할 수 있었던 이유는 무엇일까? 첫째, 「컨슈머 리포트」처럼 소비자들이 보여준 있는 그대로의 솔직함 때문이다. 요즘 온라인 문화에서 이슈가 되고 있는 것 중의 하나가 온라인 홍보성 댓글을 전문적으로 올린다는 속칭 '알바'의 실체이다. 사실 그 실체는 아무도 확인할 수 없겠지만, 중요한 것은 소비자들은 자신이 구매하고 싶은 상품에 대하여 진실하고 성실한 댓글에 반응한다는 것이다. 상품의 정서상 친숙하기 힘든 해충구제 산업에서 댓글 마케팅을 성공적으로 수행하여 유명해진 세스코^{CESCO}의 사례는 이미 유명하다. 세스코는 인터넷 이용자들이 장난삼아 올린 글에도 항상 진지하고 성실하게 답변해서 마치 개그 프로그램을 보는 것 같아 장안의 화제가 된 적이 있다. 그러한 성실성 덕분에 세스코는 온라인에서 매우 유명한 기업이 되었고, 당연히 매출액 또한 증가했다.

댓글 마케팅이 성공할 수 있었던 두 번째 이유는, 댓글에서 토론까지 모두 수용하는 커뮤니케이션 창구 역할 때문이다. 때로는 인터넷쇼핑몰 안의 상품평에 대한 주장이 서로 엇갈려서 비방하고 다투는 모습을 보이기도 하지만, 대부분의 경우 이처럼 극단적으로 흘러가지는 않는다.

내가 사용하는 상품이나 쇼핑몰 이용경험을 남들에게 알려주고 또한 알고 싶은 것은 소비자 욕구의 자연스러운 발로라고 할 수 있다. 이러한 현상은 구체적인 것보다는 추상적인 것에서 더욱 잘 발견된다. 초반 흥행이 저조했으나 점점 흥행에 탄력을 받아 급기야 한국 최대 흥행자리까지 넘본 영화 「왕의 남자」를 기억하는가. 그 영화는 비록 영화사가 의도적으로 댓글 마케팅을 펼친 것은 아니

영화 「왕의 남자」 포스터

지만, 영화 감상자들의 댓글에 의해, 그리고 때로는 영화 내용에 대한 격한 토론유발을 통해 점점 영화 관람이 확산된 대표적인 사례이다.

◾버즈 마케팅Buzz Marketing

여론조사 전문기관인 AC닐슨 글로벌이 세계 47개국 소비자를 대상으로 실시한 조사에 따르면, 한국 소비자는 신문이나 TV, 라디오 같은 대중매체광고보다 입소문을 더 믿는 것으로 나타났다. 한국 소비자의 87%는 제품을 살 때 다른 소비자의 추천을 "전적으로" 또는 "어느 정도" 신뢰한다고 답했으며, 이는 세계 4위권 수준이다. 온라인 매체 중에서 특히 블로그 같은 매체에의 의존도는 세계 최고였다. 또한 우리나라 소비자의 81%는 온라인에 올라온 소비자 의견을 통한 광고 효과를 믿는다고 답해 이 부문에서도 역시 세계 최고를 기록했다.

탑승인원 250석 규모의 중형여객기, 첨단 탄소복합소재가 주로 사용된 기체, 동급 항공기에 비해 20% 이상 높은 연료효율, 마하 0.85의 속도로 약 1만6천km를 비행, 타 항공기보다 65% 커진 전자 제어 창문, 기내 천장에 설치된 가상하늘, 대당 가격 약 1억 5천만 불……. 이상은 보잉 사가 개발한 '드림라이너'라는 애칭을 가진 B787 차세대 항공기에 대한 설명이다. 또한 대한항공이 2009년에 도입할 비행기이며, 미주, 유럽 등 장거리노선과 전략노선에 경쟁력 강화를 위해 투입할 계획이다. 그러나 대한항공에게 고민이 있었으니, 그것은 바로 비행기 홍보였다. 사실 여객기를 대중에게 알리는 일은 결코 쉽지 않다. 고객은 자신들이 탄 비행기가 보잉 사 것인지 아니면 에어버스 사 것인지는 관심이 없다. 무사히 이륙하고 날아서 안전하게 착륙하면 그만이기 때문이다.

대한항공의 버즈 마케팅 사례

고민을 거듭하던 대한항공은 B787의 도입에 관한 홍보를 위해 결국 버즈 마케팅을 실시하였다. 이를 위해 자사 사옥의 전면을 모두 항공기 그림으로 뒤덮었다. 그리고 그 어마어마한 크기의 비행기 사진은 곧 관련 글과 함께 인터넷에 급속히 퍼져나갔고, 결과적으로 상당수의 네티즌들이 드림라이너에 대한 정보들을 알게 되는 놀라운 효과를 가져왔다.

본의 아니게 버즈 마케팅이 돼버린 사례도 있다. 학력위조 신드롬을 불러일으킨 한 교수의 패션을 따라잡기 위한 해프닝이 벌어진 것이다. 비운의 주인공이 헝클어진 머리 차림으로 고개를 푹 숙인 채 인천공항을 통해 입국할 때 입은 옷과 헤어스타일이 뉴스를 통해 방영되었을 때 그 차림새가 수수하면서도 고급스럽다는 점에 세간의 관심이 쏠렸다. 곧이어 인터넷 사이트 곳곳에는 그 교수의 옷차림이 어느 회사 제품인지를 분석하는 글들이 올라왔다. 또 인터넷 쇼핑몰과 패션 관련 커뮤니티에 이 옷을 사겠다는 사람들이 줄을 이었다. 사회적으로 비난을 받은 사람의 패션을 따라하는 현상을 '블레임 룩^{Blame Look}'이라고 하는데, 오프라인에서의 사건이 온라인에서 급속도로 퍼지면서 해당 상품이 동이 난 것은 일종의 버즈 마케팅의 메커니즘에 의한 결과라 할 수 있다.

얼마전에는 삼성전자의 휴대전화 중 'UFO폰'으로 불리는 모델을 소재로 한 UCC 동영상이 네티즌들에게 인기를 끌었다. 이미 한 네티즌이 휴대전화의 트랜스포머격이라고 하며 제작한 UCC '트랜스폰'의 후속편으로 불렸던 그 동영상은 실제로는 삼성전자에서 제작한 것이었다. '트랜스폰' 이 삼성전자 휴대전화를 소재로 제작되었다는 점을 이용해서 자신들이 직접 버즈 마케팅을 기획한 것이다. 이는 자사 상품을 위해 간접적으로 홍보매체를 제작 및 활용했다는 점에서 바이럴 마케팅이라고도 할 수 있다.

하지만 버즈 마케팅은 구전 마케팅과 바이럴 마케팅과는 다르다. 버즈 마케팅은 오프라인과 온라인을 가리지 않고 특이한 광고나 이벤트를 진행하는 반면에, 구전 마케팅은 주로 주부나 동호회 모임 등의 오프라인과 관련된 내용이 많다. 또한 바이럴 마케팅은 컴퓨터의 바이러스처럼 온라인상에서 네티즌들이 정보를 확산시킨다는 점에서 다르다. 이렇게 볼 때 버즈 마케팅은 구전 마케팅이나 바이럴 마케팅을 합친 개념이라 볼 수 있다. 또, 실행방법 역시 이 둘을 합친 것과 유사하다. 버즈 마케팅은 초기 관심을 불러일으킬 긍정적 사건을 잘 기획해야 한다. 관심유발이라는 측면에서는 노이즈 마케팅과 유사한 점이 있으나, 버즈 마케팅은 방향이 항상 긍정적이라는 점에서 노이즈 마케팅과도 차이가 있다.

버즈 마케팅의 특징을 이야기하기에 앞서 잠시 마케팅에 대한 일반적인 인식을 짚고 넘어가자. 몇 번이고 반복해서 이야기를 해도 모자라는 개념이 바로 마케팅에 대한 인식이다. 많은 사람들이 마케팅에 대한 환상을 가지고 있다. 마케팅은 젊은이들에게 혹은 대리나 과장급 직원들에게 성공과 성취감을 떠올리는 대표적인 영역이다. 그러나 실제 마케팅의 현실은 냉혹하다. 마케팅 투자란 말은 없다. 마케팅은 비용이다. 적은 비용으로 높은 매출을 기대하는 것이 마케팅을 바라보는 CEO들의 가장 일반적인 시각이다. 물론 이러한 기대에 부응하여 적은 비용으로 높은 성과를 내야 하는 것이 마케팅 관리자의 역할이기도 하다. 버즈 마케팅이 각광을 받는 이유 중 가장 큰 것은 CEO와 마케팅 관리자를 모두 충족시킬 수 있는 '적은 비용'이다. 마른 나뭇가지에 불을 붙이기는 어려워도 한번 붙은 불을 키우는 것은 쉽다. 즉, 영화에서의 5분, 광고에서의 5초처럼 소비자들의 초기관심을 끄는 것이 어려울 뿐이지 한번 붙기 시작한 관심은 온라인을 통해 급속도로 퍼져 나간다.

버즈 마케팅이 성공하기 위해서는 가장 먼저 고객과의 상호작용이 중요하다. 서울 뚝섬의 주상복합아파트 분양가가 사상 최고가인 3.3㎡당 평균 4,300만 원대에 분양되어 고분양가 논란이 불거질 전망이라는 기사가 일제히 신문에 게재된 적이 있다. 종전 최고 분양가는 3,700만 원이라는 기사도 함께였다. 기사가 나오자마자 각종 부동산 사이트에는 고가에도 불구하고 청약을 할 것인가 말 것인가를 둘러싼 소비자들의 논의가 불거졌다. 온라인에서의 이 같은 논의와 몇 차례의 기사 덕분에 청약 여부를 떠나 뚝섬 아파트가 최고가 분양 아파트라는 사실을 모르는 소비자가 별로 없을 정도였다. 그런데 만약 뚝섬 아파트의 분양가가 기존 3,700만 원보다 아래였다면 어떻게 됐을까? 아마 세인의 관심을 끌지 못했을 것이고, 온라인상에서도 별로 논의되지 않았을 것이다. 결과적으로 사람들에게 널리 퍼지지도 않았을 것이다. 한마디로, 버즈 마케팅의 실행에는 반드시 고객과의 상호작용이 수반되어야 한다.

버즈 마케팅의 두 번째 성공 요인은 의견선도자를 잘 선정하고 활용하는 것이다. 구전 마케팅에서 의견선도자의 역할은 매우 중요하다. 버즈 마케팅 역시 마찬가지다. 어느 세계에나 의견선도자 역할을 하는 전문가가 있게 마련이며, 의외로 찾기도 쉽다. 의견선도자는 기업 프로모션에 의해 활동하기도 하고 자발적으로 활동하기도 한다. 의견선도자를 찾고 싶으면 해당 정보들이 많이 유통되는 사이트를 방문해보면 쉽게 확인할 수 있다. 또, 블로그나 카페 같은 개인 사이트라면 회원 수가 많은 곳을 방문하면 된다. 이런 의미에서 페이지뷰, 방문자 로그, 회원 수 등 사이트의 규모와 활동상황을 알 수 있는 지표들은 온라인 공간에서 주요한 의미를 가진다.

세 번째로는, 항상 사용되는 것은 아니지만 공급의 제한을 통해 버즈 효과를 상당히 증폭시킬 수 있다. 백화점 마감시간이 다가오면 종종 간이 세일행사에 들어가는 식료품 코너들이 있다. 그 주변엔 언제나 사람들이 북적인다. 멀리서 이 광경을 본 사람들은 무슨 일인지는 몰라도 일단 부리나케 달려와 줄부터 서고 본다. 혹시 자기 차례까지 안 올까봐서이다. 이런 식의 공급의 제한을 통해 버즈 마케팅을 성공시킨 사례로 폭스바겐의 뉴비틀New Beetle 시리즈가 있다. 폭스바겐은 뉴비틀 출시 후 1주년을 맞이해서 두 가지 새로운 색상의 모델을 2,000대 한정생산으로 인터넷에서만 판매하겠다고 발표했다. 결과는 단 몇 주 만의 매진이었다.

이와 유사한 전략으로 성공한 사례가 LG의 '프라다폰'이다.

폭스바겐의 뉴비틀

프라다폰이 출시될 무렵 휴대전화 시장의 트렌드는 '기능은 다양하게, 가격은 저렴하게'였다. 이 때 모든 것이 신비 속에 가려진 채 명품 휴대전화가 나온다는 소문이 떠돌기 시작했다. 더군다나 고가이며 결정적으로 한정생산이라는 소문이었다. TV광고도 없이 인터넷상에서 소문은 날로 커져만 갔고, 실제로 제품이 출시되었을 때는 80만 원대라는 높은 가격에도 불구하고 혹시 못 구할까봐 애태우는 소비자들이 많았다고 한다. 아이러니한 것은 지금도 여전히 프라다폰을 구할 수 있다는 점이다. 즉, 한정생산이 아니었던 것이다.

  그렇다면 과연 버즈 마케팅은 항상 시장에서 통하는 전략일까? 만약 그렇다면 모든 마케팅 관리자가 지금 이 시간에도 PC 앞에 앉아서 버즈 마케팅을 고민하고 있을 것이다. 그러나 불행히도 버즈 마케팅이 항상 통하는 것은 아니다.

버즈 마케팅이 실패할 수 있는 첫 번째 요인은 '모방'이고 둘째 요인은 '통제 실패'이다. 마케팅에서 매우 중요하게 생각하는 것 중 하나가 '차별화'인데 버즈 마케팅 역시 유사한 기법들이 많이 사용되면 오히려 역효과를 가져올 가능성이 많다. 또한, 버즈 마케팅을 실행할 때 긍정적 구전뿐 아니라 부정적 구전까지 같이 확산된다면 이것 역시 실패로 가는 길이다. 이유는 간단하다. 부정적 구전이 퍼지는 속도가 긍정적 구전이 퍼지는 속도보다 수 배 빠르기 때문이다. 게다가 더 심각한 문제는 부정적 구전을 통제할 방법이 거의 없다는 것이다.

'레이징카우Raging Cow'는 펩시 계열사인 닥터페퍼와 세븐업의 우유 기반 음료이며 5가지 맛이 있다. 이 음료에 쓰인 마스코트가 레이징카우, 즉 성난 황소(Raging Cow)이다. 레이징카우는 홍보를 위해 마치 사람인양 황소 입장에서 생활을 반추하는 내용들로 구성된 블로그를 만들어 화제를 모은 바 있다. 또한 레이징카우의 친구들을 자처하는 다른 동물들의 블로그 역시 등장하였는데, 있는 그대로의 느낌과 순수함 때문에 이들의 인기는 날로 높아갔다. 그러나 닥터페퍼와 세븐업이 몇몇 의견선도자격인 블로거들에게 레이징카우에 대한 긍정적 구전을 확산시키는 프로모션을 진행하려 했고, 이 과정에서 위 블로거들이 기업의 홍보 프로그램의 일환이라는 내용의 부정적 구전이 퍼져서 결과는 불매운동으로 이어지고 말았다.

　결론적으로 버즈 마케팅은 매스미디어를 통한 마케팅 기법에 비해 비용이 저렴하며 기존의 채널로는 도달하기 어려운 소비자에게 접근할 수 있는 훌륭한 전략이다. 그러나 여론 형성에 주도적인 역할을 하는 사람을 찾아내 적극적으로 활용해야 하며, 때로는 공급을 제한하고, 커뮤니티를 잘 활용해야만 성공할 수 있다. 그리고 부정적인 구전이 나타날 가능성에 대해 항상 대비하는 자세가 필요하다.

타깃

명확한 과녁을 향해 쏴라

마 케팅과 관련된 많은 연구들은 불특정 다수가 아닌 특정 집단을 대상으로 마케팅 활동을 수행할 때 마케팅 효율성을 향상할 수 있다고 제안한다. 이를 소위 '타깃 마케팅^{Target Marketing}' 이라고 하는데, 그 선결 요건으로서 시장세분화가 있다.

시장세분화란 불특정 다수의 시장을 특정 기준을 가지고 여러 개의 세분화된 그룹으로 나누는 것을 말한다. 시장세분화 기준은 인구통계학적 변수나 지리적 분포, 또는 각종 학력지수, 생활수준 등이 있다. 이렇듯 마케팅에서 타깃을 정하는 것은 항해에서 목표지를 미리 정하는 것에 비유할 수 있다. 최근 각광을 받고 있는 고객관계관리(CRM)도 상품이나 브랜드의 포지션을 정하고 그에 따라 고객을 나누고 난 후에 최종 타깃을 정하여 최대한의 이익을 얻는 방법론이다.

통신사업자들이 연령별 타깃 마케팅을 진행해 온 것은 이미 오래된 일이다. 011의 'TTL' 이 대표적인 사례인데, 이외에도 각 연령대를 대상으로 특수한 이벤트나 요금할인서비스를 진행하는 등 다양한 연령별 타깃 마케팅을 펼치고 있다. 물론 각 포털 사이트나 커뮤니티도 예외는 아니다.

타깃 마케팅은 과거, 현재, 그리고 미래에도 성공적인 마케팅을 위한 필수방법이며 마케터들이 반드시 알고 있어야 할 주요 기법이다. 이와 관련하여 필자는 총 13가지의 키워드를 선정하였다.

주로 연령을 기준으로 구분하여 활용되는 마케팅 기법들과 현상들로서 실버 마케팅, 키즈 마케팅, 키덜트 마케팅, 머추리얼리즘 등을 살펴보았고, 그 외에 최근 중요한 사회집단으로 떠오르는 소위 '족族' 개념에 근거하여 코쿤 마케팅, 보보스 마케팅, 메트로섹슈얼, 로하스, 얼리어답터, 매스클루시버티 등을 살펴보았다.

타깃 마케팅의 기법과 종류에 대해서는 열거하기에 벅찰 정도로 다양한 방법들이 있으며, 기업은 물론 개인사업자를 불문하고 잘 활용하면 성공으로 갈 수 있는 최고의 지름길이라고 할 수 있다.

■ 실버 마케팅 Silver Marketing

고령화 추세에 맞춰 병원들이 저마다 실버 마케팅을 본격화하고 있다. 평균수명이 길어짐에 따라 노령층 인구의 병원 수요가 더욱 커질 것으로 예상되기 때문에 병원도 차별적인 고객관계관리방안으로 실버 마케팅을 적극 활용하고 있는 것이다. 다행히도 병원이 펼치는 실버 마케팅은 영리와 공익 모두를 목적으로 하기 때문에 호응도가 높다. 일례로, 노인병 클리닉을 개설하거나 거동이 불편한 노령층을 위해 찾아가는 의료봉사를 펼치는 병원들을 들 수 있다. 이 같은 의료봉사는 노인들을 도울 수 있다는 장점 외에도 병원 이미지를 높일 수 있다는 장점도 있다.

실버산업이란 말은 처음에 일본에서 만들어져 이제는 영어의 본고장인 미국에서도 아무런 거부감 없이 사용되고 있다. 일본이 실버산업을 최초로 사용하게 된 계기는, 인구의 노령화가 심각한 사회문제로까지 번져가고 있는 대표적인 고령화국가이기 때문이다. 우리나라의 경우에도 2020년경에는 전체 경제활동인구의 40%를 50세 이상 고령자가 채울 것으로 예측하고 있다.

실버 마케팅은 이렇듯 소득수준의 향상과 현대의학의 발달로 규모가 커져버린 실버 시장의 니즈를 충족시키고자 등장하였다. 실버 마케팅은 일반적으로 노인 소비자의 정신적·육체적 기능을 향상시키거나 유지시키고 고령자의 사회활동 지속을 목적으로 하는 기업과 소비자 사이의 교환활동이라고 정의할 수 있다. 실버 마케팅의 범위는 작게는 노인 소비자를 위한 주거, 입욕, 가사봉사, 가정간호 등 신체적 퇴화에 따른 기능적 서비스를 제공하는 것에서부터 넓게는 고령자뿐만 아니라, 노후생활을 준비하는 중·장년층까지를 대상으로 노후의 생활을 설계하고 영위하는 데 필요한 모든 상품과 서비스를 포함하고 있다.

그렇다면 실버 마케팅의 대상인 실버시장은 어떤 특징들을 갖고 있을까? 첫째, 실버시장은 여성이 주도하는 경향이 강하다. 국가를 막론하고 대체로 60세 이상 인구의 6할은 여성이다. 더구나 가정 내에서 일상적인 구매결정권을 여성이 가지고 있는 비율이 높고, 경제관념도 여성이 남성보다 예민하다. 그리고 여성은 이웃이나 친목모임 등을 통한 정보의 전달과 전파가 빠르기 때문에 구전에 의한 광고효과가 높다.

둘째, 실버시장의 소비자는 대체로 시간소비형의 특성을 지닌다. 고령자의 관심은 '노후를 어떻게 보낼까' 하는 것이며, 그 중에서도 하루하루를 어떻게 보낼 것인가에 기본적인 니즈가 있기 마련이다. 따라서 시간을 효율적으로 활용하는 서비스보다는 시간을 충실하게 소비할 수 있는 서비스가 보다 선호된다.

셋째, 실버시장의 소비자는 기본적으로 상품보다는 서비스를 지향한다. 일반적으로 고령화는 경제발달과 비례하게 된다. 따라서 고령자는 젊은 시절에 이미 경험하고 소비한 일반적인 상품이나 서비스보다는 더 중요한 건강이나 생명연장에 대한 양질의 서비스를 원하고 있다.

마지막으로 실버시장은 다품종 소량형 소비자의 비중이 높다. 위와 마찬가지로 경제발달에 따른 생활의 개성화 및 다양화는 실버시장이라 해서 예외가 아니다. 즉, 이미 익숙한 상품 혹은 이미 사용해본 상품이 아닌 새로운 것들을 찾다 보니 자연스럽게 고급품이나 차별적인 상품을 찾는 경향이 크다. 그리고 이는 자연히 개인의 다양한 기호에 대응할 수 있는 다품종 소량형 소비로 연결된다.

실버시장에 대해 일찍부터 연구하고 분석해 온 일본의 실버 마케팅 사례들을 살펴보자. 먼저 일본 IBM은 컴퓨터 작동을 단순화시킨 노인용 소프트웨어를 개발하여 현재 대부분의 컴퓨터에 장착하고 있으며, 화면이 잘 보이도록 액정화면과 배경색을 조정하고 글자 크기도 크게 했다. 또한 일본의 한 출판사는 노령층을 위해 지명이나 도로 이름 등의 글자 크기를 늘린 여행지 시리즈를 선보여 80만 부에 달하는 판매실적을 올렸다. 대형슈퍼 세이유Seiyu는 고객의 30%가 60세 이상 노인임을 감안하여 느린 에스컬레이터를 운행하여 큰 호응을 얻었다.

빠른 속도로 노령화 현상을 보이는 영국에서도 실버 마케팅을 적극적으로 활용하고 있다. 영국의 실버시장은 몇 가지 흥미로운 특징을 갖고 있는데, 가령 구매 시 친구나 제3자의 의견을 물어 신중한 선택을 하는 경향이 크고 충동구매는 드물다. 또한 영국의 노령층은 연금과 개인투자 등으로 소득이 높기 때문에 가격보다는 품질을 우선시하며 서비스의 질도 중요한 구매 요인으로 작용한다. 이에 따라 영국의 실버 마케팅은 최근 45세 이상 연령층을 겨냥한 온라인쇼핑몰이 등장하여 주목을 받고 있고, 여행, 레저, 건강 및 연금 등 노인 소비자의 주요 관심분야를 중심으로 마케팅 활동이 강화되고 있다.

고령화가 먼저 시작된 나라들의 시장추이를 바탕으로 고령화가 진행 중인 우리나라의 실버시장을 분석해보면, 향후 '노후생활' 에 대한 니즈와 '노후 같지 않은 생활' 에 대한 니즈로 양분될 것으로 예측된다. 즉, 기능적으로 퇴화해가는 육체에 맞추어 건강함과 편리함, 그러면서도 차별화된 고급스러움을 제공하는 상품 혹은 서비스에 대한 니즈가 있는 반면, 자신은 여전히 젊다고 느끼는 정신에 맞춘 역동적이고 동기부여적인 니즈가 있을 것으로 예측된다. 따라서 실버시장을 위한 마케팅 기획은 반드시 이와 같은 니즈를 감안해야 한다.

그렇다면 '노후생활' 에 대한 니즈를 충족시키는 실버 마케팅을 실행할 때 고려해야 하는 요인에는 어떤 것들이 있을까? 첫째, 상품이나 서비스가 안락해야 한다. 노후생활의 꿈을 단적으로 표현할 때 '안락한 노후생활' 이라는 말을 자주 한다. 그만큼 안락함은 나이가 들어감에 따라 우선적으로 추구하는 가치이다. 젊었을 때는 모양이나 색상과 같은 외양에 많은 관심을 기울이지만, 나이가 들면 들수록 안락함과 편안함을 찾는다. 혼다 자동차는 미국의 실버 소비자를 겨냥한 광고에 50대 부부를 등장시켜 기존의 자동차들이 내세우던 스피드와 성능보다는 편안함과 안락한 이미지를 심어주었다.

둘째, 상품이나 서비스가 안전해야 한다. 노령층이 안락함 못지않게 추구하는 것이 바로 안전이다. 이는 노인 소비자들을 위한 건강 관련 상품이나 서비스에 대한 수요로 이어진다. 육체적인 활동성의 저하로 말미암아 많은 위험에 노출되어 있는 노령층은 가격이 다소 비싸더라도 안전한 것을 찾는다. 노인들을 상대로 건강보조식품이나 의약품으로 사기행각을 벌인 기사를 본 적이 있을 것이다. 상당히 고가임에도 불구하고 많은 노인들이 실제로 그러한 약품을 구매하듯, 그들은 건강에 대한 안전을 위해서라면 다소 값이 비싸더라도 기꺼이 지불하려는 경향이 있다.

안전에 대한 니즈는 자동차 구매에서도 특징적으로 드러난다. 대개 자녀들을 독립시키고 2인 소가족화된 실버 소비자들은 아무래도 중·소형 자동차를 선호할 것 같은데, 실상은 대형을 선호하는 경향으로 나타났다. 실제로 미국에서 대형 차량의 대명사인 캐딜락 소유주의 평균 연령은 57세이다.

셋째, 상품이나 서비스의 이용이 편리해야 한다. 그런데 보통은 사용설명서를 보지 않는 소비자의 비율이 꽤 높은 것이 사실이다. 즉, 처음 접하는 상품이더라도 경험과 직관에 의해 사용법을 터득해간다는 이야기다. 이런 특징은 물론 노인 소비자에게서도 발견된다. 그들은 특성상 복잡한 기능의 사용을 매우 힘들어하며, 사용설명서를 본다 해도 역시 낯설어 하긴 마찬가지다. 그러면 그 순간에 고객불만족이 발생하는 것이다.

일본의 전자회사 샤프Sharp는 자사의 전자레인지가 65세 이상의 노인들이 사용하기에 너무 복잡하다는 점을 발견하였다. 이에 착안하여 샤프는 반복적으로 자주 사용하는 메뉴를 아예 프로그램으로 내장하여 소비자가 한 번의 조작으로 간단히 사용할 수 있도록 하였다. 또한 미국 내 한 전자회사는 노인 소비자를 대상으로 한 자사 상품의 설치와 사용법 설명에 있어서 그 담당자로 나이 많은 사람들을 고용함으로써 노인 고객들이 보다 편안함을 느낄 수 있도록 배려하고 있다.

마지막으로, 부분적이긴 하지만 상품이나 서비스가 노인 소비자의 향수를 자극하면 좋다. 많은 노인들은 새로운 것보다는 옛날의 향수를 느낄 수 있는 것에 보다 친근감을 느낀다. 옛날의 즐거운 추억에 대한 자극은 노인들에게 향수를 불러일으켜 구매욕구를 자극할 수 있다. 이렇듯 감성을 자극하는 마케팅을 감성 마케팅이라 하며, 그 중에서 옛 추억을 활용하여 향수를 자극하는 기법을 사용하는 것으로 디지로그 마케팅과 윔 마케팅 등이 있다. 미국의 한

전자회사는 1930년대 유행했던 라디오와 유사한 상품을 제작하여 1988년 한 해 동안에만 7천만 달러의 매출을 달성했다.

한편, '노후 같지 않은 생활'에 대한 니즈를 충족시키는 실버 마케팅을 실행할 때 고려해야 할 요인에는 어떤 것들이 있을까? 첫째, 노인 소비자에게 목적의식을 부여해야 한다. 우리나라처럼 교육열이 높은 국가에서는 향후 고령화 시대의 고령층 교육 수준 역시 높을 것으로 예측된다. 자료에 의하면 50세부터 64세까지 남성 가운데 대졸 이상 비율은 2005년 18% 수준에서 2020년 33% 수준으로 증가할 것이라고 한다. 이렇게 봤을 때 노인 소비자는 사용이 끝난 폐건전지가 아니라 재충전을 외치며 점점 방전되고 있는 충전지와도 같다. 즉, 노인들은 사회에서 유용한 존재로 남아 있고 싶은 욕구가 매우 강하며, 이에 따라 젊은 사람들 못지않은 자기계발 의지를 가지고 있는 소비자 층이다. 목적의식이 강한 노인 소비자를 위해 기업들은 노인들을 위한 재교육 프로그램을 실버 마케팅의 일환으로 제공해야 한다. 이 경우에는 기업의 영리가 아니라 공익을 추구하는 마케팅이 될 것이다.

둘째, 노인 소비자에게 사회적 연계를 유지할 기회를 부여해야 한다. 노령층이 고립된 생활을 선호하는가, 사회와 연계된 삶을 추구하는가는 적지 않은 논란거리가 되어 왔지만, 최근의 연구에 따르면 노인들은 고립된 삶보다는 함께 더불어 사는 삶을 선호하는 것으로 나타났다. 보건복지부 자료에 의하면 2008년 65세 이상 노인은 502만 명으로 전체 인구의 약 10%를 차지하며, 이 중에서 독거노인은 전체 노인의 18.6%인 9만 3천여 명에 이를 것이라고 한다. 그리고 이처럼 혼자 사는 노인일수록 새로운 사회적 관계에 대한 니즈가 매우 강하다고 한다. 물론 실버 마케팅을 한다고 해서 노인 소비자들이 바라는 사회와 연계된 삶을 전적으로 보장해주기란 쉽지 않을 것이다. 하지만 노령층의 고립감과 외로움을 달래주고 함께 더불어 사는 삶의 기회에 대한 니즈를 충족시켜 줄 필요성은 충분하다.

■키즈 마케팅Kids Marketing

한국에서 절대로 실패할 가능성이 없는 사업이 바로 웨딩사업, 장례사업, 그리고 어린이 사업이라는 우스갯소리가 있다. 어린이 사업은 그만큼 시장성이 크다는 말이다.

어린이 관련 산업은 키즈 사업(Kids Business) 또는 엔젤 사업(Angel Business)이라고 불리며, 그 대상이 최근에는 유아로도 확대되어 일반적으로 유아부터 초등학생까지를 대상으로 하는 모든 사업을 의미한다. 그리고 키즈 마케팅은 그러한 어린이, 소위 키즈 시장을 대상으로 하는 마케팅을 말한다.

키즈 시장은 상반된 두 가지의 특징을 가지고 있다. 우선 키즈 시장의 인구수가 점차로 줄어들고 있다. 이러한 추세는 세계적인 현상이기도 하다. 유엔 조사에 따르면, 2050년 전 세계 어린이 인구

비중은 20.1%, 한국 어린이 인구 비중은 13.8%로 낮아질 것으로 예측된다.

그러나, 감소하는 유소년 인구와는 반대로 키즈 시장의 경제적 규모는 매년 성장하고 있다. 맞벌이 부부의 증가, 가구소득 수준의 전반적인 향상, 그리고 하나 또는 많아야 둘 정도에 불과한 자녀를 위해 부모가 지출하는 비중의 증가 등이 그 이유이다.

자녀를 위해 지출하는 비용규모를 알려주는 지표로 '엔젤 계수'라는 것이 있다. 엔젤 계수는 전체 소비지출 대비 자녀에 대한 지출 백분율을 의미한다. 2003년 통계청 조사에 따르면 엔젤계수가 16% 정도로 나타났으며, 2007년 월평균 가계수지 조사 결과 전체 소비지출의 12% 정도를 자녀 교육비로 지출하는 것으로 나타났다.

물론 키즈 마케팅이 펼쳐지는 사업 분야는 교육사업 이외에도 여러 분야가 있다. 의류, 장난감 등 키즈 용품 유통업, 엔터테인먼트나 캐릭터 사업 같은 키즈 문화사업, 그리고 패스트푸드점, 키즈 카페 같은 외식업 등이 그것이다.

그런가 하면, 직접적으로 키즈를 타깃으로 하는 사업 이외에도 보험이나 자동차 산업에서는 미래에 고객이 될 가능성을 염두에 두고 미리부터 다양한 키즈 마케팅을 펼치기도 한다. 미래 고객의 어린 시절부터 친밀한 관계 마케팅을 펼치겠다는 것이다. 고객의 유소년 시절부터 돈독하게 구축한 관계는 향후 다른 상품이나 서비스 기업으로 이탈 시 전환 비용(Switching Costs)을 높일 수 있기 때문이다.

2006년 도요타는 '렉서스 환경학교'를 열었다. 렉서스 환경학교는 4학년부터 6학년까지의 초등학생들을 대상으로 하는 체험형 환경교육 프로그램이며, 2006년 첫 수업을 실시한 이래 2008년까지 총 72개의 학교에서 약 1만2,500여 명의 참가자에게 실시할 계획이다. 도요타는 이 프로그램을 통해 환경을 생각하는 환경기업의 이미지를 형성하는 동시에 미래의 잠재고객을 확보하며, 더불어 이 아이들의 부모들도 직접적인 마케팅 대상으로 삼고 있다.

국내에서는 1996년부터 현대자동차가 키즈 마케팅을 한 바 있다. '현대자동차 씽씽이' 광고가 바로 그것이다. 특히 광고 속의 씽씽이 CM송은 많은 어린이들이 기억하며 따라 불렀다. 마케팅의 목표가 정확하게 달성된 것이다. 당시의 씽씽이 광고는 교통안전에 관한 캠페인을 담고 있었고, 권선징악형 어린이 만화를 보여줌으로써 부모의 호응도와 선호도가 높았다. 따라서 현대자동차의 씽씽이는 미래의 잠재고객인 키즈뿐만 아니라, 현재의 구매고객에게도 좋은 기업이미지를 심어주는 결과를 가져온 성공적인 키즈 마케팅이었다.

또 하나의 재미있는 사례는 소니의 플레이스테이션이다. 1995년 소니의 제6대 사장에 취임한 이데이 노부유키Idei Nobuyuki는 취임 직후 제2의 창업을 선언하며 '디지털 드림 키즈Digital Dream Kids'라는 캐치프레이즈를 내걸었다. 여기에는 기술변화가 아날로그에서 디지털로 전환되는 시점에서 더욱 좋고 매력적인 제품을 만들기 위해 어린아이 같은 독창적인 생각을 가지자는 의미가 담겨 있다.

그러나 필자는 소니의 새로운 캐치프레이즈가 갖는 의미를 조금 다르게 해석하였다. 1994년도에 소니는 플레이스테이션 게임기를 출시하였고, 이 게임기는 '디지털 드림 키즈'와 일맥상통한 상품이었다. 소니의 플레이스테이션은 출시 이후 폭발적인 성공을 가져왔으며, 1999년 말까지 약 7천만 대가 팔렸다. 어린이가 있는 집에서 구매한 비율을 7천만 대의 절반으로만 가정해도 전 세계 어린이 중 3천5백만 명은 유년시절부터 소니라는 브랜드에 친숙해져 있는 셈이다. 즉, 소니는 자사 브랜드를 좋아하는 엄청난 규모의 '디지털 드림 키즈'를 미래고객으로 확보해놓은 것이다.

키즈를 대상으로 하는 키즈 마케팅의 대상은 놀랍게도 키즈만 있는 것이 아니며, 학부모 층까지 포함한다. 구매가 발생할 때 가족 구성원들의 역할을 분석한 가족 의사결정 모형(Family Decision Making Model)에 따르면, 통상적으로 어린이는 사용자(User)이고 부모는 의사결정자(Decision Maker)이다. 외식업체인 '마르쉐Marche'는 오래 전부터 적극적인 키즈클럽 서비스를 제공하고 있다. 키즈클럽 회원은 어린이 음료수와 쿠폰 서비스, 마일리지 적립 서비스를 받을 수 있다. 물론 여기서 그치지 않고 마르쉐 키즈 마케팅은 베이비샤워 프로그램과 돌잔치, 그리고 놀이방 서비스 등을 적극적으로 제공한다. 베이비샤워는 원래 임산부가 아기를 출산하면 친구들과 어머니가 와서 아기를 샤워시키는 것을 의미하지만, 요즘에는 출산을 축하하는 출산 전 모임을 의미한다. 이외에 돌잔치 프로그램도 제공하고 있으며, 전 매장에 놀이방을 운영해 어린이를 동반한 고객에게 편의를 제공하고 있다.

웰빙 열풍이 불고, 어린이의 비만 문제가 심각해지면서 건강을 생각하는 키즈 헬스클럽도 생겨나고 있다. 기존의 헬스클럽은 성인에 맞게 기구들이 배치되어 있기 때문에 키즈 고객이 이용하기에는 어려움이 있었다. 따라서 어린이의 체형을 고려한 운동기구들을 준비한 키즈 헬스클럽이 인기를 끌고 있다. 그러한 헬스클럽에서는 다양한 운동 프로그램과 놀이, 음악 프로그램 등을 함께 제공한다. 키즈 헬스클럽은 독립적으로 운영되는 곳도 있지만, 기존의 헬스클럽 내에서 운영하여 부모와 함께 운동할 수 있도록 하는 곳도 있다.

엔젤산업이라 불릴 만큼 이 키즈 마케팅은 불황도 피해간다고 하지만, 장기화되어 가는 세계경제의 불황과 내수 침체로 인해 내일의 예측이 어려운 사회에서는 키즈 마케팅의 성공 공식이 잘 통하지 않는 경우도 있다. 그렇다면 성공적인 키즈 마케팅을 위해서는 어떻게 해야 할까?

당연한 얘기지만, 가장 먼저 주요 고객인 어린이의 욕구를 날카롭게 이해하고 세심하게 충족시켜야 한다. 키즈 마케팅 전문가인 진 델 베키오 Gene Del Vecchio는 "어린이들의 변하지 않는 감정적 욕구를 충족시키되, 유행의 변화를 이해하고 키워나가야만 어린이 파워 브랜드가 될 것"이라고 하였다. 이는 키즈 마케팅의 근본적 접근이며, 어린이들의 욕구가 무엇인지에 대한 철저한 사전조사를 강조한 말이다.

성공적인 키즈 마케팅을 위한 두 번째 요인은 실제적인 의사결정자인 부모의 심리를 잘 파악하여 설득해야 한다는 것이다. 어린이들에게는 흥미를 끌 수 있는 재미가 매력적인 요소로 작용하지만, 부모들의 선택에 있어서는 재미만으로 설득할 수 없는 경우가 있다.

이 같은 부모들의 니즈를 충족시키기 위해 키즈 마케팅 상품은 우선 자녀의 교육과 상상력에 도움이 될 만한 요소를 지니고 있어야 한다. 이에 따른 키즈 마케팅 상품이 '에듀테인먼트^{Edutainment}' 이다. 교육(Education)과 오락(Entertainment)의 합성어인 에듀테인먼트는 교육과 재미의 적절한 조화가 중요함을 강조한 신조어이다. 그리고 또한 부모들의 내면에 자리하고 있는 키덜트^{Kidult}(이어서 나오는 '키덜트 마케팅' 키워드 참조) 성향을 자극해 자녀에게 권유하거나 함께 체험하게 하는 것도 중요하다. 부모들이 어린 시절 열광하고 체험했던 추억을 마케팅과 연계하면 자녀와 함께 공유할 수 있는 콘텐츠들의 생산과 소비를 창출할 수 있다.

마지막으로 키즈 마케팅의 상품에 해당되는 '콘텐츠' 가 어린이와 부모를 동시에 만족시켜야 한다. 브랜드 전문가인 이르마 잰들^{Irma Zandl}은 "성공을 거둔 키즈 브랜드는 아이들의 감정적 욕구를 정확히 이해했으며, 그들의 판타지와 꿈을 겨냥하여 창의성을 발휘한다"고 하였다. 모든 조건을 충족시키는 전략을 지녔다고 하더라도 내재된 이야기가 없어 꿈을 공유할 수 없는 콘텐츠라면 장기적인 상품화 가치를 형성할 수 없게 된다.

결론적으로 키즈 마케팅은 사용자인 어린이들에게는 어린이들의 감성을 자극하고, 이것이 문화로 스며들어 평생 동안 호의적인 관계를 형성할 수 있어야 하며, 의사결정자인 부모에게는 상품이나 서비스에 대한 신뢰를 형성할 때 성공할 수 있을 것이다.

■ 키덜트 마케팅Kidult Marketing

영화 「ET」가 상영된 지 20년이 지난 2003년, 옛날의 그 영화가 디지털 필름으로 리마스터링되어 전 세계에 재개봉되었다. 20년 전 외계인 ET와의 만남을 잊지 못해서였을까. 서른이 훌쩍 넘은 어른들은 과거의 추억을 떠올리며 다시 극장을 찾아가 영화는 만원사례를 이루었다. 같은 해 영화제작사 '신씨네'는 우리나라 최초의 장편 애니메이션 영화 「로버트 태권브이」를 3D 애니메이션으로 복원하여 DVD로 보급하였다. 어릴 적 이 영화를 보며 정의와 용맹을 배웠던 386세대들은 인터넷에서 '로봇태권브이를 사랑하는 동호회'를 만들어 옛날 포스터 모으기, 캐릭터 상품 만들기, 영화시사회 주최 등 위풍당당하게 태권브이의 부활을 꿈꾸기도 하였다.

어른들이 아이들 못지않게 원색의 캐릭터 상품을 선호하고, 장난감처럼 디자인한 연두색의 폭스바겐 자동차가 젊은 고객에게 큰 인기를 끌며, 마법과 환상으로 가득한 판타지 소설과 영화가 세대를 넘나들며 문화 기호품이 되고 있다. 이처럼 어른들이 어린이의 환상을 담은 문화 형식들을 '키덜트 문화'라고 한다. 아이(Kid)와 어른(Adult)이 합성된 이른바 '키덜트(Kidult)'라는 신조어는 20∼30대의 성인들이 어린 시절에 경험했던 갖가지 향수들을 여전히 잊지 못하고 그 경험들을 다시 소비하고자 하는 현상을 가리킨다. 키덜트 문화는 이미 영화, 소설, 패션, 애니메이션, 광고 등 소비문화 전 영역에서 새로운 문화 신드롬으로 확산되고 있다. 이에 따라 키덜트 소비자가 1990년대부터 급부상하고 있으며, 이들을 대상으로 펼쳐지는 키덜트 마케팅이 활발하게 전개되고 있다.

키덜트 문화 신드롬을 본격적으로 확산시킨 장본인은 영국의 작가 조앤 롤링의 모험 판타지 소설인 '해리포터' 시리즈물일 것이다. 1997년 제1권 『해리포터와 마법사의 돌』이 나온 이래 모두 6권이 출간된 해리포터 시리즈는 약 10년 동안 3억 2천만 부 이상이 팔렸다. 2007년 7월에는 마지막 7권인 『해리포터와 죽음의 성도』가 출간되었는데, 온라인서점인 아마존닷컴은 세계 각국으로부터 220만 권이 넘는 선주문을 받았으며, 출간 첫날 전 세계 판매량이 2천만 권에 달할 정도로 엄청난 인기를 모았다. 해리포터 시리즈는 영화로도 제작되어 엄청난 수익을 거둬들였다.

키덜트 문화는 비단 대중매체에서만 있는 유행이 아니다. 키덜트 문화는 공업 제품, 패션, 액세서리, 팬시 용품에까지 광범위하게 포진되어 있다. 애플Apple 사가 선보인 PC인 아이맥iMac은 모니터와 키보드 그리고 마우스가 구성의 전부이다. 아이맥은 전선이

애플 사의 아이맥

복잡하게 얽혀 있는 데스크탑 PC에 익숙한 소비자가 얼핏 보면 장
난감 같이 생겼다. 하지만 성능은 고사양이다. 그런가 하면, 고양
이를 모델로 한 일본의 유명한 팬시 제품 '키티' 는 20~30대 여성
들도 즐겨찾는다.

　팬시뿐만 아니라 문구도 키덜트 마케팅의 영향을 받고 있다.
2007년 7월 서울 종로구에 위치한 교보문고에 개설된 디자인 문구
매장에는 색연필로 그린 듯한 표지의 다이어리, 코르크가 달린 유
리병에 넣어둔 편지지, 장난감 인형이 달려 있는 볼펜 등 이색 디자
인의 문구들이 전시되었다. 20평 남짓밖에 되지 않는 그 매장의 주
요 고객은 20~30대 여성들이었다. 이른바 '디자인 문구' 의 열풍
이다. 디자인 문구는 캐릭터에 의존해 대량생산하는 전통 문구와
달리 여러 디자인을 채용해 소량생산하는 문구제품을 말한다. 희
소한 만큼 기존 일반 문구에 비해 가격이 3~4배 비싼데도 불구하
고 반응이 좋다. 디자인 문구업체들이 문구시장의 '비주류' 인 성인

고객 틈새시장을 대상으로 키덜트 상품으로 적극 공략한 결과이다.

이처럼 널리 유행하고 있는 키덜트 문화는 무엇보다도 성인들에게 과거 어린시절을 상상하게 만드는 일종의 '향수주의'를 자극하고 있다. 저명한 심리학자들은, 키덜트 문화는 성인 소비자들에게 어린시절이 얼마나 좋았는가 하는 가공된 기억들을 창조하도록 만듦으로써 어린시절의 향수를 상품 형식으로 사용한다고 말한다. 한편으로 키덜트 문화는 갈수록 치열해지는 생존 경쟁에 노출된 성인들이 잠시나마 현실에서 도피하여 환상의 세계를 선택하려는 대리만족에서 비롯된 것일 수도 있다.

그런가 하면 키덜트 문화는 어린이들의 '조기 성인화'에 따른 산물이기도 하다. 특히 기술과 문화의 진보가 그 장본인이다. 요즘 아이들은 다양한 대중매체를 통해 과거 성인들이 어린시절에 경험할 수 없었던 다양한 문화적 경험들을 한다. 초등학교 고학년은 학교 숙제로 자신의 홈페이지를 만들고, 각종 게임을 즐기며 인기가수 원더걸스의 춤을 따라 한다. 또한 어린이날 받고 싶은 선물 1위로 휴대전화를 꼽는 등 어릴 적부터 자신만의 문화 세계에 빠져드는 경향이 있다. 즉, 키즈 산업의 고객인 어린이의 소비 욕구는 이제 어른들의 소비 욕구와 크게 다르지 않게 되었다. 따라서 키덜트 마케팅은 어른들에게는 '향수'를, 어린이에게는 '소유욕'을 키워주는 문화 상품에 관한 마케팅이다. 물론 이 경우에도 중요한 것은 키덜트 마케팅의 주 고객은 엄연히 성인 소비자들이라는 것이다.

일본의 장난감 제조회사인 타카라토미TakaraTOMY는 키덜트 상품

타카라토미의 바우링구얼

개발의 선두주자이다. 타카라토미의 대표적인 키덜트 상품은 '바나나폰' 이다. 바나나폰은 경영악화의 일로에 있던 타카라토미를 구한 효자상품인 동시에 키덜트 상품의 가능성을 일깨운 상품이다. 바나나폰은 우리가 일상에서 사용할 수 있는 전화기지만 단순한 전화기능 외에 오락성도 겸비하고 있다. 그런가 하면 타카라토미를 전 세계 소비자들에게 각인시켜 준 키덜트 상품으로 '바우링구얼Bow-lingual' 이란 개 울음소리 해독기를 빼놓을 수 없다. 바우링구얼은 인간과 애완동물과의 커뮤니케이션을 시도했다는 점에서 엄청난 인기를 끌었는데, 8센티미터짜리 마이크를 통해 개의 감정을 분석해내고, 주인은 손바닥 크기 사이즈의 모니터로 개의 6가지 감정을 읽을 수 있다. 바우링구얼은 일본에서 출시되자마자 10만 대가 팔려나갔으며, 「타임Time」지는 바우링구얼을 2002년 최고 발명품 중의 하나로 선정했다.

타카라토미를 포함한 장난감 제조회사들이나 이 분야 전문가들은 키덜트 소비자들에게 장난감 산업의 미래가 달려 있다고 주장한다. 왜냐하면 일본뿐만 아니라 우리나라의 어린이 소비자 수가 점차로 감소하고 있기 때문이다. 어린이 고객의 수가 감소함에 따라 일본 최대의 장난감 제조회사인 반다이^{Bandai}는 키덜트 소비자를 위해 그 유명한 건담 시리즈를 집중적으로 생산하고 있으며, 건담 시리즈는 반다이의 총 매출 중 18%를 담당하고 있다.

이쯤에서 성공적인 키덜트 마케팅을 위해 몇 가지 유의할 점들을 살펴보자. 첫째, 키덜트 상품에 대한 인식의 극복이다. 키덜트 시장 규모는 분명히 점차로 증가하고 있지만, 키덜트 상품 구매 시 영향을 미칠 수 있는 주위 사람들(가족 또는 친구들)이 키덜트 상품의 구매에 대해 '유치하다' 혹은 '어린애 같다' 라고 인식하는 경향이 있다. 이러한 부정적 인식을 변화시키고 더 나아가서 부정적인 태도를 긍정적인 태도로 변화시킬 수 있다면 현재보다 더 많은 소비자들이 키덜트 상품을 구매하고 즐길 수 있을 것이다.

둘째, 키덜트 문화의 원인과 본질을 이해해야 한다. 키덜트 상품의 본질적 기능은 기존 상품에 대한 싫증이나 개성 없음에서 출발한다. 또 때로는 신기한 것에 대한 호기심에서 출발하기도 한다. 바나나폰의 본질은 장난감이 아니라 전화기이다. 다만 천편일률적인 전화기 디자인에 식상해 있는 고객들에게 차별화된 상품으로 접근한 것이다. 바우링구얼 역시 기본적으로 애완동물과의 의사소통을 원하는 고객들을 위한 상품이며, 디자인 문구 역시 본질은 문구류이다. 보기 좋은 떡이 맛도 좋은 것처럼 본질을 잃지 않으면서 부가적인 기능(장난감, 장식 등)이 첨부되면 멋진 키덜트 상품이 될 것이다.

셋째, 키덜트 상품은 기존 상품에 키덜트적 속성을 가미하는 것을 넘어서 자체적인 수요를 창출할 것으로 예상되기 때문에 이에 대한 가치사슬(Value Chain)이 필요하다. 즉, 키덜트 상품을 사용하기 때문에 키덜트 소비자인 것이 아니라, 이미 키덜트적 속성을 가진 소비자가 키덜트 상품을 좋아하는 것이다. 키덜트 소비자의 특징은 앞서 말한 것처럼 어린 시절의 '향수' 에 있다. 따라서 키덜트 소비자들은 자신의 외모 역시 가능한 한 젊게 보이기를 바란다. 사회문화적으로 젊게 보이려는 '동안' 트렌드가 유행하는 것은 키덜트 문화와 관련된 가치사슬의 한 유형인 것이다. 관련 산업으로는 의료, 뷰티, 패션 등이 각광받을 것으로 예상되며, 이러한 신사업에 대한 기회 탐색과 상품 개발 노력이 필요하다.

마지막으로 키덜트 소비자들과의 의사소통 경로가 필요하다. 유행에 민감하다는 면에서 키덜트 소비자는 얼리어답터와 유사하다. 빠른 정보교환과 의사소통 수단으로 가장 적절한 경로는 온라인이다. 따라서 키덜트 소비자들의 소리를 들을 수 있는 웹사이트나 커뮤니티를 만들어서 이들의 트렌드와 욕구를 적극적으로 이해하는 노력을 해야 한다.

▪ 귀족 마케팅 Prestige Marketing / VIP Marketing

금융업계는 수익성 높은 고객을 잡기 위하여 PB(Private Banking) 센터를 설립하는 등 상류층 고객을 위한 적극적인 마케팅을 펼치고 있다. 미국의 신용카드회사 아멕스AMEX는 1999년 상류층들을 위한 상품으로 블랙카드인 '센츄리온Centurion'을 출시하였고, 2004년에는 비자Visa가 아멕스의 센츄리온에 대응하는 '스트라투스 리워드 Stratus Rewards'라는 화이트카드를 출시하였다. 이 카드는 이용액 1달러당 1포인트를 부여하고, 포인트로 개인 제트기 여행 등을 제공하고 있다. 또한 출시할 때부터 시카고, 댈러스, 로스엔젤레스, 뉴욕 등에서 호화 론칭 파티를 개최하였다. 여기에는 세계에서 가장 큰 76.45캐럿짜리 다이아몬드가 전시되었고, 초청된 고객들에게 다이아몬드를 착용한 사진 서비스를 제공하였다.

국내의 경우 1998년 플래티늄카드가 첫선을 보인 후 현재는 거의 모든 카드사들이 플래티늄카드를 발급하고 있다. 10만 원이 넘는 연회비를 책정하고 상위 10%로 고객의 자격기준을 강화하였다. 그런데 플래티늄카드 이용실적을 분석한 결과, 골프나 의료검진, 보험 등 고가의 서비스 이용률은 낮으면서 신용판매 매출은 월등히 높게 나타났다. 한마디로, 실용적인 목적에서라기보다 플래티넘카드가 최고의 카드라는 상징적 권위만으로도 카드를 이용한 것이다. 여기에 착안하여 카드사들은 서비스와 연회비를 대폭 낮춘 저가형 플래티늄카드를 개발하였다. 고비용의 국내 왕복항공권 무료제공 서비스 등을 없애는 대신 연회비를 낮추었다. 상품 출시 결과 연회비에 대한 부담이 없을 뿐더러 상류층에서 사용하는 카드를 누구라도 소유할 수 있다는 점 덕분에 시장의 반응은 폭발적이었다.

반면 플래티늄카드가 점차로 보편화됨에 따라 상류층은 또다시 차별화된 카드를 원하게 되었다. 이에 따라 카드사는 이들의 이탈을 막기 위하여 새로운 카드를 개발했고, 대표적인 상품이 2005년에 출시된 비자 코리아Visa Korea와 국내 카드사들이 공동으로 개발한 인피니트Infinite 카드이다. 인피니트는 연회비를 50만 원 이상에서 회원사가 자율적으로 정할 수 있고, 카드 이용한도는 2천만 원 이상이다. 비자의 경쟁사인 마스터카드도 비슷한 상품인 다이아몬드Diamond 카드를 개발하고 상류층 공략에 합류하고 있다.

이처럼 고소득층이면서 동시에 사회계층상 상류층과 중상류층을 대상으로 마케팅 활동을 펼치는 것을 귀족 마케팅이라 한다. 마케팅에서는 20:80 법칙, 즉 20%의 상품 구매자가 전체 매출액의 80%를 설명한다는 파레토 법칙이 지켜지는 경우가 일반적으로 많다. 따라서 마케터는 1명의 대량구매자를 얻는 것이 다수의 소량 구매자를 얻는 것보다 이익이 된다고 판단, 소수 우량고객이 매출에 기여하는 수준에 상응하는 서비스를 제공하려고 노력한다. 그런데 이들 구매자가 대부분 고소득 상류층이라는 의미에서 이들에 대한 마케팅 활동에 '귀족' 이라는 수식어가 붙은 것이다.

마케팅에서 시장세분화는 매우 중요한 도구이다. 왜냐하면 세분화된 시장들 중에서 표적시장을 선정하고, 이를 대상으로 마케팅 전략을 수립하는 것이 일반적인 프로세스이기 때문이다. 시장세분화의 기준으로 사용되는 여러 요인들 중에서 가장 대표적인 것이 소득(Income)이며, 소비자를 소득에 따라 세분화하여 마케팅 활동을 전개하는 것은 빈번하게 사용되는 마케팅 전략이다. 소득에 의한 세분시장 중 고소득층은 하나의 독립된 시장으로 여러 장점을 갖고 있다.

먼저 이들은 높은 가처분 소득으로 인해 고급제품과 고급서비스의 주된 소비자이다. 고소득층의 소비패턴은 상품의 브랜드 가치, 가치에 걸맞는 부대 서비스 등을 중요시하는 경향을 보여 제품의 실질가치나 가격대비 성능이 중시되는 다른 소득계층의 소비행태와 차이가 난다.

둘째, 1997년 외환위기 이후에 나타난 것처럼 고소득층의 소비규모는 경기변화와 무관하다.

셋째, 고소득층의 소비행태가 다른 소득계층의 모방으로 이어지는데, 상류층의 소비행태는 중상류층에 의해 모방되며, 중상류층은 다시 중류층에 의해 모방된다.

넷째, 고소득층을 대상으로 하는 상품들은 대부분 가격대비 마진율이 높다. 자동차 제조회사인 포드는 고소득층을 대상으로 고급 승용차를 판매하였는데, 이들 승용차는 한 대당 1만2천 달러 이상의 마진을 남겼다. 2006년 포드는 미국 내에서 30만 대를 판매하여 37억 달러의 수익을 올렸으며, 이는 포드가 전 세계에서 얻은 수익의 1/3에 해당하는 수치였다.

해외와 달리 국내에서 귀족 마케팅의 활성화는 IMF 외화위기 이후에 시작되었다. 이는 점차로 심화되고 있는 소득의 양극화 및 소비의 양극화 현상에 기인한다. 즉, 점차로 얇아지는 중산층 대비 상위 20%를 차지하는 고소득층의 구매력이 뚜렷하게 나타나고 있는 것이다.

고가품 구매에 대한 거부감 약화 역시 귀족 마케팅의 활성화에 기인하는 또 다른 이유이다. 예전의 부자와 신흥부자는 소비패턴에 차이가 있다고 한다. 과거에 우리 사회를 지배하던 주요 코드 중의 하나는 평등, 검소함 등이었고, 따라서 당시의 고소득층들은 하위소득 계층과 유사한 상품을 소비하는 것이 미덕이었다. 반면, 벤처, 금융, 부동산 등으로 고소득층이 된 신흥부자들은 '타인과 다른 나', '열심히 일하고 멋있게 살자' 등 예전과는 다른 코드를 보이고 있다. 이런 현상은 부자에 대한 시선이 다소 긍정적인 시각으로 전이됐음을 말해주기도 한다.

1억 원을 상회하는 수입자동차, 2천만 원이 넘는 LCD TV, 1천만 원이 넘는 양복, 50억 원이 넘는 아파트 등은 국내에서 발견할 수 있는 다양한 귀족 마케팅의 사례들이다. 최고가 및 최고급품 시장은 갈수록 성장하고 있으며, 그 분야 역시 확대되고 있다. 최근에는 상품뿐만 아니라 유통업에서도 귀족 마케팅이 활발하다. 유통 산업에서 귀족 마케팅의 선두주자는 단연 백화점이다.

백화점의 귀족 마케팅은, 갈수록 공세를 더해가고 있는 가격 중심의 할인점과 무점포 유통업체 등에 대한 일종의 생존전략으로 자리 잡고 있다. 현대백화점은 연간 구매액 기준 상위 2% 고객을 VIP 고객으로 선정하고 그들만을 위한 서비스를 제공하고 있다. 롯데백화점 또한 'MVG(Most Valuable Guest)'라는 고객등급을 선정해

롯데백화점 명품관 애비뉴얼

전용주차장, 주차대행 서비스, 전용라운지 이용, 쇼핑가이드 전담제 등의 혜택을 주고 있다. 신세계백화점도 우수고객초청 해외명품 패션쇼, 보석 초대전 등 비정기 행사를 마련하고 있으며, 매출 상위 1% 우수고객에게 '퍼스트레이디'를 발송하고 있다. 더구나 서비스만으로는 귀족 마케팅을 충족시키지 못한다는 판단하에 백화점 중심으로 해외 명품에 대한 유치경쟁을 벌이고 있다. 백화점 1층은 그런 유치경쟁을 여실히 보여주어 국내산 제품이 희귀할 정도이고, 아예 갤러리아 명품관, 롯데백화점의 애비뉴얼, 신세계백화점 본점의 명품관처럼 고소득층을 위한 전문 쇼핑몰을 구축하는 것이 유행이다.

마케팅 기법의 분명한 한 축으로 자리 잡고 있는 귀족 마케팅은 그러나 누구나 할 수 있는 것은 아니다. 귀족 마케팅은 우리 사회에서 평등과 검소함이라는 코드에 공격을 당할 가능성을 항상 내포하고 있다. 또한 고가의 상품은 그만큼 높은 사업비가 필요하다는 것과 일맥상통한다. 여러 번 언급했지만, 마케팅은 비용 창출의 개념이지 이익 창출의 개념이 아니다. 반드시 성공 가능성에 대한 타진과 그에 따른 효율적인 투자방안을 모색해야 한다.

성공적인 귀족 마케팅을 위한 몇 가지 원칙을 살펴보자. 첫째, 부유층의 특성을 이해한 후 마케팅을 해야 한다. 부자들은 구매 시 그들만의 가치기준을 가질 수 있다는 점을 명심해야 한다. 예를 들어 고객정보가 새어나가는 일이 절대 없어야 한다. 상류층은 어떤 형태로든 자신의 신상이나 이용내역 등이 노출되는 것에 거부감을 가지고 있다.

둘째, 차별화된 부자 마케팅이 중요하다. 고소득층은 유행에 민감하면서도 근본적으로 자신과 타인을 구별하고자 하는 욕구가 강하다. 특히 상류층 고객들은 자신에 맞는 서비스가 제공되기를 원한다. 고객 개개인에게 맞는 서비스를 구축하기는 힘들겠지만, 전담 상담원을 통하여 얻어낸 정보로 적절히 서비스를 제공할 수 있어야 한다. 최근 '퍼스널쇼퍼Personal Shopper' 라는 직업이 인기다. 드라마 주인공의 직업으로 설정될 정도로 유망직종인 퍼스널쇼퍼의 주요 임무는 상류층 고객을 위한 쇼핑대행이다. 퍼스널쇼퍼가 대행하는 쇼핑 규모는 1억 원을 훨씬 상회하는 경우도 많다고 한다. 이런 퍼스널쇼퍼들에게 철칙이 하나 있는데, 그것은 바로 '고객정보의 보호' 이다.

셋째, 상품이나 서비스의 브랜드 가치에 대한 철저한 관리이다. 명품 혹은 최고의 서비스 제공은 거저 나오는 것이 아니다. 최고는

항상 레이블^{label}이 따라 다닌다. 귀족들의 입에서 입으로 전파되어
"아하, 그 브랜드, 최고지!"라는 말을 듣기 위한 노력이 필요하다.

코쿤 마케팅 Cocoon Marketing

2002년에 개봉되었던 영화 「어바웃 어 보이^{About A Boy}」의 주인공 휴
그랜트는 경제적으로 풍족하며, 자유롭고 여유로운, 언뜻 부러워
보이는 독신자로 출연하였다. 또한 인기를 끌고 있는 미드(미국 드
라마)인 「섹스앤더시티^{Sex and the City}」나 「프렌즈^{Friends}」 등에서 보여
지는 싱글들의 자유롭고 화려한 생활들이 많은 사람들에게 호응
을 얻고 있다. 바로 코쿤족의 생활이다.

 '코쿤^{Cocoon}'은 원래 누에고치를 의미하는 영어단어이다. '코쿠
닝^{Cocooning}'은 스스로의 안식처에서 벗어나기 싫어하고 자신만의
안식처 속으로 칩거하려는 현상을 말한다. 코쿤 마케팅은 이러한
코쿠닝 성향을 보이는 고객을 대상으로 하는 마케팅을 의미한다.

 통상적으로 코쿤족들은 싱글인 경향을 보인다. 코쿤족은 또한
혼자만의 공간이나 시간을 즐기면서도 동시에 편리하고 풍요로운
생활을 누리고자 하는 경향이 있다. 최근 들어 이러한 사람들을 위
한 다양한 업체들이 속출하고 있는데, 주로 먹을거리를 비롯한 세
탁, 청소 등의 가사문제를 해결해주는 업체들이다.

 혼자 생활하는 사람들은 인스턴트 음식과 같은 간단한 음식을

주로 먹고 식사시간도 불규칙하기 때문에 건강에 대한 염려가 많다. 이들을 위해 맛과 영양을 고려해 만든 음식을 정기적으로 배달해주는 아침식사 배달 전문업체들과 집에서 만든 것 같은 반찬을 판매하는 현대식 반찬 전문점들이 인기를 끌고 있다.

먹을거리뿐만 아니라 세탁, 청소 같은 가사부담을 줄여주는 업체들 역시 각광을 받고 있다. 미국, 유럽, 일본 등지에서 대중화되어 있는 코인 자판기 빨래방을 비롯하여, 혼자만의 생활을 즐기는 사람들이 번거로워하는 청소를 해결해주는 업체들도 많이 생겼다.

코쿤족은 결혼관에서도 상이한 특성을 보인다. 20~30대 젊은이들이 점점 더 자신만의 세계를 중시하게 된 경향과 더불어 코쿤족에게 자발적 미혼은 중요한 특성 중의 하나가 되었다. 코쿤족에게 싱글은 임시적이거나 과도기적인 단계가 아니다. 이러한 현상은 여성의 사회 참여가 증가함에 따라 경제적 지위가 향상되고 자아실현을 이유로 결혼을 늦추거나 기피하는 것에서 기인한다. 남성들 역시 가장의 책임감에 얽매이기보다는 자신만의 생활을 향유하고자 하는 부류가 증가하고, 패션이나 유행에 민감한 메트로섹슈얼Metro-sexual족이 생기는 등 결혼으로부터 상대적으로 자유롭다.

이에 따라 자신만의 안식처에 안주하려는 것에서 한 걸음 더 나아가 보다 적극적으로 자신이 소중하게 생각하는 일에 열정을 쏟으며, 동시에 다양한 문화생활을 향유할 정도의 경제적 여유를 즐기고 있는 자발적인 싱글인 코쿤족을 주위에서 쉽게 찾아볼 수 있게 되었다. 이들은 독특한 라이프스타일과 소비성향 때문에 마케팅적 관점에서도 특기할 만한 점들이 많다. 먼저 코쿤족은 통상적으로 자신의 관심사에 집착하는 성향이 있으며, 뭔가 새로운 것이 발견되면 그것의 구매에 인색하지 않다. 또한 쇼핑 목록을 미리 정해놓고 구매하기보다는 호기심에 따라서 즉흥적으로 구매하는 경우가 많다. 코쿤족의 대표격인 싱글 소비자는 경제적으로 여유로운 편이며, 자기 자신을 위한 소비를 즐긴다. 일례로, 요즘 싱글족 가운데 요가, 필라테스 등의 운동을 한 가지 이상 해보지 않은 사람이 없을 정도이며, 좀더 여유가 있을 경우에는 정기적으로 경락이나 마사지 또는 피부관리 등을 받는 게 유행이다.

얼핏 생각하면 폐쇄적인 경향 때문에 잘 드러나지 않는 코쿤족에게 마케팅을 시도한다는 것은 어려운 일인 것도 같다. 하지만 실상은 그렇지 않다. 왜냐하면 코쿤족들의 활발한 의사소통 경로가 있기 때문이다. 그것도 무한한 경로가 있다. 바로 인터넷이다. 인터넷은 다른 사람의 방해를 받지 않고 자신만의 세계를 향유하려는 코쿤족에게 간편함과 편리함을 제공하는 최고의 공간이다. 인터넷에는 먹을거리부터 전자제품, 의류 등 다양한 상품들이 존재한다.

코쿤족을 위한 상품은 기존 상품과 약간씩 다르다. 싱글족이 많기 때문에 일단 크기나 용량에서부터 다르다. 예를 들어 좁은 공간에 적합한 소파 겸용 침대나 1~3인용 미니가전 등이 있다. 제품의 크기는 PC 구매에도 영향을 미친다. 코쿤족이 사용하는 가전제품들을 '개전個電' 제품이라고 칭하는데, 작은 크기의 서브노트북이 대표적인 개전제품이다. 서브노트북은 노트북 시장에서 2006년 처음으로 시장점유율 10%의 벽을 깬 이후 계속해서 20%대까지 올라갈 것으로 전망된다. 또, 일반적인 가정에서 선호하는 TV가 30~50인치대인 반면, 코쿤족을 위한 TV는 20인치대이며, TV로도 사용할 수 있는 컴퓨터 모니터의 판매 비중도 늘고 있다. 이러한 추세에 따라 소위 '코쿤 하우스'라고도 불리는 스마트 하우스가 인기다. 스마트 하우스는 가구와 생활집기를 모두 제공하고 정해진 월 사용료 외에는 모두 무료이다. 또한 안전을 중시하는 성향 때문에 안전방범시스템이 24시간 운영되고 있다.

코쿤 마케팅은 소위 '코쿤족'에 초점을 맞춘 집중적 마케팅 기법이며, 다수를 대상으로 실행되는 마케팅이 아니라 다양한 소수를 대상으로 하는 마케팅이다. 이러한 코쿤 마케팅의 주의점에는 어떤 것들이 있을까? 우선 코쿤족은 대체로 개성과 주관이 강하므로 코쿤 마케팅의 첫 번째 실행방법은 '배려'라고 할 수 있다. 미국의 식품업체인 캠벨Campbell은 코쿤족 시장이 성장함에 따라 'Soup for One(솔로를 위한 스프)'이라는 제품을 출시하였으나 결과는 실패였다. 코쿤족은 자신의 세계를 중시할 뿐 남에게 부각되는 것을 원하지 않는데, 마트에서 이러한 스프를 구매할 때 자칫 남의 눈에 띌 수 있다는 사실을 간과한 것이다.

두 번째로 그들의 고유한 특성과 문화를 이해한 커뮤니케이션을 해야 한다. 대부분의 마케팅 프로모션은 커플이나 가족 등 집단을 대상으로 한다. 그러나 최근에는 싱글을 위한 파티나 이벤트 등의 프로모션이 활성화되고 있다. 심지어 싱글들이 소외되기 쉬운 명절 기간에 싱글을 위한 여행 패키지나 발렌타인데이, 화이트데이에 싱글만을 위한 특별 음식 코스도 등장하고 있다. 이처럼 싱글들의 감성을 자극하고 싱글들에게 필요한 것을 제공할 수 있는 프로모션 활동을 전개하는 것이 중요하다.

세 번째 실행방법은 이들을 시험 시장(Test Market)으로 활용하는 것이다. 코쿤족은 새로운 것에 대한 호기심과 관심이 높기 때문에 신제품이나 트렌드의 선도자로서 적격이다. 따라서 싱글 시장에서 인기를 얻은 제품들은 이들의 입소문을 타고 얼마든지 다른 소비자에게까지 확대될 수 있다. 즉, 새로운 소비문화를 창조할 수도 있기 때문에 그만큼 더욱 세심한 주의가 요구된다.

■ 여성 마케팅 Women Marketing

우리의 부모님들을 보면 항상 아버지보다는 어머니 쪽에서 가정에 필요한 물품을 구매하는 것을 볼 수 있다. 식료품이나 자식들의 교육비, 남편의 건강식 등 여성은 날마다 다양한 분야의 소비를 위해 카드를 쓰면서 살아간다. 이 때 여성이 어떤 카드로 결제를 할 것인가는 대개 본인의 선택이다. 성인 한 명이 일반적으로 3~4개의 카드를 소유한다고 볼 때 놓쳐서는 안 될 것은, 여성들이 본인을 위한 구매의 순간에만 카드를 쓰는 것은 아니라는 점이다. 그들은 식당을 이용하거나 헬스클럽에 갈 때 또는 가족을 위한 여러 가지 구매의 순간에 카드를 쓴다. 따라서 카드 고객들 중 여성 고객의 비중을 80% 이상으로 보아야 한다. 카드회사들이 저마다 다양한 여성전용카드를 선보이고 있는 이유이기도 하다.

1999년 LG카드가 최초로 여성전용카드인 'LG레이디카드'를 출시한 이래 각 카드사마다 여성회원 모시기 경쟁이 벌어졌다. 이에 현대카드도 2004년 '현대카드S'를 출시했다. 2005년 5월에 현대카드S가 '현대카드S 플래티넘' 카드로 통합된 후 지금껏 증가한 엄청난 회원수는 성공적인 여성 마케팅 사례로 손꼽힌다. 그런데 놀라운 것은 현대카드S가 여성전용카드로 출시된 것이 아니라는 사실이다.

현대카드S가 탄생하게 된 배경은 조금 남다르다. 2001년 후발주자로 시작한 현대카드는 빠른 시간 내에 기업 인지도를 높이는 것이 관건이었다. 그 당시 카드시장에는 전용카드만도 500여 종에 이르고, 제휴카드를 포함하면 대략 5,000여 종이 넘는 실정이었다. 오랜 고심 끝에 현대카드는 국내 최초로 알파벳 마케팅을 전개하였다. 알파벳 마케팅이란 총 26개의 알파벳 단어에 맞추어서 26종의 카드를 출시하는 것이다.

현대카드S는 현대카드가 '쇼핑(Shopping)'을 컨셉으로 개발한 신용카드이다. 현대카드에서는 S라는 알파벳에 대응할 수 있는 대표적인 소비 패턴이 무엇일까 고심하다가 쇼핑이라는 컨셉을 잡은 것이다. 그리고 출시 결과, 여성전용카드가 아니었음에도 불구하고 합리적인 쇼핑을 제공한다는 컨셉이 여성 소비자들과 잘 맞아 떨어진 것이다. 쇼핑이라는 컨셉은 차기 상품인 '현대카드S플래티넘 카드'에서 계속 이어졌다. 새로운 카드에 맞춰 교육 서비스를 추가하고 카드 프로모션도 여성 특성에 맞춰서 다양한 사진권, 뷰티 이용권, 자녀교육 이용권 등의 차별화를 시도하였다.

현대카드S의 또 하나의 성공 비결은 알파벳 마케팅처럼 시장의 통념을 깨는 마케팅을 다양하게 전개하여 짧은 시간 안에 여성 고객의 눈길을 끌었다는 것이다. 광고를 통해 각 컨셉별로 '열심히 일한 당신, 떠나라'라는 광고 문안부터 시작해 부시 미국 대통령과 고르바초프의 닮은꼴 모델이 미니스커트를 입고 춤추는 광고, 「친구」, 「살인의 추억」, 「스캔들」, 「올드보이」 등 한국의 히트 영화를 패러디한 광고 등이 계속해서 화제가 됐다.

현대카드의 성공 비결 세 번째는 카드 디자인이다. 현대카드는 카드의 디자인에서도 자사만의 이미지를 창출하는 데 심혈을 기울였다. 그 결과, 명함 크기만하던 기존 신용카드 크기의 57%에 불과한 '미니카드'와 속이 비치는 '투명카드'를 출시하는 등 카드의 크기와 색깔에 대한 통념을 깨고 현대카드만의 고유한 이미지를 창출해냈다. 또한 현대카드는 칸딘스키 등 현대 거장 미술가들의 작품이 디자인된 '갤러리 카드'를 내놓아 여성들에게 좋은 반응을 얻었다. 현대카드S 플래티넘 카드는 여성의 'Soul & Body'를 주제로 구상해서 세계적인 산업디자이너 카림 라시드Karim Rashid가 디자인하였다. 그것은 어쩌면 작은 차이였지만, 여성에게는 카드를 선택할 때 주요한 감성적인 기준이 된다는 것을 입증한 셈이다.

결과적으로 현대카드는 쇼핑을 좋아하는 여성 고객의 심리를 잘 적중시켰고, 양질의 서비스와 저렴한 가격, 그리고 동시에 여성의 소비성향도 잘 이끌어냈다. 또한 여성 고객을 타깃으로 하는 공격적이고 참신한 마케팅으로 경쟁이 치열한 시장에서 좋은 성과를 거두었다.

소비 시장의 키워드로 '여성'이 부각되기 시작한 것은 2000년 무렵부터다. 여성의 사회적참여가 활발해지면서, 소비 주체이자 유행을 창조하고 선도하는 경제활동 주체로서 여성이 부상하고 있다. 여성 마케팅은 이러한 여성을 주요 목표고객으로 삼는 마케팅 기법이다. 이미 선진국에서는 오래전부터 구매자 및 구매에 영향을 미치는 의사결정 영향자로서 여성의 중요성이 부각되었다. 미국에서 여성은 가계 지출의 80%를 직접 주관하고 있다. 또한 미국 ABC 방송사에 따르면 신규 자동차 구입 시 여성이 결정권을 행사한 경우가 무려 80%에 이른다고 한다. 기존에 남성 중심으로 구매 결정이 이루어지던 상품들조차 여성들의 의사결정 영향권 안으로 점점 옮겨가고 있는 것이다. 일본에서도 장기불황 속에서 유독 10대 여성 의류산업이 지속적인 성장세를 보이고, 1980년대 대학을 다녔던 여성들의 소비는 위축되고 있지 않다는 점에서 여성 소비자들이 특별한 주목을 받고 있다.

우리나라의 경우에도 여성 소비자들의 파워가 급성장하고 있음을 쉽게 목격할 수 있다. 최근 대형 인터넷쇼핑몰에서는 수년 동안 매출 1위 품목이었던 컴퓨터를 제치고, 의류가 1위를 차지하였다는 보도가 눈길을 끌었다. 또한 인터넷상의 각종 이벤트 행사에서도 성형수술이나 가전제품, 헤어케어 이용권 등 여성의 선호도가 높은 경품 일색이며, 화장품이나 향수 등에 적용되는 여성들만의 마일리지가 생겨나고 있다. 이와 같은 추세는 여성 이용자들의 비중이 높은 인터넷에서뿐만 아니라 금융, 이동통신 및 유통 분야에서도 보편화되고 있다.

더군다나 미국의 경우처럼 우리나라에서도 자동차 같은 남성 중심 상품에서조차 여성 소비자를 고려한 마케팅 노력들이 눈에 띈다. 예를 들어 신규로 출시되는 자동차 중 상당수가 여성들을 유혹하는 색상과 디자인 및 다양한 옵션 등을 구비하고 있다. 오렌지, 블루, 그린 등 밝고 경쾌한 색상을 선보이는가 하면, 하이힐 수납함이나 쇼핑백 걸이, 치마 입은 운전자들이 탑승하기 편안한 키높이 등 여성을 배려하는 기능들이 구비되어 있다.

이처럼 최근 몇 년 사이에 그늘 속에 있던 여성 소비자들에 대한 관심이 폭발적으로 늘고 있는 이유는 무엇일까? 여성 소비자가 새롭게 재조명되는 일차적인 요인은 경제적인 측면에 있다. 최근 들어 여성의 사회 진출이 어느 때보다 빠르게 증가하고 있으며, 맞벌이 형태의 가족 구조가 일반화되면서 여성도 당당한 경제 주체로 자리매김하게 되었다. 우리나라 여성들의 경제활동 참여율은 2007년 기준 54.8%이며, 2012년에는 OECD 평균 수준인 60.8%에 육박할 전망이다. 더욱이 여성 소비자들은 불황 속에서도 상대적으로 안정적인 소비 성향을 보인다. 이는 구입품목의 차이에서 기인한다. 불황기에 주류 등 남성 소비자들의 소비가 감소할 수밖에 없는 반면, 여성들의 주요 소비 품목은 화장품, 의류 및 식품 등 필수품들이기 때문이다.

두 번째 요인은 마케팅 파워 집단의 중심에 여성이 있기 때문이다. 여성은 남성보다 대체로 까다로운 구매 성향을 보이는 반면, 남성에 비해 상표애호도(Brand Loyalty)가 높은 편이다. 이러한 점에서 까다로운 여성 소비자들에게 인정을 받으면 시장에서의 성공 가능성은 매우 높다고 볼 수 있다.

마케팅 파워집단의 중심 역할로 더욱 중요한 것은 여성 고객에 의한 모방효과와 구전효과이다. 여성에 의한 모방효과는 가족구성원 사이에서 흔히 나타난다. 즉, 엄마가 좋아하는 식품 브랜드를 아이들도 자연스럽게 좋아하게 되는 이치다. 여성에 의한 구전효과는 주로 이웃이나 친구 등을 통해 발생한다. 일반적으로 여성 소비자들은 구매 결정을 할 때 주변인의 의견이나 추천 등에 크게 영향을 받기 때문에 여성 소비자들 사이에서 긍정적인 입소문을 유포시키는 것은 상품의 성패에 중요한 영향을 미친다.

그렇다면 떠오르는 여성 시장을 공략하기 위한 효과적인 마케팅 방법에는 어떤 것들이 있을까?

첫 번째로 노릴 만한 포인트는 감성이다. 즉, 감성을 자극할 수 있는 열정점(Passion Point)을 찾는 것이다. 열정점이란 상품 및 서비스의 특성이 소비자들의 구매욕구를 강하게 자극하는 포인트를 의미한다. 나이키는 'Nike Goddess'라는 문구와 함께 편안하고 활동적이며 심플한 디자인의 여성 전용 스포츠웨어를 선보여 선풍적인 인기를 얻었다. 나이키가 여성 소비자를 집중 공략한 배경에는 여성의 경제력 및 스포츠 상품에 대한 니즈 증가라는 거시적인 환경 변화를 정확히 짚어낸 점도 있지만, '여성≠스포츠'라는 편견을 깨고 여성 소비자들에게 내재되어 있는 에너지, 역동성, 그리고 강렬함이라는 열정점들을 소재로 마케팅하면 성공할 것이라는 전략적 판단 때문이었다.

둘째, 여성 소비자들의 오감을 자극하여 구매 욕구를 불러일으켜야 한다. 여성들은 신체 구조상 감각이 예민하기 때문에 남성에 비해 오감이 더 발달한 것으로 알려져 있다. 대체로 여성 소비자들은 작은 물건 하나를 구입하더라도 보고 듣고 만지는 등 오감을 통해 확인하고 경험하려는 욕구가 강하다. 여성 고객들의 오감을 충족시켜 줄 수 있는 마케팅 기법으로는 체험 마케팅, 컬러 마케팅, 그리고 프로슈머 마케팅(각각의 해당 키워드 참조)이 있다. 예를 들어, 볼보Volvo나 포드Ford 등 메이저 자동차 업체들은 여성 자동차 고객이 증가함에 따라 여성 운전자 혹은 여성 엔지니어들을 제품 기획 단계에 참여시키는 프로슈머 마케팅을 전개하고 있다.

볼보의 'YCC(Your Concept Car)'라는 컨셉카는 프로슈머 마케팅의 대표적인 사례이다. YCC는 여성 전용차이다. 이를 위해 볼보는 100명의 여성전문가 팀을 꾸렸고, 이들은 여성이 차를 타고 운

볼보의 YCC

행하는 데 불편한 모든 점을 찾아내기 시작했다. 그 결과 YCC는 여성 운전자들이 자동차가 고장 나도 수리를 위해 보닛을 여는 일이 거의 없다는 점을 고려해 후드를 없앴고, 변속기와 파킹 브레이크도 변경하였다. 그 대신 변속기와 파킹 브레이크가 있던 자리에 수납공간을 만들고, 더 나아가 여성들은 뒷좌석 활용이 많다는 점에 착안하여 뒷좌석에 더 많은 수납공간을 만들었다. 이외에 머리를 뒤로 묶은 여성들을 위해 시트 머리 부분에 움푹 들어간 홈을 마련하고, 굽 높은 구두나 긴 드레스를 착용한 여성이 차를 쉽게 타고 내릴 수 있도록 도어도 위로 열리는 날개식을 채택하는 등 곳곳에 여성에 대한 배려를 담았다.

볼보의 여성을 위한 자동차 개발은 YCC가 처음이 아니다. 볼보는 2002년 'XC90'이라는 첫 SUV를 출시했는데, 이 차의 목표시장 역시 여성 소비자였다. 볼보의 적절한 여성 시장 공략은 최대 자동차 시장인 미국에서 50%가 넘는 여성고객을 확보하는 성과를 남겼다.

여성 마케팅의 세 번째 공략 지점은 여성 소비자들의 긍정적 구전을 증폭시켜야 한다는 점이다. 이를 위해 오프라인에서 체험단 및 평가단을 운영하거나 온라인에서 커뮤니티 개설을 생각해 볼 수 있다. 발 빠른 여성들의 입소문을 따라가려면, 여성만의 언어와 의사소통 수단으로 호흡을 맞추는 것이 중요하다. 만약 부정적인 구전이 발생했을 경우에는 진상을 신속하게 규명하고, 잘못이 인정될 경우 물질적 · 심리적 보상을 제공하는 것도 잊지 말아야 한다.

마지막으로 여성의 라이프사이클 변화에 주목해야 한다. 최근 맞벌이가 보편화되고 워킹맘, 싱글맘, 딩크족 등 여성과 관련한 새로운 형태의 가정이 늘어나고 있는 추세이다. 여성 소비자의 경우 결혼을 기점으로 소비 패턴에서 상당한 차이를 보이게 되는데, 같은 30대 초반의 여성이라도 결혼 여부에 따라 필요한 상품뿐만 아니라 어필할 수 있는 감성 포인트가 다르기 때문이다.

예를 들어 일본 독신 여성들 사이에서는 혼자 있는 외로움을 달래주는 말하는 애완용 로봇 인형이 유행했던 것에 비해, 미국의 워킹맘 사이에서는 아이와 놀아주는 인형인 '퍼비Furby'가 인기라고 한다. 경제활동을 하고 있는 여성이라는 점과 인형이라는 같은 유형의 상품이란 점에서는 동일하지만, 여성의 라이프사이클에 따라 상품의 특성은 판이하게 달라진다. 따라서 여성 소비자들의 라이프사이클 추이를 정확히 파악하는 것이 매우 중요하다.

■ 틈새 마케팅Niche Marketing

신상품이 출시된 후 일정 기간이 지나면 상품에 대한 수요가 포화 상태에 이르게 마련이다. 이런 상황과 직면하게 되면 기업은 신상품을 개발하거나 다른 시장에 뛰어들거나 하는 전략적 의사결정을 내려야 한다. 그러나 남이 개척한 시장에 뒤늦게 뛰어드는 것은 위험하다. 이제는 남이 발을 들여놓지 않았거나 과거에 마케팅 비용 대비 성과가 높을 것 같아 우선순위에서 밀려났던 시장을 찾아야 한다.

아동복을 더욱 세분화하여 '토들러Toddler' 카테고리를 개발한 것은 시장개발의 좋은 사례이다. 토들러는 유아와 아동의 중간단계로 이제 막 걸음마를 배워 한창 걷기 위한 노력을 기울이고 있는 아동들을 대상으로 하는 의류시장이다. 즉, 예전에는 없던 새로운 고객으로 틈새시장을 개발한 사례이다.

남들이 미처 발견하지 못했거나 건드리지 않는 시장을 공략해서 수익을 창출하는 마케팅이 틈새 마케팅이며, 니치 마케팅이라고도 한다. 틈새 마케팅은 매스 마케팅Mass Marketing에 대립되는 말로, 오늘날의 사회가 탈 대중화 사회로 접어들어 싱글족, 딩크족, 맞벌이 부부 등 다양한 라이프스타일로 고객집단이 더욱 세분화되어 감에 따라 나온 것이다. 기업들도 기존의 마케팅 전략을 변경하지 않을 수 없게 되었음은 물론이다. 즉, 대중시장이 붕괴된 후의 세분화된 시장에 대응하여 특정한 성격의 소규모 소비자를 대상으로 마치 틈새를 비집고 들어가는 것과 같다 하여 붙여진 이름이다.

틈새 마케팅의 의미를 작은 시장(Small Market)에만 주목하라고 해석해서는 안 된다. 틈새시장은 작을 수도 있고 클 수도 있다. 시장이 크건 작건 관계없이 틈새 마케팅은 경쟁자가 진입하지 않은 좋은 틈새시장을 찾는 것에서 시작된다. 그렇다면 좋은 틈새시장이란 무엇인가? 첫째는 미래에 성장할 것으로 예측되는 시장이다. 이경우 틈새 마케팅의 목표는 시장선점 혹은 교두보 확보이다.

녹차성분 음료는 원래 모든 여성이 아니라 건강에 관심이 있는 여성들을 대상으로 기획되었으나, 웰빙 열풍과 더불어 나중에 대규모 시장을 형성하였다. '타이맥스' 라는 시계 회사는 1980년대 초반까지의 싸고 수명이 긴 시계를 생산해 온 매스 마케팅에서 탈피, 10대를 겨냥한 제품, 여성과 남성 각각을 타깃으로 한 차별화된 제품, 또 스키어, 자전거동호인 등만을 타깃으로 한 다양한 제품 라인을 출시하여 엄청난 수익을 올렸다.

좋은 틈새시장을 의미하는 두 번째는, 크게 성장할 것으로 예상되지는 않지만 경쟁자들이 진입하지 않는 시장이다. 여성 의류에서 7부와 9부 바지가 유행하면서 발목의 노출이 자연스러워지자 발찌와 발가락찌 상품이 시장에서 인기를 끌었던 것을 예로 들 수 있다. 또한 피부관리에서 파생되어 손끝까지 관리해주는 네일 숍의 등장이나 휴대전화 고리, 액정보호필름과 케이스 등의 상품을 떠올리면 된다.

한편, 좋은 틈새시장을 찾는 작업은 필수적으로 기업의 변화를 요구한다. 기업은 기존의 매스 마케팅적인 사고, 습관, 행동에서 탈피하여 작지만 빠르게 행동해야 한다. 작고 빠르게 행동한다는 말은 기업의 활동을 시장 및 고객 중심으로 변화시켜 급변하는 시장 상황과 난무하는 정보들의 예리한 분석을 통해 시장의 욕구를 충족시키라는 것이다. 여러 가지 작은 정보들을 지속적으로 수집해야만 유용한 아이디어들을 얻을 수 있다. 그러므로 틈새 마케터는 고객과 접촉하고 고객으로부터 정보를 얻는 것을 생활의 일부로 만들어야 한다. '작게 행동함으로써 더 크게 될 수 있다(Getting Bigger by Acting Smaller)'는 역설적 논리를 떠올려보라. 기업의 이런 노력들은 향후 엄청난 시장의 확대로 이어질 것이다.

틈새 마케팅의 성공을 위해 마케터가 할 일 중 첫 번째는 큰 것이 항상 좋다는 생각을 버리는 것이다. 기업의 능력을 집중시켜 작은 시장에서 1위를 할 수 있는 것이 오히려 유리하다. 물론 이 경우에는 경쟁사가 추종할 수 없는 자신만의 강점을 갖는 시장이어야 한다. 그래야만 경쟁사의 진입을 막을 수 있기 때문이다.

둘째, 다르기만 한다고 다 되는 것은 아니다. 표적시장의 고객에게 주요한 편익(Benefit)을 제공하는 상품과 서비스를 가지고 있는지를 항상 확인해야 한다. 고객이 정말로 중요시하는 가치가 무엇인지를 항상 자문하여 그 어떤 경쟁자보다도 적극적으로 그 가치를 호소해야 한다. 이것이 진정한 의미의 차별화이다. 존슨앤존슨Johnson & Johnson 사는 베이비샴푸의 안전함을 기반으로 피부에 민감한 어른들을 위한 틈새시장을 만드는 데 성공하였다. 프록터

앤갬블P&G 사의 '크레스트' 치약의 경우 흑인, 히스패닉, 어린이 등 6개 소비자 계층에 각기 다른 마케팅으로 접근하여 좋은 반응을 얻었다.

그러나, 종종 틈새 마케팅이 실패하는 경우도 있다. 그것은 더 넓은 시장을 공략하는 경쟁 제품이나 서비스와 충분히 차별화되지 못한 제품이나 서비스를 가지고 접근하기 때문이다. 리전트 항공사는 초호화판 대륙 횡단 비행 제공을 목적으로 설립되어 다른 항공사의 1등석보다 2배가 넘는 요금으로 운영을 시작하였다. 그러나 지극히 제한된 고객, 그에 반해 큰 매력을 갖지 못한 서비스 등으로 불과 몇 달 만에 문을 닫고 말았다. P&G는 오렌지주스와 차별화를 위해 칼슘이 보강된 오렌지주스를 개발하였으나 결과는 기대와 반대로 나타났다. 어린이를 위한 콜라인 '체리코크' 도 우리나라에선 별로 호응을 얻지 못하였다.

셋째, 경쟁자의 아이디어를 빌린 다음 그들을 앞서야 한다. 모든 마케팅이 그렇지만, 틈새 마케팅은 특히나 경쟁자들을 세밀히 관찰하고 주시해야 한다. 그들이 좋은 아이디어를 생각해내면 주저하지 말고 그들의 아이디어를 받아들일 줄도 알아야 한다. 그러나 기업이 단순히 경쟁자를 모방하기만 해서는 영원히 2등을 면치 못할 터, 경쟁자의 장점을 우리 것으로 소화하여 경쟁자들을 앞서도록 노력해야 한다.

넷째, 각 틈새 상품의 명확한 이미지를 수립해야 한다. 표적시장의 상품이나 서비스가 특별히 당신만을 위한 것이라고 생각하고 그 상품을 원하도록 해야 한다. 그러기 위해서는 우선 표적고객을 명확히 파악해야 한다. 다음으로는 상품이나 서비스에 관한 고객의 핵심적 구매동기를 확실히 파악하여 그것이 어떻게 고객의 욕구를 충족시켜줄 것인가에 대해 적극적으로 알려야 한다.

마지막으로 시장의 변화를 끊임없이 주시해야 한다. 고객도 경쟁자도 모두 끊임없이 변화한다. 이에 적응하기 위해서 기업은 항상 시장상황의 움직임을 주시하고, 타깃을 잡아 초점을 맞추어야 한다. 앨빈 토플러가 말했듯이 변화의 물결을 이용하는 것은 파도타기와 같아서 파도 꼭대기에 올라타면 성공하지만, 너무 일찍 타면 휩쓸려 나가고, 반대로 너무 늦게 타면 서서히 가라앉고 말 것이다.

틈새 마케팅은 경쟁이 치열하고 성숙된 기존 시장에서 특화된 자신만의 조그마한 시장을 획득하는 것일 수도 있고, 보다 시장성이 높은 시장을 지향할 수도 있다. 그러나 어떤 경우라도 최초의 표적시장은 자사의 강점을 살릴 수 있는 시장으로 선택하는 것이 좋다. 아무리 시장침투가 어렵다 할지라도 모든 시장에는 틈새(허점, 기회)가 존재한다. 고객의 마음속에는 기존 상품과는 다른 것에 대한 열망이나 욕구 충족을 더 시켜주길 바라는 마음이 존재하게 마련이다. 이 기회를 재빨리 탐색하고 상품의 변화를 도입해야 한다. 이러한 틈을 바라볼 수 있는 시선을 가진 기업만이 시장에서 승리할 수 있다.

▪️메트로섹슈얼 Metrosexual

예로부터 '여성은 외모, 남성은 능력'이 우리 사회에 알게 모르게 퍼져 있던 성별에 따른 선입견이다. 따라서 외모에 신경 쓰는 남성은 눈총을 받기 일쑤였다. 언젠가 방송에서 개그맨 유재석이 항상 피부관리 화장품 세트를 가지고 다닌다고 해서 폭소를 자아낸 적이 있다. 그러나 세월은 미美에 대한 기준이나 성별에 대한 인식도 바꾸었다.

남성다움의 새 코드로서 고운 얼굴의 꽃미남이 인기를 끌고 있다. 권상우, 조인성 등으로 대표되는 메트로섹슈얼이 새로운 트렌드로 자리 잡은 것이다. 메트로섹슈얼은 연예인에게서만 발견되는 것은 아니다. 영국의 유명 축구선수이자 모델로도 활동하는 데이비드 베컴을 비롯하여 안정환 등도 메트로섹슈얼로 불릴 만하다. 언제부터인가 우리는 주변에서 여자보다 더 고운 남자, 옷맵시가 예쁘장한 남자들을 쉽게 만나볼 수 있게 되었다. 게다가 남성전용화장품 시장도 활황이다. 남자들이 자신의 외모를 가꾸고 패션까지 아름답게 보이려는 현상이 일반화되어 가고 있는 것이다.

메트로섹슈얼은 도시를 뜻하는 'Metro'와 성을 뜻하는 'Sexual'이 합쳐진 신조어로서, 여성 취향의 아름다움과 미적 감각을 추구하는 도회적인 남성을 의미한다. 메트로섹슈얼을 처음 사용한 것은 영국의 문화비평가인 마크 심슨Mark Simpson이 1994년에 「인디펜

던트Independent」지에 기고한 글에서였다. 그는 칼럼을 통해, "메트로폴리스에 가까이 살면서 자신의 외모에 돈을 쓰는 경제력 있는 젊은 남자들이 새 문화를 형성하고 있다. 그들은 명품숍, 피트니스 클럽, 스파, 헤어살롱이 즐비한 거리를 좋아하고, 이런 곳 가까이서 살기를 원한다"고 메트로섹슈얼을 소개하였다. 그렇다고 메트로섹슈얼이 동성연애성향자는 아니다. 메트로섹슈얼은 성적인 아이덴티티는 확고하면서 여성적 취향과 감성을 편안하게 인정한다. 우리나라에서는 2004년경 TV에서 방영되었던 '싱글즈 인 서울 2-메트로섹슈얼' 이란 방송 프로그램을 통해 메트로섹슈얼이라는 용어가 세간에 널리 퍼지기 시작했다.

메트로섹슈얼이 마케팅적으로 의미를 갖게 된 이유는 이들이 패션과 화장품 산업 등에서 주요 고객으로 자리 잡았을 뿐만 아니라 남성전용화장품, 남성전용피부관리 등 메트로섹슈얼을 대상으로 하는 신사업이 등장하였기 때문이다. 기존에도 스킨과 로션 같은 남성용 화장품이 있었지만, 지금은 에센스, 화이트닝, 자외선차단제, 파운데이션, 마스크 제품 등 종류가 다양해지면서 시장 규모도 매년 점점 더 커지고 있다. 한 광고대행사 직원은 "광고 속 남성형이 마초, 보보스에 이어 메트로섹슈얼로 이행되고 있다"고 말하기도 했다.

이러한 추세에 맞추어 메트로섹슈얼이 되기 위해 읽어야 할 책도 등장했다. 마이클 플로커Michiel Flocker의 『메트로 섹슈얼 가이드북 The Metrosexual Guide To Style』은 이제는 남자도 마스크 팩을 하며 피부를 가꿔야 하는 시대가 되었음을 알려준다. 패션 관련 남성잡지 매출도 증가하는 가운데, 「GQ」와 같은 남성 전문지는 제법 많은 마니아를 거느리고 있다. 사실 국내 남성잡지 시장은 1990년 중반까지만 해도 기성세대를 위해 신문사에서 발행한 시사지들과 자동차, 오디오 등의 취미생활을 위한 잡지가 대부분이었다. 그러던 것이 1995년 「에스콰이어」의 첫 발간을 기점으로 점차 남성만을 위한 전문 패션잡지가 등장하게 되었다.

메트로섹슈얼은 거리에서 고개를 돌려 바라보게 되는 그런 남자들이다. 그들은 자신의 얼굴과 몸 관리에 적극적이다. 이들은 남성미와 함께 여성적 취향의 아름다움을 동시에 추구하며, 도시적 세련됨과 강인함, 곱상한 얼굴, 다져진 탄탄한 몸, 장신구 및 메이크업, 여성적이거나 개성 있는 헤어스타일과 패션 등이 특징이다. 연령은 20대부터 베이비붐 세대의 끝인 40대 초반 이하, 직업이나 지역적 기반으로는 도시의 전문직 종사자가 많다.

실제로 메트로섹슈얼은 남성들의 새로운 경향이기도 하지만, 침체된 시장에 활기를 불어넣는 탈출구로도 받아들여지고 있다. 실제로 2007년 초 유럽과 미국의 광고대행사들은 메트로섹슈얼 산업이 크게 부상할 것을 예견했다. 패션, 화장품 등 여성을 위주로 한 시장은 이미 포화상태이기 때문에 더 이상의 발전이 어렵지만, 남성 시장이라면 성장 가능성이 크다고 판단한 것이다. 실제로도 세계 각국의 메트로섹슈얼 시장은 크게 발전하고 있다.

일본의 화장품업체 시세이도가 2003년 흑자로 돌아서게 된 데에는 남성 고객을 대상으로 한 신제품의 히트가 한몫을 했다. 또, 여성 화장품 회사인 유니레버 역시도 남성용 화장품의 출시로 매출이 크게 증가했다. 기업들에게 있어 메트로섹슈얼이 새로운 시장 기회로 떠오른 것이다. 따라서 그들의 라이프스타일을 다른 세분 시장 변수와 고려하여 면밀하게 분석할 필요가 있다.

현재 국내에서는 전반적으로 다양한 소비패턴 및 라이프스타일이 적용되는 초기 단계로서 메트로섹슈얼이 반영되고 있다. 하지만 미국, 유럽, 일본 등지에서는 여러 산업에서 이미 활발하게 적용되고 있는 동시에 비교적 큰 성공을 거두고 있다. 따라서 이들을 모방하되 한국의 정서와 현 사회상황에 맞추어 적용시킬 필요가 있다. 무엇이든지 처음 도입할 때는 신중할 필요가 있기 때문에 모방이라는 측면을 부정적 시각으로만 볼 것이 아니라, 참고한다는 생각을 가지고 거기에 새롭게 우리만의 스타일을 응용하는 노력이 더해져야 할 것이다.

새로운 개념으로서의 메트로섹슈얼이 마케팅적으로 활용되기 위해서는 다음과 같은 사항들이 고려되어야 할 것이다. 먼저 기존의 성에 대한 고정관념에서 벗어난 자유로운 사고방식이 필요하다. 남성에게도 여성의 라이프스타일이 적용될 수 있다. 또한 패션에 집중되어 있는 현재의 메트로섹슈얼 산업을 음식, 주거 등으로 확대하는 노력이 필요하다.

로하스LOHAS

웰빙형 먹을거리로 오래전부터 각광을 받은 오가닉 푸드Organic
Food가 최근 변화를 시도하고 있다. 기존의 오가닉 푸드가 무농약,
무첨가제 등으로 소비자에게 어필했다면, 최근에는 상품의 재배
환경을 포함한 지구 환경 자체를 보호하는 데 앞장서고 있다. 미
국의 제네럴 밀즈General Mills는 수익의 일부를 환경보호와 소비자의
건강 연구에 재투자하고 있다. 또한 미국의 오가닉 전문 체인점
'홀푸드마켓Whole Food Market'은 '내가 먹지 않는 음식은 팔지도 않는
다'는 구호를 내세워 고객들로부터 뜨거운 신뢰를 얻어내고 있다.

국내에서도 풀무원이 친환경 유기농 원료를 사용한 제품과 기능
성 제품을 판매하고 있음은 물론 직원들이 농촌봉사, 먹을거리봉
사 등 다양한 봉사활동을 펼치거나 매출액의 0.1%를 '지구사랑기
금'으로 적립하여 자연환경개선과 환경단체지원 등에 사용하고
있다. CJ도 MSG, 방부제, 색소 등이 들어 있지 않은 천연 조미료와
항생제, 착색제 등을 첨가하지 않은 친환경 계란을 출시하는 등 세
계적인 친환경 트렌드에 발맞추고 있다. 바로 로하스 트렌드가 업
계를 강타하고 있는 것이다.

로하스(LOHAS)는 'Lifestyles of Health and Sustainability'의 머
리글자를 따서 만든 합성어이다. 로하스를 풀어 쓰면 '건강하게 지
속가능한 라이프스타일'이며 자신이나 가족의 건강, 더 나아가 지
구환경과 우리 사회의 미래를 고민하는 라이프스타일을 의미한다.

로하스보다 앞서 소개된 유사한 개념으로 '웰빙 트렌드'가 있다. 그러나 웰빙이 개인이나 가족 중심이라 한다면, 로하스는 개인이나 가족은 물론이고 사회와 지구환경까지 생각하는 공익이 추가된 광의의 개념이다. 즉, 건강, 안전 등의 개인 중심 가치와 친환경, 자연보호 등의 공동체적 가치의 균형 있는 조화를 추구하는 것이 로하스이다.

미국의 사회학자 폴 레이Paul Ray와 심리학자 셰리 앤더슨Sherry Anderson이 1998년 15만 명을 대상으로 15년에 걸쳐 미국인의 가치관을 조사한 적이 있다. 그 결과 미국인들을 세 집단으로 나눴는데, 보수파(Traditional)와 근대주의자(Modern), 그리고 제3의 사회집단으로서 로하스를 실천하는 '생활창조자(Cultural Creatives)'가 그것이었다. 그리고 이때를 계기로 로하스의 존재가 더욱 드러나고 확산되었다(『세상을 바꾸는 문화창조자들』참조).

2004년도 미국의 로하스 소비자 조사 결과 로하스족의 70%가 에너지 효율적 전기제품을 소유하고 있고, 42%는 오가닉 푸드나 음료를 구입하고 있었다. 또한 20%는 사회적책임 뮤추얼펀드나 주식을 가지고 있으며, 26%가 오가닉 스킨케어 상품을 사용하고 있는 것으로 나타났다. 통계자료에서 보듯이 로하스족은 고품질의 상품이나 서비스를 추구하며 경제상황에 관계없이 품질에 대하여 여분의 돈을 지불할 준비가 되어 있는 것처럼 보인다.

비록 폴 레이 등의 연구 결과에서 로하스족의 인구통계적 특성으로 평균 연령이 42세이고, 전체 집단의 30%가 대졸자이며, 연간

<표3-1> 로하스 사업영역

개인건강사업	친환경 라이프스타일 사업
친환경 오가닉 푸드 헬스 케어 등 ＊시장규모 (약 1,100억 달러)	인도어 · 이웃도어 가구 오가닉 청소용품 등 ＊시장규모 (약 100억 달러)
그린 건축 사업	대체 교통수단 사업
목재 대체제 재생 에너지 등 ＊시장규모 (약 500억 달러)	하이브리드 자동차 바이오디젤 연료 등 ＊시장규모 (약 60억 달러)
생태적 관광 사업	친환경 라이프스타일 사업
생태적 환경보호 여행 생태적 환경탐험 여행 등 ＊시장규모 (약 240억 달러)	탄소 배출권 재생 에너지 등 ＊시장규모 (약 3,800억 달러)

수입은 미국 평균 이상이고, 60%가 여성인 것으로 나타났지만, 마케팅에 활용하기 위한 시장세분화의 경우에는 일반적으로 인구통계학 기준보다는 상품이나 서비스의 구입 패턴, 사회적 이슈에 대한 관심, 미디어 사용 패턴 등의 소비자 태도 및 행동에 기초한 구분이 보다 적절하다. 참고로 NMI(Natural Marketing Institute)에서 제시한 로하스 사업영역은 〈표3-1〉과 같다.

　로하스족의 특징을 좀더 구체적으로 살펴보자. 첫째, 로하스족에게 있어서 개인의 건강을 지키는 것과 건강한 환경을 지키는 것은 똑같이 중요하다. 왜냐하면 로하스족은 환경을 배려하는 것이 곧 자신의 건강을 위한 것이라고 믿기 때문이다. 그러나 상당수의 로하스족은 건강에 좋은 생활을 영위하고 싶으나 이를 충족시켜줄 만한 상품이 적다고 생각하고 있다.

둘째, 로하스족은 지속가능성을 중시한다. 「로하스 저널」에 따르면 미국 일반 대중의 약 50% 정도는 지속가능성이라는 개념을 이해하지 못하고 있다고 한다. 반면에 로하스족의 약 70%는 지속가능성의 의미를 이해하고 있으며, 그 실현을 위해 스스로 행동하는 것으로 나타났다. 이를 증명하듯이 상품 구입에 있어서도 로하스족은 환경적 측면뿐만 아니라 기능과 디자인 측면에서도 자신의 취향에 맞는 것을 선택함으로써 오랫동안 소중하게 사용할 수 있도록 한다. 아무리 환경적으로 뛰어나더라도 자신이 원하는 기능을 갖지 못하거나 디자인이 마음에 들지 않으면 지속가능성이 떨어지기 때문이다. 결과적으로 로하스족은 세련된 디자인과 기능을 갖춘 천연소재의 상품을 선호하고, 태양열, 수력, 풍력발전 등의 자연에너지를 추구한다.

마지막으로 로하스족은 여느 웰빙족들과 마찬가지로 운동이나 예방의학, 대체의료에 대한 관심이 높다. 건강에 좋은 식품과 화학 첨가물이 적은 식품을 선택하고, 자연세제 등을 애용한다. 또한, 사회적책임 투자나 빈곤문제 등의 사회 과제에 대한 관심이 높으며, 요가 등의 심신수양과 자기계발을 위한 투자에도 적극적이다.

한편, 로하스족이 확산됨에 따라 사회적으로 특이한 현상이 발생하고 있다. 다운쉬프트Downshift 현상이 그것이다. 다운쉬프트는 자동차 운전 시 '저단기어로 변속하여 속도를 줄인다'는 뜻이며,

인간의 삶에 있어서도 다운쉬프트를 적용해서 '보다 더 천천히 살아가자'는 취지에서 시작된 현상이다. 운전을 하다 보면 목적지에 빨리 도착하고자 가속 패달을 밟을 때가 있다. 하지만 목적지에 빨리 도착해봐야 딱히 할 일이 없거나 어차피 정해진 시간이 없다면 빨리 도착하고 싶은 생각이 사라지고 만다. 마찬가지로 삶에 있어서도 굳이 빠르게 열심히 살아야 할 이유가 없다면 정신없이 바쁘게 살아가는 것에 대해 회의를 느끼게 된다. 그 결과 경제적으로 풍족하지 않더라도 여유로운 마음으로 편안히 살고자 하는 욕구가 생겨나게 되는데, 이러한 현상이 바로 다운쉬프트라고 할 수 있다(『다운쉬프팅』 참조).

이처럼 국내에서 웰빙 트렌드가 자리 잡게 된 배경과, 맹목적인 물질문명에서 벗어나 지속가능한 수준의 물질적 발전과 정신적 풍요를 추구하는 다운쉬프트의 유행은 비슷한 맥락에서 이해할 수 있다. 또한, 국내의 이러한 현상은 세계경제의 장기적인 불황과 외환위기 등을 거쳐 현재에 이르면서 각 가정들이 받는 경제적·사회적인 압박이 증가하기 때문인 것으로도 해석된다. 가구수입이 늘어도 가계지출은 더 많아지고, 일상화된 구조조정, 열심히 일해도 내집 하나 장만하기 어려운 현실 등이 다운쉬프트 현상을 가져온 것으로 볼 수 있다. 게다가 점차로 저출산 경향이 강해지고 독신주의가 증가함에 따라 다운쉬프트적인 생활과 로하스적인 삶을 실천에 옮길 수 있는 가능성이 점점 높아지고 있으며, 마케팅적으로도 그 중요성이 커지고 있다. 이에 로하스족을 대상으로 하는 마케팅 실행 시 고려사항들을 살펴보고자 한다.

　로하스족은 대체로 얼리어답터Early Adopter(해당 키워드 참조)의 성향을 보여 집단 내에서 종종 소비를 리드하는 역할을 한다. 친구나 가족 중에서 로하스 신제품이나 서비스를 최초로 사용하는 비율을 보면 로하스족이 일반인보다 3배 정도 많다고 한다. 또한 로하스족은 다른 사람들에 대한 영향력이나 커뮤니케이션 능력이 높아 좋은 제품에 대해서는 다른 사람들에게도 적극적으로 알리며 사용하기를 주저하지 않는다. 로하스족의 40% 이상이 친구나 가족에게 환경친화적 제품 및 서비스를 사는 편익을 알리는 반면, 비로하스족은 단지 2%만이 그러한 경향을 보이는 것으로 나타났다.

　로하스족도 일반인과 마찬가지로 전통적인 미디어 매체인 TV광고나 라디오 CM, 잡지광고 등의 영향을 많이 받지만, 거기서 한 발 더 나아가 로하스족은 적극적으로 정보를 검색하고 자신의 관점에서 정보를 해석하는 것을 좋아하는 경향이 있다. 예를 들어, 상품의 개별정보 및 비교정보뿐만 아니라, 상품개발 과정, 개발자의 상품개발 철학, 상품의 사용방법, 전문가 의견과 같은 정보들을 선호한다. 따라서 이러한 정보들이 로하스족을 대상으로 하는 커뮤니티나 커뮤니케이션 활동의 콘텐츠가 되면 좋을 것이다.

　이러한 커뮤니케이션 전략과 함께 로하스족에게 차별화된 구매 촉진 전략도 반드시 필요하다. 로하스족은 구매 선택 시 제품이나 서비스의 이면에 내재되어 있는 스토리를 알고자 한다. 단지 유기농이라고 쓰여 있기보다는 어떤 방식으로 누가 어디서 무슨 원료를 가지고 생산했으며, 어떤 방식으로 수송을 했는지 등의 전반적인 정보가 기재되어 있기를 원하는 것이다. 여기에 상품의 수준도 기존 상품보다 높아야 한다. 더욱 놀라운 것은 로하스족의 상품가격에 대한 민감성은 비교적 낮은 편으로, 자신이 원하는 제품이라면 일반 제품보다 20%가량 더 비싸도 구매하고자 하는 경향이 있다. 미국의 NMI(Natural Marketing Institute) 조사에 따르면, 만약 로하스 제품에 20% 상승된 가격을 제시한다고 했을 때 로하스 소비자는 10명 중 3명이 동의한 반면, 일반인은 단지 100명 중 1명만이 동의한 것으로 나타났다. 따라서 이 같이 구매력이 높은 편에 속하는 로하스족을 겨냥한 마케팅의 성공적인 실천이 매우 중요하다.

▪️얼리어답터 Early Adopter

우리나라는 IT 관련 상품의 개발 및 보급 속도가 세계 최고를 자랑한다. 이런 점 때문에 한국을 시험시장(Test Market)으로 활용하는 IT 다국적기업들이 많다. 덕분에 신상품에 대한 호기심으로 구입도 많이 하고 온라인상에서 정보 확산도 빠르게 이루어지고 있다. 따라서 이 같은 얼리어답터를 이용한 마케팅 경쟁이 한창이다.

얼리어답터는 에버릿 로저스Everett M. Rogers의 저서인 『개혁의 확산 Diffusion of Innovation』에서 언급된 용어로 '조기수용자' 라고도 불린다.

로저스는 신상품을 채택하는 순서에 따라 인간의 유형을 다음과 같이 5가지로 구분했다. 혁신자(Innovators), 조기수용자(Early Adopters), 초기 다수수용자(Early Majority), 후기 다수수용자(Late Majority), 지각수용자(Laggards) 등이 그것이다. 다섯 가지 유형들 중 가장 먼저 신제품을 구입하는 사람은 혁신자지만, 그들은 전체 잠재수요의 2.5%에 해당하는 소수로서 모험심은 강하지만 가격에 민감하지 않고 전반적으로 사회규범을 따르지 않는다고 한다. 반면에 얼리어답터는 전체 수요의 13.5%에 이르는 사람들로 소속 집단에서 존경을 받으며 큰 영향력을 행사하는 오피니언리더이다.

얼리어답터는 남보다 먼저 제품의 정보를 접하고 제품을 구입, 평가를 내려 주변 사람들에게 전해주는 성향을 갖고 있다는 점에서 한 가지 제품에 집착하는 마니아와는 달리 대상이 다양하다. 예컨대, 이들은 '어떤 제품이 좋더라' 라는 입소문의 첫 발설자들로, 34%나 되는 신중한 '초기 다수수용자' 에게 신상품을 채택하도록 설득하는 구실을 한다. 이들은 자신의 수입과 별 관계없이 새 상품을 보면 도저히 못 버티고 구입하며, 그 만족감에 희열을 느낀다고 한다.

이처럼 얼리어답터는 새로운 상품과 서비스, 기술에 대해 가장 먼저 체험하고 평가도 내리는 신 소비자집단으로 부상하고 있다. 특히 이들은 기업이 제품을 내놓으면 사용하기만 하던 기존의 공급자 중심 시장을 진정한 소비자 중심 시장으로 바꿔가는 원동력으로 자리 잡아 가고 있다.

얼리어답터를 잘 활용하고 있는 기업 중 하나는 소니 코리아이다. 소니 코리아는 우리나라 얼리어답터를 위해 온라인상의 '소니 스타일' 이란 홈페이지에 제품 리뷰 코너를 마련했다. 소니 스타일 홈페이지에는 소니마니아, 드리머즈 얼리어답터 등의 코너가 있다. 극성 얼리어답터 중에는 국내에서 통화가 불가능한 일본 카메라폰을 사서 쓰는 경우도 있다. 용도는 통화가 아닌 카메라다. 또, 디지털카메라를 판매하는 올림푸스 코리아도 얼리어답터를 대상으로 사진 찍기 여행을 지속적으로 실시하고 있다. 디지털카메라 붐이 일어서인지 이곳의 얼리어답터들은 20대 대학생부터 60대까지 그 연령층도 다양하다.

그런가 하면, 거원시스템은 자사 MP3플레이어 이용자 중 얼리어답터를 뽑아 기수별로 관리 중이다. 일명 아이오디오 마스터스 iAUDIO Masters로 불리는 이들은 연 2회 이상 기수별로 얼리어답터를 모집해 사은품, 이벤트 초대, 행사 참가, 오프라인 모임 등을 가지며 신제품 베타 테스트 및 리뷰 작성을 돕는다.

우리나라의 얼리어답터는 특정 산업에 국한되지 않고 소비가 있는 곳은 어디든 등장하는 파워 세력이 되었다. 2003년 제일기획이 실시한 한국 얼리어답터들의 성향 조사 결과에 따르면 72%에 이르는 얼리어답터들이 "IT나 디지털 제품이 아닌 분야의 유행도 빨리 받아들인다" 라고 응답했다.

2007년 얼리어답터 사이트에서 회원들을 대상으로 리뷰 대상에 추가하기를 원하는 제품을 조사했을 때에도 디지털 제품 이외의 다양한 항목에 대한 회원들의 관심이 높은 것으로 드러났다.

더욱 특이한 것은 제품뿐 아니라 정치적 이슈나 사회·문화 전반의 트렌드도 이들을 통해 전파되고 있다는 점이다. 대표적인 사례로 인터넷 사이트 디시인사이드(www.dcinside.com) 게시판의 이미지나 댓글은 사회문화적으로 최신 유행과 코드를 파악할 수 있는 훌륭한 분석자료가 된다. 그뿐 아니라 이들은 실제로 정치·사회 관련 이슈에 대해 뜨거운 토론을 벌이기도 하고, 오프라인으로 뛰쳐나와 보다 적극적인 여론집단으로서의 사회참여도 한다.

우리나라의 얼리어답터들은 경제력을 바탕으로 단순히 쿨한 것을 추구하는 오피니언리더들과는 다르다. 이들은 가치 소비를 하고 소비 자체에서 재미를 찾으며 영향력 있는 사람들과 동등해지기 위해 분투하는 사람들이다. 제품에 대한 철저한 전문성으로 무장한 이들의 소비활동은 개인 차원에서 그치지 않고 기업과 여타 소비집단에 영향력을 행사한다. 이미 많은 고객들에게 대중매체 광고 대신 전문가리뷰나 사용자평가 등이 구매 결정에 더욱 중요한 참고가 되고 있다. 이들의 개선요구를 받아들이지 않은 제품은 시장에서 빛을 보기도 전에 불매운동에 시달리는 등 하자 있는 제품으로 낙인찍히기 쉽다.

이제는 무시할 수 없는 주요 세력으로 성장한 얼리어답터를 활용하기 위해 기업들은 단순히 최첨단 기술과 예쁘게 포장한 신상품으로 이들을 현혹하는 것 이상의 노력을 보여주어야 한다.

첫째, 최첨단 상품이 아닌 분야의 사업이라도 얼리어답터들의 움직임에 주목해 사업 기회를 찾을 수 있어야 한다. 얼리어답터들은 이미 특정 산업에 국한하지 않고 다양한 산업의 영향력자가 되었다. 따라서 이들의 관심사를 파악하면 의외의 곳에서 기회를 찾을 수도 있다. 예를 들어, 테크노가방이라 하여 수년 전 패션 상품으로 잠시 유행했던 하드케이스 타입의 배낭이, 인라인스케이트나 디지털카메라 촬영과 같은 취미가 붐을 이루면서 마니아층을 중심으로 다시 관심의 대상이 되고 있다. 스케이트나 카메라를 휴대하는 고객들에게 유용할 수 있는 견고함, 수납성과 같은 기존의 강점에 착용감 등을 개선시켜 실용적 상품으로 거듭난 것이다.

둘째, 보상판매와 같은 다양한 구매지원방식을 활용해 경제력은 부족하지만 영향력 있는 얼리어답터들의 소비활동을 지원할 수 있어야 한다. 자동차와 정수기, 비데 시장에서나 볼 수 있었던 리스나 렌털이 점차로 확대되는 것도 한 예이다. 아예 중고시장을 활성화하는 방안도 있다. 레인콤은 자사의 인터넷 홈페이지에 고객 간의 중고 장터를 운영하고 있으며 결제대행서비스까지 제공한다.

셋째, 상품의 소유가 아닌 상품 구매 과정에서의 재미를 추구하는 이들의 특성에 알맞은 프로슈머 마케팅Prosumer Marketing(해당 키워드 참조)의 전개를 고려할 수 있다. 때로는 이들이 생산 과정에 참여할 기회를 주는 것 자체가 그들에게 즐거움이 될 수도 있다. 이를 위해 일부 IT 제품이나 패션 제품에서 제한적으로 활용되고 있는 프로슈머 마케팅을 얼리어답터들을 대상으로 확대시켜야 한다.

새로운 시대에는 항상 소비문화를 대표하는 트렌드들이 있게 마련이다. 소비의 중요성이 나날이 커지는 이 시대에 소비를 이끄는 선봉에 얼리어답터가 있다. 얼리어답터의 역할은 기업 입장에서도 중요하다. 기업에서 얼리어답터를 지원해주면 몇 배 이상의 성과가 되돌아온다. 때로는 제조회사가 미처 생각하지 못한 기능상의 오류나 흠을 얼리어답터들이 재빨리 발견해주거나 나아가 새로운 사업 기회를 제시해주기도 하기 때문이다.

매스클루시버티 Massclusivity

싱가폴 항공이 일등석과 비즈니스석으로만 구성된 항공기를 미주 노선에 투입한 적이 있다. 이 같은 파격적인 항공기 투입 결정은

싱가폴 항공의 일등석과 비즈니스석으로만 구성된 항공기

아시아에서는 처음이지만 세계에서는 두 번째였다. 이미 스위스 프라이빗 항공이 독일의 루프트한자 항공을 대신하여 네덜란드와 미국을 연결하는 항공편에 이코노미 좌석을 없앤 항공기를 선보인 바 있다.

보스톤의 리모라이너LimoLiner는 보스톤과 뉴욕을 오가는 새로운 버스를 선보였는데, 여기에는 오직 28명의 승객만을 위한 넉넉한 28개의 좌석과 샌드위치와 커피가 제공되며, 10명 공간의 회의석까지 마련되어 있다. 그뿐 아니라 각 좌석에는 노트북 사용을 위한 전원장치, 무선인터넷 등이 기본으로 설치되어 있다.

이처럼 오늘날에는 소수 고객만을 위한 최상의 상품 혹은 서비스가 여러 산업에서 발견되고 있다. 이러한 현상을 '매스클루시버티' 라 한다. 매스클루시버티(Massclusivity)는 'Mass' 와 'Exclusivity' 의 합성어이며, 해석하자면 '대중을 위한 특별함' 이라 할 수 있다. 매스커스터마이제이션Mass Customization이 대량고객을 지향하되 부분적으로 고객에게 맞춤을 제공한 상품 혹은 서비스를 의미한다면, 매스클루시버티는 소수 고객을 위한 독특하고 고급스러운 상품 혹은 서비스를 의미한다. 이와 유사한 형태로는 귀족 마케팅이 있다. 귀족 마케팅은 최상위 소득계층이라는 표적시장에 대한 마케팅이다. 따라서 비싸고 고급지향적인 상품들이 대부분이다. 반면에 매스클루시버티는 자신의 개성과 상품의 가치를 일체화시켜 자신을 특별하게 보일 수 있는 기회란 점에서 귀족 마케팅과는 다르다. 즉, 매스클루시버티는 상위 계층을 위한 고급 브랜드뿐만 아니라 일반 브랜드에서도 여러 가지 형태로 나타날 수 있다.

예를 들어 까르띠에, 구찌, 루이뷔통 등의 명품들은 귀족 마케팅의 상품이기도 하고 매스클루시버티의 상품이기도 하다. 그러나 대만의 노트북 브랜드인 에이서스ASUS가 최고급 스포츠카인 페라리와 공동으로 제작한 노트북, 일부 고객에만 자신의 이름을 넣어서 한정판매하는 네비게이터 등은 매스클루시버티에 의한 상품이다.

매스클루시버티가 등장하게 된 이유는 자신의 이미지를 상품의 이미지에 투영시켜 지극히 차별화된 소비 패턴을 즐기는 소비자들이 생겨났기 때문이다. 휴대전화를 구입하면 대부분 상품 박스 안에 휴대전화 고리가 들어 있다. 하지만 휴대전화 고객들의 대부분은 기본으로 들어 있는 고리를 사용하지 않고 다른 고리를 직접 구매해서 사용한다. 또한 인터넷의 등장으로 상품 정보의 획득과 구전의 확산이 빨라서 예전같이 '나는 소유하고 있으나 남들은 갖고 있지 못하다' 라는 특권도 잘 누리지 못하기 때문에 아예 상품 차원에서 일반 상품과는 다른 특별한 상품을 원하는 것이다.

소비자들의 취향에 따라 매스클루시버티에 의한 상품은 다음과 같이 몇 가지로 구분할 수 있다. 첫 번째 유형은 소비의 고급화에 의한 상품이다. IMF 이후의 소비 양극화는 양 집단의 격차를 더욱 벌어지게 만들었으며, 각 집단에 특화된 상품들의 출시가 봇물을 이룰 정도이다. 그 중 상위계층을 위한 마케팅 활동은 20 : 80의 파레토 법칙에 충실하듯, 고객 수는 적지만 매출비중은 매우 높아서 인기가 높다. VIP를 넘어서 이제는 VVIP(Very Very Important Person)의 시대가 된 것이다. 이들 소비계층은 대중화된 명품에 대해 더 이상 구매의 손길을 뻗치지 않는다. 이제 미국에서는 폴로와 코치 등은 아울렛에서 쉽게 발견할 수 있는 상품이 되었다. 그러다 보니 구찌, 샤넬, 펜디 등 기존 명품 브랜드들도 대중화된 아이템 이외에 특별한 아이템들을 선보이게 되었다. 소니는 미국에서 최상급 브랜드인 퀄리아QUALIA를 선보였는데, 이는 품질을 뜻하는 라틴어에서 유래한 상표이다. 퀄리아는 약 1천만 원가량의 모니터, 300만 원 상당의 디지털카메라 등을 선보였는데, 이는 비단 상위계층의 니즈를 만족시킬 뿐만 아니라 일반 소비자들에게는 소니에 대한 인지된 품질을 높일 수 있는 기회를 제공하였다. 최고의 품질을 보이는 메르세데스벤츠 역시 상위계층의 욕구 충족을 위하여 마이바흐라는 프리미엄 브랜드를 선보이기도 하였다.

두 번째 유형은 희귀한 상품의 소유 욕구를 충족시켜주는 상품들이다. 현대의 소비행태는 소비자들의 다양해진 취향과 구매 패턴의 변화를 보여주고 있다. 다원화사회의 도래와 더불어 개성 넘치는 소비자들은 획일화된 제품보다는 자신의 개성에 걸맞는 한정된 상품을 원하고 있다. 이러한 소비자들은 자신의 니즈에 알맞은 상품을 발견하기 위해 적극적인 정보탐색을 실시하고 구입가격에 연연하지 않는다. 또한 구매한 상품에 대해 높은 애호도를 보인다.

이런 유형의 소비자들을 열광에 빠뜨리는 상품 생산방식으로 한정생산이 있다. 유명 운동화인 컨버스는 브랜드 100주년을 기념하여 리미티드 에디션 컨버스화를 출시하였다. 'Converse Century Pack' 이라 명명된 이 신발은 3가지 스타일로 각 7족씩 총 21족만 출시되었다. 또, 통상적으로 2백만 원 안팎에서 팔리게 마련인 골프 아이언 세트가 무려 3억 3천만 원을 기록한 것도 있다. 일본의 전설적인 골퍼 점보 오자키가 특별하게 디자인하여 333세트만 한정판매한 로열스타의 가격이 3억 3천만 원 정도였다. 이 아이언 세트에는 0.5캐럿 상당의 다이아몬드가 박혀 있었다. 한정생산을 통한 매스클루시버티는 식품에서도 찾아볼 수 있다. 한국인삼공사는 정관장 브랜드인 천삼天蔘에 골프선수 최경주의 사인이 들어간 한정생산품인 '최경주 스페셜 에디션' 을 판매하였다. 이 제품은 2008년 생산년도를 기념해 총 2008개만 한정생산되었으며 각 제품에는 고유의 일련번호가 새겨져 있다. 그리고 최경주 선수의 이미지와 함께 친필사인도 인쇄되어 있다.

세 번째 유형은 자신에게 특화된 상품을 구매하고 싶은 욕구를 충족시켜주는 상품이다. 소비자는 자신의 기호가 충분히 반영된 상품을 가지고 싶어 하며 이를 충족시켜주는 상품이 주문생산이다. 샘소나이트의 블랙라벨인 꾸뚜어 라인은 고객이 자신의 기호에 따라 가방의 원단과 가죽, 세부마감, 안감 등을 원하는 대로 선택하는 주문제작방식으로 진행되는 상품이다. 그뿐 아니라 양복과 셔츠로 유명한 명품 브랜드인 제냐는 고객이 400가지가 넘는 선택을 할 수 있는 주문제작시스템을 보유하고 있다. 이러한 추세는 식품, 가전 등 우리 생활에 전방위적으로 번지고 있다. 파리바게뜨는 고객이 직접 케익을 만들 수 있는 이벤트를 마련하여 큰 인기를 끌었고, 삼성전자 파브의 일부 모델과 아이나비의 네비게이터는 구매 고객에게 고객의 이름을 직접 새겨 넣어서 판매하기도 하였다.

오늘날 소득 격차는 여전히 줄어들고 있지 않으며 점차 더 벌어질 것으로 예상하는 전문가들이 많다. 이에 따라 일부 상위계층을 표적으로 하는 귀족 마케팅 같은 매스클루시버티는 여전히 인기를 끌 것으로 예상된다. 또한 종전에 이성적이고 합리적인 것을 추구하던 것에서 이제 감성적인 것이 추가된 요즘에 남들과 달라 보이고자 하는 소비자들의 욕구는 줄어들지 않을 것이다. 따라서 한정생산, 주문생산 같은 매스클루시버티 역시 인기가 높을 것으로 예상된다.

그러나 매스클루시버티가 모든 상품에 적용되는 것은 아니다. 매스클루시버티의 실행에 있어 중요한 것은 상품의 품질과 브랜드가 뒷받침되어야 한다는 것이다. 만일 푸마가 아니라 어떤 무명업체가 BMW 그룹 산하의 미니쿠퍼Mini Coopers와 합작하여 신발을 출시했다면 시장에서 그렇게 좋은 반응을 얻기는 어려웠을 것이다.

◢ 머추리얼리즘Maturialism

2008년에 각종 인터넷 포털에서 검색어 1위를 차지하며 세간에 오르내린 사진이 한 장 있다. 바로 탤런트 오연수 씨가 TV 드라마에서 비키니 수영복을 입고 나온 장면이다. 여자 탤런트들의 비키니 사진이야 자주 등장하는 아이템이니 특별한 것도 없을텐데 왜들 야단법석이었을까. 그것은 오연수 씨가 아줌마이기 때문이며, 30대 후반의 나이가 믿기지 않을 만큼 몸매를 잘 관리했기 때문이다. 놀라운 것은 이 사진 때문에 주부들이 밤 9시 이후에 금식을 하며, 동네 피트니스센터가 문전성시를 이루고 있다는 점이다. 예전 같으면 '민망하다', '저치는 우리랑 달라' 등의 댓글이 달려야 하지만, 지금은 '부럽다', '나도 저렇게 보이려고 노력 중이다' 등의 댓글이 달려 있는 것도 특징이다.

나우족, 줌마렐라, 노무족, 디디족……. 각종 매체에 오르내리는 신조어들이다. 나우(NOW)족은 'New Old Women'의 약자이며 젊어보이고 건강하며 재력까지 겸비한 40~50대 여성들을 일컫는 말이다. 줌마렐라는 '아줌마'와 '신데렐라'의 합성어이다. 노무(NOMU)족은 'No More Uncle'의 약자이며, 더 이상 아저씨라 불리기를 거부하는 40~50대 남성들을 가리키는 말이다. 디디(DD)족은 'Dandy Daddy'의 약자로 멋진 아빠를 의미한다.

이들 중 잠시 나우족들의 생활을 살펴보자. 그녀들은 자신의 아름다움을 위해서 다이어트 식품을 구매하거나 피트니스센터에 다니는 정도는 기본이며 성형수술도 마다하지 않는다. 그뿐 아니라 화장품, 미용, 의류 등에서도 자신을 돋보이게 할 수 있는 분야에 투자를 아끼지 않는다. 하지만 이들이 돈만 쓰고 다니는 것은 아니다. 남편들을 대신해서 재테크 활동과 투자정보를 얻기 위한 인터넷 서핑 등의 사회참여도 왕성히 수행한다. 이와 유사하게 줌마렐라는 아줌마지만 신데렐라처럼 아름답고 적극적인 성향을 지닌 진취적인 여성을 뜻한다.

그런가 하면, 노무족 역시 젊은이들과의 경쟁에서 밀려나지 않도록 자기관리에 무척 열심이다. 나우족과 마찬가지로 자신의 이미지와 건강관리에 투자를 아끼지 않는다. 중년남성의 가장 큰 특징인 뱃살을 없애기 위해 운동에 시간을 투자하는 것도 잊지 않는다. 양복을 벗어던지고 밝고 화사한 캐주얼을 즐겨입으며 인터넷 동호회나 사회 커뮤니티에도 적극적으로 참여하는 특징이 있다. 한마디로, 40~50대 중년들의 반란이 시작된 것이다. 이들 세대는 위아래로 소위 낀 세대들인 경우가 많다. 나날이 발전하는 의료기술 덕분에 점차로 늘어나는 실버층과 개성을 위해서라면 모든 것을 아끼지 않으며 적극적으로 사회에 참여하려는 젊은층 사이에 낀 세대다. 그러다 보니 자신에 대한 투자를 하고 싶어도 가정경제 때문에 양보하고, 자신의 의사를 피력하고 싶어도 혹시 튀는 행동으로 비춰보일까 전전긍긍하던 세대들이다.

그러나 이제는 다르다. 일인독주체제인 가부장적 사회에서 각자가 생활의 주체가 되어 가정을 영위해가는 다원화된 핵가족 시대로 접어든 것이다. 또한 수명이 길어짐에 따라 지각하는 나이가 젊어지고 있으며, 적극적인 삶을 영위하고 싶은 욕망이 커지고 있다. 그들의 욕망은 영원히 늙지 않고 젊게 살고 싶은 욕망이며, 이는 제임스 힐튼의 『잃어버린 지평선』이라는 소설에 등장하는 가공의 장소이자 평생 늙지 않고 영원히 젊음을 누릴 수 있다는 꿈의 낙원이라는 샹그릴라를 빗대어 '샹그릴라Shangri-La 신드롬'이라고 불린다.

머추리얼리즘은 나우족이나 노무족처럼 삶에 적극적인 중년층이 삶의 질을 적극적으로 높이기 위한 활동을 일컫는 말이다. 머추리얼리즘이 갖는 의미는 사뭇 남다르다. 사회가 발달하면서 영(Yound), 여성(Woman), 노인(Silver) 등의 시장에 대한 연구는 많이 진행되었으나 중년계층에 관한 연구는 별로 없었다. 그러나 사회에서 중년시장이 급부상함에 따라 이들의 소비행동에 따른 특징들이 나타나기 시작했다.

최근 한 백화점의 여성의류 구매 고객 중 40~50대 여성들이 차지하는 비중이 40%가 넘고, 이들에 의한 매출이 전체 매출액의 절반을 넘는 것으로 나타났다. 또한 모 홈쇼핑에서 한 시간 동안 여성속옷 상품을 방송한 결과 40대 이상 여성고객의 구매 비율이 전체의 절반가량을 차지했다고 한다. 놀라운 것은 그 동안 20~30대들이 주를 이뤘던 온라인 마켓에서도 중년들의 진출이 거세다는 것이다. 온라인 오픈마켓인 G마켓은 40~50대 여성 고객의 비중이 높아지자 최근 중년을 위한 전문 브랜드들을 대거 입점시키기도 하였다. 캐주얼 의류에서도 중년 여성들을 위한 상품들이 출시되고 있다. 최근 디아체라는 브랜드가 국내 최초로 중년을 위한 캐주얼을 표방하며 론칭하였다. 디아체는 중년을 맞이한 미스코리아 출신 서재화 씨를 모델로 기용하여 세간의 이목을 집중시켰다.

물론 대리점 확장도 지속적으로 실시하고 있다.

여성뿐만 아니라 중년 남성들의 소비생활도 변화하고 있다. 40대 이상 남성의 화장품 구매도 매년 배속성장을 이루고 있다. 엘지생활건강은 중년 남성들을 위한 화장품 '후 군'을 출시했다. 후 군은 백금과 서호용정차 성분을 넣어 피부를 탱탱하게 가꿔주는 남성용 한방화장품이다. 그런가 하면, 중년 남성들의 청바지에 대한 선호도 지속적으로 증가하고 있는 추세이다.

머추리얼리즘에 의한 중년 시장의 경제력은 영(Young) 마켓이나 실버(Silver) 마켓보다 훨씬 높은 것도 하나의 특징이다. 자신의 개성을 표현하고 싶은 중년들이 이제는 문화상품에도 눈독을 들이는 경우가 많다. 연극, 영화, 잡지, 레저활동에서도 이제 40~50대 중년들이 주요 고객으로 자리 잡고 있는 것이다. 이들은 프리미엄 상품이나 서비스를 소비하는 즐거움을 아는 시장이다. 따라서 전문가 수준 혹은 고급이란 단어가 붙어 있는 상품들에 눈길을 주는 경우가 많다. DSLR(Digital Single Lens Reflex) 전문 인터넷 동호회인 'SLR클럽'이란 곳을 방문해보면 중년 회원들의 커뮤니티 활동이 자못 열성적인 것을 확인할 수 있다. 이들의 사용기종은 대부분 수백만 원대의 고급제품들이다. 그런가 하면, 주부들은 100만 원대 이상의 가정용 에스프레소 머신에 투자를 아끼지 않으며, 집에서 홈메이드 맥주를 만들 수 있는 기기도 매출이 꾸준히 증가 추세에 있다. 백화점의 레저용품 코너에도 고급 브랜드들이 즐비하다. 방수, 방풍 기능의 점퍼가 수십만 원에 달한다.

통계청 자료에 따르면, 2007년 전체 인구 중 40세 이상 인구비율은 43%이며, 2010년에는 46%를 넘어설 것으로 예상된다. 또한 중년들을 위한 시장규모도 2010년 44조억 원, 2020년 148조 5천억 원 규모로 예상된다. 최근 출시되기 시작한 머추리얼리즘 상품들은 이제 시작에 불과하다. 그동안 잠잠히 지냈던 중년들이 자신들의 개성과 자아를 찾는 움직임은 더욱 거세질 것이고, 따라서 향후 이들을 위한 상품 기회는 가히 무한하다고 할 것이다. 마케터라면 이 시장에 대한 지속적인 주시가 필요하다.

정서

오감에 호소하여 만족을 키워라

우리나라 민족을 가리킬 때 사용되는 한민족이란 말은 '한懷'이 많아서 한민족이라는 우스갯소리가 있다. 대체로 아시아 사람들은 정서적인데, 그 중에서도 우리나라 민족은 으뜸인 것 같다. 이를 반영하듯 마케팅에서도 정서(Emotion)에 호소하는 기법들이 많이 등장했다.

정서에 호소하는 마케팅은 고객으로 하여금 정서적 반응을 야기하는 마케팅을 의미한다. 정서적 반응이란 어떤 자극물(상품, 광고, 영화, 홍보기사 등)을 접했을 때 소비자가 자연스럽게 갖게 되는 느낌 혹은 감정을 의미한다. 예를 들어 금연 광고를 보면 소비자는 대체로 혐오감을 느끼게 마련이다. 반면, 선정적인 속옷 광고로 유명한 캘빈클라인의 광고를 접하면 사람들은 섹시함을 느낀다. 또한 소니의 바이오VAIO 노트북이나 뱅앤올룹슨Bang & Olufsen의 오디오를 보면 심미적인 디자인 때문에 갖고 싶다는 생각을 한다. 심지어 그 상품이 비싸더라도 가격을 감수하고 구매하는 경우가 많다. 도저히 이성적으로는 용납이 안 되는 현상들이 벌어지는 것이다.

과거에는 확실히 감성적인 마케팅보다는 이성적인 마케팅이 시장을 주도했던 게 사실이다. 이성적인 마케팅을 신뢰하는 사람들은 소비자가 상품을 합리적으로 판단해서 구입하기 때문에 상품의 기능, 가격 등을 구매의 주요 기준으로 삼는다고 주장한다. 그러나 이 같은 생각에 기반한 이성적 마케팅이 만능은 아니라는 것이 속속 드러나고 있다. 이성적 마케팅에 의하면 자동차는 잘 달리고 잘 서면 된다. 그러나 BMW의 미니Mini는 디자인 면에서 많은 여성들의 사랑을 받고 있다. 물론 자동차의 기본적인 기능에도 충실하다. 이런 점에서 최근 아우디^{Audi}의 디자인에 대한 투자와 상품라인의 변화는 주목할 만하다. 아우디는 기존 다지인으로는 BMW나 벤츠와 경쟁이 힘들다는 판단하에 차체의 앞모습에 과감한 변화를 주었다. 그 결과 디자인 차별화에 성공해서 이제는 나머지 경쟁자들과 어깨를 나란히 할 정도로 성장 중에 있다.

정서는 상품 디자인이나 광고제작에만 국한된 것은 아니다. 우리의 정서를 자극하는 것들에는 미술도 있고 음악도 있고 또한 체험도 있다. 강의시간에 음료수 중 파란색 하면 떠오르는 것이 무어냐고 물으면, 열에 아홉은 △△△ △△△라고 답을 한다. 물론 광고를 보면 시원함을 느낀다고 한다. 반면 노랑, 빨강 등 격렬한 느낌을 주는 색을 이야기하면 ○○○○라고 답들을 한다. 광고를 보면 운동을 하고 싶다고 이야기들을 한다. 그뿐 아니라 백화점이나 마트에 가면 우리의 귀를 즐겁게 해주는 음악이 흘러나온다. 색깔이나 음악이 우리의 시각과 청각을 즐겁게 해주는 도구라면 체험은 오감을 모두 충족시켜주는 도구라고 할 수 있다.

정서에 호소하는 마케팅은 우리의 오감을 자극하여 즐거움, 따뜻함, 아름다움, 차가움, 혐오스러움, 행복함, 섹시함 등을 느끼게 하고, 이를 바탕으로 해당 상품에 대한 구매욕구를 증가시키는 마케팅 기법을 의미한다. 정서에 호소하는 대표적인 마케팅 키워드로는 하이터치 마케팅, 체험 마케팅, 감성 마케팅, 음악 마케팅, 펀 마케팅, 컬러 마케팅, 웜 마케팅, 디지로그 마케팅, 엔터테인먼트 마케팅, 페르소나 마케팅 등이 있다.

■ 하이터치 마케팅High-touch Marketing

'삼성전자 이건희 회장이 밀라노에 간 까닭은?'

2005년 한 언론 기사의 제목이다. 실제로 이건희 전 회장은 그해 4월 14일 이탈리아 밀라노에서 가구박람회를 둘러보았다. 다음은 이 전 회장이 관람 직후 개최한 디자인 전략회의에서 발언한 주요 내용이다.

"백화점에서 한 제품이 고객의 눈을 붙잡는 시간은 겨우 0.6초에 불과하다. 이 시간 안에 고객의 발길을 잡지 못하면 경쟁에서 이길 수 없다."

이후 삼성전자를 필두로 우리나라에 디자인 경영의 시대가 급물결을 타기 시작했다. 그리고 디자인 경영은 하이터치 마케팅의 일부분이며, 하이터치 마케팅과 대립되는 개념으로는 하이테크 마케팅이 있다.

미래학자인 존 나이스비트John Naisbitt는 그의 저서 『하이테크 하이터치HIGH TECH HIGH TOUCH』에서 하이테크는 첨단기술이라 묘사하였다. 말 그대로 첨단기술을 통해 우리의 삶이 풍요롭고 윤택해질 수 있다는 것이다. 반면 어린아이의 미소, 등산의 기쁨, 아름다운 그림 감상 등 사람이 가지고 있는 오감의 세계를 총칭해서 하이터치라 정의하였다. 하이테크는 오랜 세월 문화적 친화 과정을 겪으면서 하이터치로 태어난다. 하이테크와 하이터치 사이에 명료한 경계선이 있는 것은 아니다. 방사紡絲로 날줄을 걸고 나무로 된 북을 이용하던 베틀은 4천 년 전 아라시아와 이집트에서는 하이테크였지만 오늘날은 하이터치다. 하이테크는 진보, 혁신, 발전, 그리고 통제다. 그리고 하이테크 · 하이터치는 인간다움을 표현하되, 더욱 효율적으로 표현하기 위해 기술을 이용하는 것이다. 이렇게 볼 때 하이테크와 하이터치는 서로 작용 · 반작용을 거듭하며 더 안락하고 편안한 생활을 제공하면서 동시에 인간다운 생활에 대한 추억과 향수를 제공하는 것이라고 할 수 있다.

하이터치 마케팅이란 상품 설계에서 판매에 이르기까지 하이터치의 개념을 근간으로 하는 모든 마케팅 활동을 의미한다. 따라서 하이터치 마케팅의 영역은 대단히 넓으며, 고객의 정서적 반응을 중시하는 대다수의 마케팅은 모두 하이터치 마케팅에 속한다고 볼 수 있다.

하이터치 마케팅은 상품에서부터 시작한다. 삼성을 위시하여 굴지의 제조업체들이 중시하는 디자인 경영의 핵심은 하이터치를 반

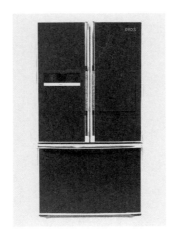

영한 상품설계로부터 시작한다. 최근 하이터치 마케팅의 새로운 유형이 등장하였는데, '기술(Tech)'과 '예술(Art)'이 결합한 데카르트 마케팅Techart Marketing(예술감각상품 마케팅)이 그것이다. 하이터치를 적용한 상품들이 디자인을 중요하게 생각하고 차별화를 시도했지만, 단지 '예쁘다' 혹은 '멋있다'는 것만으로는 소비자를 만족시키기가 힘들다. 이에 따른 필연적인 결과로 디자인의 영역을 극대화시킨 상품들이 등장하였고, 이는 디자이너 혹은 예술가들이 상품 설계에 직접 참여하는 방식으로 많이 이루어진다.

데카르트 마케팅이 본격적으로 시도된 것은 LG전자의 '아트 디오스'이다. LG전자는 2006년 꽃의 화가로 불리는 하상림 씨의 작품을 전면에 적용한 아트 디오스 냉장고를 선보인 결과 기존 상품보다 10∼15% 비싼 가격에도 불구하고 전체 판매비중이 15%에 달할 정도로 큰 성공을 거두었다. 이러한 성공에 힘입어 현재는 서

삼성전자의 아르마니 삼성 LCD TV

양화가 하상림 외에 조형예술가 함연주, 미국 사진작가 스티븐 메이어스, 주디스 맥밀란, 프랑스 화가 버나드 오뜨 등의 작품들도 등장했다. 휘센 에어컨 디자인에는 유명 크리스털 가공기업인 스와로브스키가 참여하기도 했다.

삼성전자는 명품 패션 디자인 회사인 아르마니Armani와 공동으로 '아르마니 삼성 LCD TV'를 개발했다. 이 TV는 2007년 삼성전자와 아르마니가 전략적 마케팅 제휴(Strategic Marketing Alliance)를 맺은 이후의 첫 작품이며, TV 시청 시에는 삼성의 로고가 드러나게 하고, 전원을 끈 상태에서는 아르마니 로고가 나타나게 되어 있다.

이 밖에도 전자제품 가운데 LG전자의 '프라다폰', 삼성전자의 '아르마니폰' 등이 있다.

데카르트 마케팅에 의한 상품은 가전, 휴대전화 등 전자제품뿐만 아니라 의류, 생필품, 식료품, 심지어 카드까지 등장하였다. 동원데어리푸드는 세계적인 명화를 우유 패키지에 입힌 '덴마크 모카라떼'를 출시했다. 덴마크 모카라떼는 모딜리아니Modigliani의 '목이 긴 여인'을 패키지에 디자인하였는데 이후 고흐, 고갱 등 다양한 화가의 작품이 소개되었다. 생활용품인 케라시스 역시 자사 상품에 명화 디자인을 채용하여 성공을 거두었다. KB카드는 2006년에 앙드레김이 디자인한 포인트 전용카드 'KB포인트리 카드'를 출시했으며, 현재까지 앙드레김과 지속적으로 카드 디자인을 공동개발하고 있다.

하이터치 마케팅은 점차로 우리네 생활 속으로 친근하게 다가올 것으로 예상된다. 그러나 하이터치를 표방하는 모든 상품이 성공하는 것은 아니다. 하이터치란 어디까지나 하이테크가 기본적으로 수반되어야 한다. 여기서 하이테크란 첨단기술의 의미보다는 상품의 본질과 편리한 기능을 의미한다. 또한 하이터치는 편리한 UI(유저 인터페이스)를 지향해야 한다. 프라다폰이 잘 팔리는 이유는 단지 명품 디자인을 차용해서만은 아니다. 프라다폰이 터치폰 방식이라는 혁신적인 UI를 차용했고, 시장에서는 이를 긍정적으로 받아들인 것이다.

하이터치가 성공하기 위해서는 실용적인 하이터치가 되어야 한다. 실용적인 하이터치란 대중성을 의미한다. 기아자동차가 출시한 대형 SUV인 '모하비'는 출시 당시 파격적인 디자인이라는 평가를 받았다. 모하비는 BMW의 크리스 뱅글, 아우디의 월터 드 실바와 함께 유럽의 3대 자동차 디자이너로 불렸던 피터 슈라이어가 디자인했으며, 그의 디자인 철학인 '직선의 단순화'가 양산차종에 처음으로 적용된 사례이다. 그러나 모하비는 뛰어난 디자인에도 불구하고 경쟁사인 현대자동차의 베라크루즈의 판매량을 추월하지 못하고 있다. 물론 그 배경에는 도심형 SUV 차량과 오프로드형 SUV 차량에 대한 선호도의 차이도 있겠지만, 직선의 단순화에 의한 디자인이 아직은 대중적이지 않다는 것도 하나의 이유로 작용했다. 요컨대, 성공적인 하이터치 상품을 위해서는 대중적이거나 실용적인 특성을 일정 정도 반영해야 한다.

■ 체험 마케팅 Experience Marketing

체험이 우리 사회에서 중요한 의미를 갖는 것은 특별하게 새로운 현상이 아니다. 우리는 어릴 적부터 교육을 통해 사회구성원으로서 살아가는 것이 중요함을 배웠고, 실수를 하지 않기 위해 경험 혹은 체험이 중요함을 배왔다. 이렇게 획득한 지식은 때로는 성공에 도움이 되기도 하고 때로는 살아가는 생활의 지혜가 되기도 한다. 최근 마케팅 업계에서 각광을 받고 있는 키워드는 바로 이 '체험'에 착안한 마케팅이다.

나이키는 아디다스와 더불어 스포츠업계 최고의 브랜드이며, 지금도 양사는 박빙의 경쟁을 벌이고 있다. 수많은 경쟁자를 인식한 나이키는 새로운 전략을 구사하며 재정비에 돌입했는데, 그 중 하나가 매장 리노베이션 전략이었다. 나이키 매장을 고객 체험의 장으로 만들어 '첨단' 이미지의 '즐거운' 공간에서 '매력적인' 나이키를 구매하도록 만들려는 전략이었다. 나이키는 그 같은 체험 공간의 아이디어에 '타운Town' 이라는 용어를 사용하여 마치 실제 마을처럼 '나이키 타운' 을 구성해갔다. 이 나이키 타운에는 학교, 경찰서, 공공회관 등 마을 구성에 필요한 기관들이 있다. 또, 광장을 중심으로 여러 골목길이 존재하고, 그 골목길에 농구, 골프, 러닝 코너 등의 영역이 자리 잡고 있다. 뉴욕의 나이키 타운과 런던의 나이키 타운은 각각의 지방색을 가미한 특유의 디자인이 적용되었고, 각 지역의 나이키 타운을 방문하는 고객은 누구든간에 그 지역의 주민이자 나이키 타운의 주민이 된다. 한마디로, 브랜드를 공유함으로써 고객에게 공동체의식과 같은 결속력과 소속감까지 심어준 것이다.

예를 들어 뉴욕의 나이키 타운을 한번 보자. 매장은 1960년대의 학교 체육관을 떠올리는 컨셉으로 디자인되었다. 외관은 반 아치형의 단순하면서도 강한 기하학적 이미지를 보여주지만, 외관 디테일은 주변 상황에 맞게 다소 고전적인 이미지를 띠고 있다. 일단 나이키 타운의 내부로 들어서면 매장은 마을 같은 레이아웃으로 구성되어 있어 다양한 상품들을 체계적으로 구분하여 보여준다. 각 층에는 테니스, 골프, 러닝, 농구를 비롯한 각종 스포츠가 테마별로 전시되어 있다. 골프 코너는 골프화에서 골프웨어까지, 러닝 코너는 운동화와 기구 등이 빠짐없이 갖춰져 있는 등 모든 코너가 토털화되어 한 집단을 이루고 있다. 또한 각각의 스포츠를 대표하는 스타플레이어를 중심으로 흥미로운 공간을 구성하여 어린

아이부터 어른에 이르는 다양한 고객들의 흥미를 유도하고 있다. 예를 들어 타이거 우즈나 마이클 조던 같은 스포츠 스타를 이미지화함으로써 고객들로 하여금 이들과 브랜드를 공유하면서 동일한 그룹에 속해 있다는 동질감을 느끼도록 하고 있다. 게다가 디스플레이도 단순한 상품 전시가 아니라, 마치 과학 코너의 기구처럼 방문객이 만지면 조명이 켜지거나 음악이 나오는 식으로 다양하게 구성했다.

체험을 직접적으로 상품화해서 성공한 사례도 있다. '세컨드라이프(www.secondlife.com)'의 성공은 체험의 중요성과 필요성에 대해 많은 점을 시사한다. 65억 전 세계 인구가 창출해내는 현실경제와 똑같은 시장경제가 인터넷 세상에서도 펼쳐지고 있는 가상경제가 세컨드라이프이다. 세컨드라이프 안에서 사람들은 영화 매트릭스처럼 또 하나의 신분(거주지, 직업 등)을 가지고 생활할 수 있다. 세컨드라이프를 관리하는 회사 린든랩Linden Lab은 인터넷의 사이버 영토 1에이커를 129달러에 판매하고, 월 평균 관리비 25달러를 받는다. 이곳에서 활동하는(이 사이트에 가입한) 경제활동인구(회원)는 약 900만 명에 이르며 창출된 경제규모는 약 6억 달러로 추정된다. 이는 한 국가의 GDP를 넘어서며, 엄청난 부를 창출하고 있다는 얘기다. 세컨드라이프의 창업자 필립 로즈데일Philip Roedale은 인터넷 가상경제가 미래 부를 창조해줄 열쇠라고 말한다.

체험 마케팅은 고객의 감각을 자극하는 체험을 창출하는 데 초점을 맞춘 기법이라는 점에서 기존 마케팅과 다르다. 고객은 단순히 제품의 특징이나 제품이 주는 이익을 나열하는 마케팅보다는 잊지 못할 체험이나 감각을 자극하고 마음을 움직이는 서비스를 기대한다. 즉, 제품생산 현장으로 고객을 초청하여 직접 보고 느끼고 만들어 볼 수 있도록 하는 것이다. 매장에서 제조과정을 설명하면서 제품 이해와 구매를 유도하던 종전의 시연회와는 차원이 다르다. 그러므로 단순히 제품 또는 서비스보다는 경험에 초점을 맞추어 훨씬 더 많은 부가가치를 얻을 수 있다는 것이 장점이다.

체험 마케팅에는 다음과 같은 다섯 가지 유형이 있다.

첫째, 감각 마케팅의 형태이다. 고객의 감각을 자극하여 심미적 즐거움에 초점을 맞춘다. 스타벅스를 한두 번 방문했던 고객은 커피가 마시고 싶을 때 자연스럽게 스타벅스 매장에서의 커피 향을 떠올리는 경우가 많다.

둘째, 감성 마케팅이다. 고객의 기분과 감정에 영향을 미치는 감성적인 자극을 통해 브랜드와 유대관계를 강화한다.

셋째, 지성 마케팅이다. 고객의 지적 욕구를 자극하여 고객으로 하여금 창의적으로 생각하게 만든다.

넷째, 행동 마케팅이다. 체험 행동을 하는 데 다양한 선택권을 알려주어 육체와 감각에 자극되는 느낌들을 극대화하고 고객으로 하여금 능동적인 행동을 취하도록 한다.

다섯째, 관계 마케팅이다. 브랜드와 고객 사이에 사회적 관계가 형성되도록 브랜드 커뮤니티를 형성하는 데 중점을 둔다.

체험 마케팅은 예전엔 주로 소형가전 등 저렴한 가격의 제품 영역에서 그것을 먼저 써 보도록 하는 행사 위주로 이루어졌지만, 최근에는 풀HD LCD TV에서 이동통신서비스에 이르기까지 폭넓은 영역에서 펼쳐지고 있다.

■ 감성 마케팅Emotional Marketing

현대 경제학의 많은 이론은 인간이 합리적인 사고와 의사결정을 한다는 가정에서 출발하였다. 그러나 오늘날의 소비자는 의외로 많은 경우에 비합리적인 의사결정을 한다. 그 대표적인 예가 바로 충동구매이다. 길을 가다가 갑자기 쇼윈도에 보이는 '아이팟' 이 너무 예뻐서 MP3 플레이어가 있음에도 불구하고 구매를 한다면 이는 충동구매에 속한다. 최근 마케팅 트렌드에서 이 같은 비합리적인 의사결정에 의한 대표적인 마케팅 기법으로 감성 마케팅을 꼽을 수 있다. 스타벅스, 하겐다즈, SKT의 T링 등은 대표적인 감성 마케팅 사례이다.

스타벅스는 커피숍에 대한 개념을 바꿔놓았다. 기존 커피숍은 단지 커피만을 즐기거나 아니면 사람들의 대화 장소를 제공하는 것이 주된 특징이었다. 그러나 진한 커피향이 흐르는 스타벅스의 등장 이후로 커피숍은 커피를 마시면서 즐겁고 친밀한 분위기 속에 그 공간이 주는 만족감을 느끼는 장소로 자리 잡게 되었다.

1961년 미국에서 첫선을 보인 이후 세계 최고의 아이스크림을 만들겠다는 기업 이념으로 성장해 온 하겐다즈는 전 세계에서 엄선된 100% 천연원료만을 고집하는 프리미엄 아이스크림이다. 하겐다즈의 성공 뒤에는 상품력도 있지만, 기존의 아이스크림과 달리 성인 소비자를 타깃으로 감각적이고 낭만적이며 자유분방한 고객 감성에 초점을 맞춘 차별화된 '고급', '프리미엄' 이미지를 부각시킨 것도 한몫했다. 하겐다즈는 유동인구가 많고, 고급스러우며, 지명도가 높은 지역에 독특하게 디자인된 하겐다즈 카페를 운영하고 있다. 하겐다즈 카페는 성인들의 낭만적 사랑에 대한 즐거움을 브랜드와 감성적으로 연결시켰다.

얼마 전 SK텔레콤의 부가서비스 '티링T Ring' 이 이용자들 사이에서 큰 인기를 얻었다. 출시 후 두 달 만에 300만 명이 넘는 고객이 서비스에 가입했다고 한다. 원래 티링의 목적은 통화연결음 앞에 광고에 사용되는 광고음을 들려줘 해당 사용자가 SKT 가입자임을 확인할 수 있도록 한 서비스다. 그런데 티링을 듣는 즐거움 때문에 인기가 상승하였고, 이에 따라 소정의 이용료를 지불하면 자사 가입자끼리 통화할 때 통화요금을 할인해주는 망 내 할인상품의 가입자 역시 증가하였다. 이와 유사한 사례로는 인텔의 '인텔 인사이드Intel Inside' 와 연계된 사운드 로고가 있다. '최고의 컴퓨터를 식별해내는 방법' 이라는 문구와 함께 인텔이 지속적으로 들려준 이 마케팅 캠페인은 단기간에 엄청난 성공을 거두었고, 이로 인해 인텔 인사이드 로고가 전 세계에 알려지게 되었다. 사실 당시 인텔은 강력한 경쟁자인 AMD가 등장하면서 CPU를 홍보할 방법을 고심하고 있었다. CPU는 PC 안에 있기 때문에 소비자의 눈에 띄는 게 쉽지 않았는데, 그때 감성적으로 연상시키는 방법으로 제시된 것이 바로 로고 사운드였다. 이후로 사람들은 점점 CPU의 브랜드에 주목하기 시작했고, 그 결과 PC 구매 시 인텔 CPU의 사용유무를 확인하고 구매하는 현상까지 벌어졌다.

감성 마케팅은 어느 날 갑자기 등장한 마케팅 기법은 아니며, 마케팅 학계에서 지속적으로 연구되어왔던 분야이다. 단지 그 동안 기업들이 경제학의 주요 가정인 '합리적 인간'에 따라 이성적 마케팅을 주로 펼쳐왔을 뿐이다. 이성적 마케팅이란 상품의 기능이나 가격 등 일반적으로 소비자가 상품구매 시 고려하는 요인들을 위주로 상품들을 평가하고, 그 중 제일 나은 대안을 구입하는 과정에 영향을 미치는 마케팅 기법을 의미한다. 따라서 마케팅 역시 상품의 자세한 기능과 품질을 광고하는 것이 대부분이었다. 그러나 감성 마케팅은 상품이 내게 어떤 의미로 다가오는가가 더욱 중요하다. 따라서 상품 디자인이나 광고의 감성이 구매를 유발시키는 주요 요인이다. 이 둘의 차이는 〈표4-1〉과 같다.

〈표4-1〉 감성 마케팅과 이성 마케팅 비교

구분	감성 마케팅	이성 마케팅
주요 구매이유	나에게 어떤 의미인가? 예쁘다 남들의 시선	나에게 얼마나 필요한가? 싸다 내가 원하는 기능이 있다
주요 속성	디자인, 개성 등	가격, 기능, 품질 등

<표4-2> 소비자의 정서적 반응

즐거움(FUN)	따뜻함(Warm)
재미있는	정서적인
매력적인	행복한
유쾌한	희망적인
흥미 있는	따스한

소비자의 정서적 반응은 상품이나 광고를 보면서 소비자가 자연스럽게 갖게 되는 느낌 혹은 감정이다. 대표적인 정서적 반응으로는 즐거움과 따뜻함이 있다. 따라서 감성 마케팅의 주요 목적은 소비자들이 즐거움이나 따뜻함을 느껴서 상표를 선호하거나 구매하도록 만드는 것이다. 감성 마케팅의 일환으로 유행하고 있는 '펀 마케팅'과 '웜 마케팅'(각각의 해당 키워드 참조)은 이러한 정서적 반응에 기초한 마케팅 기법이다. 조사 결과 소비자들은 〈표4-2〉와 같은 느낌을 가질 때 즐겁거나 따뜻함을 느낀다고 한다.

감성 마케팅의 목적인 즐거움이나 따뜻함을 느끼도록 하기 위해서 필요한 요소는 사람의 오감五感이다. 오감은 시각, 청각, 후각, 미각, 촉각으로 구성되어 있다. 감성 마케팅의 실행은 오감에 대한 자극을 통해 이루어진다. 스타벅스의 후각(커피향)과 시각(매장 분위기), 하겐다즈의 미각(맛)과 시각(카페 분위기), SKT 티링의 청각 등 감성 마케팅의 실행은 오감에 대한 자극을 수반한다.

웰빙 시대를 맞이하여 미국에서는 이미 사양길에 접어든 브랜드지만 특이하게 우리나라에서는 급성장하고 있는 브랜드가 있다. 바로 '크리스피크림Krispy Kreme' 도넛이다. 1930년대에 미국에서 최초로 선보인 크리스피크림 도넛은 기존의 공장제조 후 소매점 유통이라는 공식을 깨고 매장에서 직접 제조하는 방식을 채택했다. 물론 소매점에서 직접 식품을 제조, 판매하는 것이 특이할 만한 사실은 아니었다. 하지만 크리스피크림 도넛은 손님들이 줄서서 기다리는 동안 도넛 제조공정을 직접 볼 수 있도록 한 것이 달랐다. "기다리는 것이 즐거워요", "제조과정을 직접 보고 도넛향을 맡고 있으면 도저히 안 먹을 수가 없어요" 등의 고객 반응을 끌어낸 크리스피크림 도넛은 다른 상표와 감성적으로 차별화하는데 성공하였고 고객에게 기다리는 즐거움을 선사하였다. 크리스피크림은 한국의 신촌에 1호점을 오픈한 이후로 현재까지 27개 매장이 성업 중이다. 또한 일본에서는 「닛케이 트렌디日經 TRENDY」가 선정한 2007년 히트상품에 속하기도 하였다.

물론 감성 마케팅을 실행한다고 해서 항상 성공하는 것은 아니다. 경쟁사가 하니까 나도 한다는 식의 무차별적인 도입은 마케팅 비용의 상승만 초래할 뿐이다. 성공적인 감성 마케팅을 바란다면 첫째, 기존 마케팅 전략의 큰 틀인 이성적 마케팅과 보조를 맞추어야 한다. 이성적 마케팅의 핵심은 당연히 품질 좋은 상품이다. 따라서 경쟁력 높은 상품을 개발한 후에 보조적인 수단으로 감성 마케팅을 도입하는 것이 좋다.

유명 할리우드 스타들의 투자로 문을 연 레스토랑 '플레닛 할리우드Planet Hollywood'는 할리우드를 테마로 브루스윌리스, 아놀드 슈

워제네거 같은 스타들이 투자하며 개점 당시부터 화제를 뿌렸다. 그러나 이 레스토랑은 몇 년 못가 도산하고 말았다. 플래닛 할리우드의 내부 인테리어는 마치 할리우드의 촬영 장소에 와 있는 것 같은 느낌을 제공하였기 때문에 유사한 레스토랑에 비하여 감성적으로 분명한 차별점을 갖고 있었다. 그러나 그들은 레스토랑의 상품인 '메뉴'의 중요성을 간과하였다. 플래닛 할리우드는 단 한 번도 음식광고를 하지 않았다. 멋있는 음식점은 호기심에 의한 일회성 손님이 많지만 맛있는 음식점에는 단골이 많다는 평범한 진리를 놓친 것이다.

둘째, 자사 고객에 대한 조사가 필수적으로 수행되어야 한다. 대표적인 것이 성별이다. 아무래도 남성보다는 여성이 감성 마케팅의 주요 대상이 되기 쉽다. 중형자동차의 대표적 모델이었던 SM5와 EF소나타의 광고는 소구하는 방향이 달랐다. 소위 강남 주부들의 국민차라는 닉네임이 붙었던 SM5의 광고는 차를 소유함에 따라서 내가 어떻게 보여지는가에 초점을 맞추었고, 우리나라의 대표차라는 자존심을 지키려는 EF소나타의 광고는 첨단기능과 차체 공간 등에 초점을 맞추었다.

셋째, 주요 고객이 누구인지 알았다면 다음으로는 고객의 성향을 알아야 한다. 최근 한 연구에 따르면, 브랜드에도 개성(Personality)이 있고, 이것이 소비자의 개성과 일치되는 경우에 구매가 증가하고 상품에 대한 만족도가 증가한다고 한다. 즉, 자사 상품과 고객과의 코드를 맞추는 작업이 필요하다. 수입차 브랜드인 인피니티INFINITI는

2006년 10월 G35 세단을 출시하면서 사전 행사로 G35를 대상으로 젊은 프로사진작가 전시회를 개최하였다. 주요 고객인 경제력 높은 젊은 층들이 독특하고 세련된 감성을 경험할 수 있도록 한 감성 마케팅의 일종이었다.

LG전자는 특이하게 미술관에서 새로운 에어컨 출시행사를 가졌다. 2008년 신규 제품은 실내를 돋보이게 하기 위해 기존의 평면적인 디자인에서 탈피, 판넬 디자인에 입체감을 더하고 예술작품을 차용하였다. 또한 제품을 '에어 컨디셔너'가 아닌 '라이프 컨디셔너'라고 부르는 등 주요 고객인 주부들과 코드를 맞추려 노력했다.

넷째, 감성 마케팅에 의해 맺어진 고객은 거래보다 관계가 더 중요하다. 감성에 의한 구매를 한 고객은 상품을 통해 기업을 투영한다. 즉, 상품이나 광고를 통해 따뜻함을 느꼈다면 상품을 제조한 기업 역시 따뜻하기를 바라는 것이다. 따라서 사후 고객관리에서도 감성을 느낄 수 있도록 양질의 A/S와 멤버십서비스 등을 제공하는 것이 중요하다.

■ 음악 마케팅 Music Marketing

한 고급 백화점에서는 매장이 붐빌 때일수록 느린 음악을 들려준다. 반면 어떤 대형 슈퍼마켓에서는 고객이 붐비는 시간에 빠른 음악을 들려준다. 두 업체 모두 해당 시간대 매출이 증가하였음은 물론이다. 둘 다 음악 마케팅의 사례인데, 백화점에서는 매장 내 공간이 넓고 단위당 구매액이 커야 하기 때문에 고객이 차분하고 편안하게 오래 머무르도록 만드는 것이 목표인 반면, 대형 슈퍼에서는 많은 품목을 빨리 싸게 사는 것이 주요 구매목표이기 때문에 가급적 역동적이고 활기찬 상황을 만들어주는 것이 효과적이기 때문이다. 음악과 날씨가 결합되어 좋은 반응을 보이는 경우도 있다. 한 커피숍은 눈이 오던 날 눈과 관련된 영화 OST를 틀어주어 커피 매출이 상승하였다. 롯데백화점에서는 비가 오는 날에는 기분이 상쾌해지는 음악을, 나른한 오후에는 분위기 있는 음악을 틀어준다.

이처럼 음악은 분명히 소비자 행동에 영향을 미친다. 그리고 음악을 마케팅에 활용하는 것을 음악 마케팅이라 한다. 음악 마케팅은 음향 혹은 음악을 활용하여 고객의 감성을 자극함으로써 결과적으로는 고객들의 구매심리를 자극하는 감성 마케팅의 일종이다. 사실 음악은 마케팅 기법을 떠나서 이미 우리네 일상생활에서 사람들의 감성을 자극하는 주요한 요소로 사용되고 있다. 호텔 로비에서의 경음악, 나이트클럽에서의 댄스음악, 교회에서의 신성한 찬송가 등 음악은 일상과 이미 밀접한 관계를 맺고 있다.

하지만 음악이 정말로 소비자행동에 영향을 미치는가에 관해서는 많은 사람들이 의문을 제기한다. 그럼에도 불구하고 몇 가지 연구들에서 음악 마케팅은 효과가 있는 것으로 나타났다. 음악 마케팅에 대한 연구는 1980년대부터 시작되었다. 미국의 저명한 마케팅 학자 곤Gorn은 소비자의 선택행동에 음악이 어떠한 영향을 주는

지에 관해 재미있는 실험 결과를 발표하였다.

　먼저 듣기 좋은 음악과 듣기 싫은 음악을 각각 한 곡씩 선정하고, 실험참가자들을 두 집단으로 분류하였다. 그리고 두 집단 모두에게 파란색과 빨간색 두 가지 색깔의 필기구에 대한 설명을 해주고 나서 둘 중 자신이 원하는 색상의 필기구를 집어서 나가라고 했다. 이 같은 곤의 1982년 연구에서 그는 음악의 효과를 알아보기 위해 실험 중 실험참가자들 모르게 배경음악을 들려주었다. 즉, 한 집단에는 파란색 펜을 설명할 때 듣기 좋은 음악을 들려주고, 빨간색 펜을 설명할 때 듣기 싫은 음악을 들려주었다. 또 다른 집단에는 펜과 음악을 반대로 짝지어 들려주었다. 실험 후 실험참가자들이 집어간 펜의 색상을 비교한 결과, 듣기 좋은 음악과 함께 설명한 색상의 펜을 그렇지 않은 경우보다 더욱 많이 집어간 것으로 나타나 음악이 소비자의 선택 혹은 구매행동에 영향을 준다고 결론지었다.

　곤의 연구가 음악이 마케팅에 미칠 수 있는 영향에 대한 것이었다면, 그 후속 연구들은 마케팅적 가치를 갖는 음악의 세부적인 요인들을 밝혀내고 있다. 밀리만^{Milliman}은 1982년과 1986년의 연구에서 음악의 빠르기가 소비자 행동에 미치는 영향을 연구했다. 슈퍼마켓을 대상으로 느린 음악과 빠른 음악을 들려주며 실험한 결과 소비자들은 느린 음악이 나올 때 쇼핑에 더 많은 시간을 소비하고 더 많은 구매를 하는 것으로 밝혀졌다. 반면 식당을 대상으로 한 결과 빠른 음악일 때보다 느린 음악일 때 식사시간도 더 오래 걸리는 것으로 나타났다. 햄버거로 유명한 국내 패스트푸드점이나 패밀리레스토랑을 가면 상당히 빠른 음악들을 들을 수 있는데, 이는 밀리만의 연구 결과에 기초한 것이다.

음악의 유형 역시 소비행동에 영향을 미친다. 얄치와 스판겐베르그Yalch and Spangenberg는 1988년 연구에서 백화점을 대상으로 금주의 인기곡 같은 인기음악과 이지리스닝 계열의 경음악을 들려준 결과 재미있는 결과를 얻었다. 고객들은 친숙하지 않은 음악이 나오면 시간이 빨리 흐른 것처럼 느낀다는 것이었다. 즉, 젊은 고객은 이지리스닝 음악이 들릴 때 쇼핑을 오래 했다고 지각한 반면, 중년 고객은 그 반대인 인기음악일 때 쇼핑을 오래 했다고 지각하는 것으로 나타났다. 따라서 주고객 연령층과 친숙한 음악을 들려주는 것이 고객을 오래 머무르게 하는 데에 유리할 것이다.

음악은 은행이나 병원 같은 서비스 산업에서도 효과를 발휘한다. 음악이 고객과 서비스제공자(은행원) 사이의 친밀도를 높이는 데 효과적이라는 연구 결과가 있다. 사실 우리의 일상에서도 흥겨운 댄스음악을 들으면 아무래도 기분이 좋아져서 주위 사람들과 좀더 많은 대화를 하게 되지 않는가. 이와 유사하다. 압구정동의 한 치과는 정기적으로 재즈 콘서트를 개최한다. 치과고객뿐만 아니라 지역주민도 콘서트에 초대된다. 이는 치과 하면 떠오르는 부정적 이미지와 기억들을 긍정적인 방향으로 전환시켜 환자에겐 안정감을, 일반인들에겐 좋은 이미지를 남겨주는 역할을 했다.

음악 마케팅의 효과는 크게 두 가지로 정리할 수 있다. 첫째는 고객의 정서를 자극하여 구매를 촉진하는 기능이다. 정서적 반응을 이용한 구매촉진기능은 각종 유통매장에서의 음악 선곡이 좋은 사례이다. 백화점, 할인점, 슈퍼마켓, 식당 등 업종과 업태에 따라서 음악이 달라지고, 20대 이하, 30대, 40대 이상 등 연령에 따라서도 음악은 달라진다.

둘째는 광고, 기업이미지 전략과 결합하여 광고 효과를 극대화하는 기능이다. 광고음악의 정서적 효과는 이미 많은 연구들에서 증명되었고, 지금도 외우기 쉬운 브랜드와 더불어 따라 부르기 쉬운 광고음악 만들기에 광고제작자들은 많은 돈을 지불하고 있다. 예를 들어 '손이 가요 손이가~', '~는 석류를 좋아해' 등 문구만 봐도 '아! 그 제품' 하고 떠올리게 되는 상표들이 많다.

음악 마케팅을 실행할 때 가장 주의를 기울여야 할 요소는 특정 상황에 적합한 음악을 선곡하는 일이다. 이를 위해 우리의 주요 고객은 누구인가, 매장이 가장 붐비는 시간대는 언제인가 등을 파악하고, 또 오전·오후, 계절, 날씨 등에 따라 적절한 음원을 확보하고 있어야 한다.

둘째는 저작권이다. 현재 국내 이동통신사들은 새로운 수익모델로 매장 음악시장에서의 저작권 수입을 염두에 두고 있는 경우가 많다. 물론 저작권에 관한 세부법안이 제정되어야 가능한 일이지만 조만간 실현될 것으로 예상된다.

■▪펀 마케팅Fun Marketing

2005년 3월에 LG텔레콤이 이상한 숍Shop을 오픈한다고 공표하였
다. 그 이름은 '폰앤펀Phone & Fun'. 사람들은 '폰' 까지는 이해했으
나 '펀' 은 이해하지 못했고, '펀' 이 뭘까를 놓고 갑론을박하는 모
습을 보였다. 문제의 그 숍을 방문한 고객들은 지금까지의 이동통
신사 대리점과 사뭇 다른 모습을 보면서 놀라움을 금치 못했다. 왜
냐하면 전통적인 판매기능 이외에 그야말로 디지털 놀이터를 제
공하는 숍이 탄생했기 때문이다. 고객들은 그 곳에서 휴대전화에
mp3 파일을 다운로드받는 것은 물론이고, 벨소리, 게임 등 다양한
디지털콘텐츠를 직접 체험한 뒤 구매할 수 있게 되었다.

경기도 일산의 '애니골' 이라는 곳은 음식점들이 즐비하게 늘어
선 먹을거리 길이다. 그 중 '와사등' 이라는 고기집은 방문하는 고
객들로 하여금 식후 재미거리를 제공하여 만족도를 크게 증가시
키는 곳으로 유명하다. 가족단위 손님을 위해 아이들 놀이방과 전

LG텔레콤의 폰앤펀

자오락실 제공은 물론이고 식사 후까지 손님들에게 다양한 재미를 제공한다. 식당 옆길을 따라 조금만 가면 차와 떡을 제공하는 장소가 나온다. 그 중 떡을 즉석에서 구워주는 것이 별미인데, 아이들에게 인기 만점이다. 그러다 보니 주객이 전도되어 그 떡이 메인요리이고 고기가 애피타이저가 되는 웃지못할 경우도 많이 발생한다고 한다.

펀 마케팅은 게임이나 퀴즈 등 재미있는 이벤트를 펼쳐 고객을 모으고 매출을 끌어올리는 마케팅 기법이다. 웰빙에 이어 재미와 역발상을 강조하는 '펀Fun'이 새로운 마케팅 트렌드로 떠오르고 있는 것이다. 고객의 오감을 자극하는 감성 마케팅이 마케팅과 광고계를 강타한 이후 소비자의 정서에 호소하는 트렌드, 즉 펀 마케팅, 디지로그 마케팅, 웹 마케팅, 음악 마케팅 등 여러 가지 정서적 마케팅 기법이 유행이다. 그 중에서도 고금을 막론하고 예외 없이 통한 것이 바로 펀 마케팅이다. 이를 반영하듯 펀 마케팅은 광고업계뿐만 아니라 유통, 게임, IT 등 다양한 산업으로 확대되고 있다.

펀 마케팅이 지금 유난히 유행하는 이유에 대해서는 의견이 분분하다. 그 중 가장 설득력을 갖는 것은, 현대 소비를 이끄는 주요 계층인 10~30대가 다른 연령계층보다 펀 마케팅에 반응을 보이기 때문이라는 점이다. 또 하나는 경기가 장기불황 조짐을 보일 때는 TV 프로그램 중에서도 코미디 프로의 시청률이 강세를 보이듯이 펀 마케팅 역시 그러한 사회 트렌드를 반영한 현상이라는 해석도 있다. 또 하나의 해석은 인터넷의 발달로 정보 공유 및 확산이 무척이나 빨라진 요즘 재미있는 콘텐츠에 대한 니즈가 점점 높아졌기 때문이 아닌가 하는 것이다.

펀 마케팅은 다른 마케팅 기법 대비 성공 가능성이 무척 높은 편이므로 많은 마케터들이 즐겨 사용하는 기법이다. 단, 너무 많이 사용되어 오히려 가치가 감소하는 경우도 있으므로 실행에 주의를 요한다. 펀 마케팅을 성공적으로 실행하기 위해서는 다음과 같은 점을 유념해야 한다.

첫째, 사회 트렌드에 대한 모니터링이 필요하다. 펀 마케팅은 결과적으로 사회의 트렌드를 웃음과 재미로 풀어내는 작업이다. 아이스크림 돼지바 CF에서 탤런트 임채무가 2002년 월드컵 때의 추억을 되살리며 바이론 모레노Byron Moreno 심판을 패러디한 것, 키덜트 제품들이 성공한 것 등은 사회 트렌드의 반영이므로 트렌드에 대한 모니터링은 필수 요소라 하겠다.

둘째, 펀 마케팅을 실행하기 위한 조직을 창의적으로 만들어야 한다. 펀 마케팅의 성공 여부는 결국 아이디어에 달려 있다. 누가 더 창의적으로 재미를 제공할 수 있느냐가 관건이다. 그러기 위해서는 마케팅 부서를 포함한 조직문화가 유연하고 재미있어야 한다. 예를 들어 정보통신산업의 대표적 기업인 KT가 민영화되기 이전의 광고와 민영화된 후의 광고와 이벤트는 많이 다르다. 물론 민영화 후의 광고와 이벤트가 훨씬 독창적이고 재미있던 게 사실이다. 민영화 이후 KT는 조직 단위로 펀 데이Fun-day, 문화체험 데이 등 창의적인 조직문화를 위해 많은 노력을 기울였다.

마지막으로, 좋은 펀 마케팅 아이디어가 제시되면 이에 대한 투자를 과감히 해야 한다.

■ 컬러 마케팅Color Marketing

컬러 마케팅은 이미 우리 생활에 깊숙이 들어와 있다. 다음 질문에 답해 보기 바란다. 빨간색 하면 떠오르는 주유소는? 그렇다면 노란색을 주로 사용하는 주유소는? 녹색을 주로 사용하는 인터넷 포털 사이트는? 노란색 관절염 치료제는? 아마 대부분의 사람들이 공통적으로 떠올리는 회사나 제품이 있을 것이다.

컬러 마케팅은 제품선택의 구매력을 증가시키는 가장 중요한 변수를 색으로 정해서 구매력을 결정짓게 하는 마케팅 기법이라 정의할 수 있다. 컬러 마케팅이 효과가 있는 이유는 소비자들이 제품의 구매를 결정할 때는 상품의 본원적 기능 외에 컬러, 디자인, 심지어 포장지나 쇼핑백 등 부가적인 요소에도 많은 영향을 받기 때문이다. 특히 경제력이 상승하면서 주요 소비자로 떠오른 여성 시장에서 가장 쉽게 감성적 측면을 자극할 수 있는 컬러의 중요성은 매우 높다.

최초의 컬러 마케팅은 1920년 미국 파커Parker의 빨간색 만년필이라고 전해진다. 그 당시 여성용 만년필은 조금 가늘었을 뿐 남성용처럼 검은색과 갈색이 전부였다. 이 회사는 당시로서는 파격적인 빨간색을 대담하게 도입하여 여성용 만년필 시장을 석권하였다.

컬러 마케팅이 가장 활발하게 사용되는 분야는 스포츠 분야이다. 그 중에서도 나이키는 컬러 마케팅을 잘 활용하는 기업으로 알려져 있으며, 대표적인 사례로 골프웨어가 꼽힌다. 골프의 황제 타이거 우즈는 항상 레드 컬러의 옷을 입는다. 갤러리들은 붉은 색깔을 보면 환호하기 시작하였고 자연히 붉은색은 다른 선수들에게는 기피대상이 되었다. 덕분에 나이키는 레드 컬러의 골프웨어 매출액이 급신장하는 결과를 낳았다. 또한 2005년 소니 오픈에서 최경주를 포함해 여러 나이키 소속 선수들이 갑작스럽게 검은색 볼을 꺼내든 것 역시 신제품 출시에 맞춰 이뤄진 컬러 마케팅이었다. 그 결과 해당 골프볼의 인기가 치솟은 것은 말할 필요도 없다.

스포츠 분야의 또 다른 대표적 컬러 마케팅 사례는 2002년 한일월드컵 때의 붉은악마이다. 'Be the Reds' 라는 문구가 적힌 붉은색 셔츠를 입은 사람은 모두 친구가 되었던 그 당시 우리나라에는 빨간색 원단을 구할 수 없어서 다른 색의 옷을 빨간 색으로 염색하는 해프닝까지 벌어졌다. 붉은악마가 펼친 붉은 컬러 캠페인 덕분으로 우리나라는 전 세계에 강렬한 인상을 심어줄 수 있었다.

컬러 마케팅은 비단 소비재에만 국한된 기법이 아니다. 2007년 12대 대통령 선거에서 컬러 마케팅은 큰 위력을 발휘했다. 무려 12명이라는 많은 후보들이 등장하다 보니 유권자들의 인지도 제고가 큰 과제였고, 이를 해결하는 데 많은 도움이 된 것이 각 후보들의 고유 컬러였다. 17대 대선에 등장한 컬러는 파란색(이명박 후보), 오렌지색(정동영 후보), 초록과 파란색(이회창 후보), 베이지색(권영길 후보), 노란색(이인제 후보), 빨강과 흰색(문국현 후보)이었다. TV에서 뉴스에 나오는 선거유세장에 휘날리는 깃발의 색을 보는 순간 누구의 유세장인지 바로 맞출 수 있을 정도로 각 후보들의 고유 색상은 분명한 홍보도구로써 중요한 역할을 수행하였다.

이처럼 컬러 마케팅이 중요한 하나의 전략으로 작용하면서 이러한 전략을 전문적으로 설계하고 실행하는 사람이 필요해졌는데, 이런 사람들을 컬러리스트라 부른다. 컬러리스트는 색채 전문가로 제품의 색상을 결정한다. 삼성전자는 최근 휴대전화 신제품을 출시하면서 무려 14가지 종류의 색상을 한꺼번에 선보였다. 모토로라의 레이저도 지금까지 10여 종 이상의 색상으로 출시돼 단일 모델로는 가장 많은 색상을 구비했다.

컬러 마케팅을 성공적으로 실행하기 위해서는 반드시 다음의 사항들을 고려해야 한다. 즉, 현재 유행 색과 미래 색을 적시에 예측할 수 있어야 한다. 그리고 기업이 의도하는 컬러 포지셔닝을 안정적으로 하기 위해서는 장기적 관점의 전략이 필요하다는 것을 알아야 한다. 소비자의 뇌리에 고유의 컬러 이미지를 각인시키기 위해서는 상당한 시간의 일관된 노력이 필요하기 때문이다. 하지만 적지 않은 기업이 현재 시장에서 뜨고 있는 유행 색을 무작정 따라가는 경향이 있다. 유행 색은 진부해지기 쉬운 성향이 있다.

일시적인 열풍일 가능성이 높은 것이다. 컬러 트렌드에 대한 면밀한 조사 없이 이루어지는 컬러 마케팅은 실패로 이어지기 쉽다는 점을 기억하자.

ᵔ웜 마케팅Warm Marketing

북한의 한 할머니가 휴대전화 화면을 말없이 바라본다. 화상 휴대전화 화면 속의 또 다른 할머니는 눈물을 흘리고 있다. 이를 지그시 바라보는 할머니의 눈가 역시 촉촉하다. 할머니는 아무 말도 하지 않고 있지만 화면 가득히 그리움이 묻어난다.

　광고 당시 많은 사람들의 마음에 여운을 남긴 모 이동통신사의 TV 광고 '북한 화상전화' 편이다. 이 광고는 최첨단 디지털 시대를 살고 있는 현대인들도 추억과 향수, 그리움 등 아날로그적인 정서에 대한 욕구는 여전하다는 점을 보여주고 있다. 요즘 젊은이들은 MP3 플레이어를 많이 듣는다. MP3 이전엔 MD, CD가 있었고, 그 이전엔 테이프, 그리고 그 이전엔 LP가 있었다. LP를 듣는 기기를 턴테이블이라 하는데, 최근 키덜트숍Kidult Shop에 재미있는 제품이 소개된 적이 있다. USB를 이용한 턴테이블이 그것이다. 1980년대 이전에 청춘을 보낸 사람들이 이런 기기를 보면 어떤 생각이 들까? 과거 음악다방에서 음악을 들려주던 DJ의 모습이나 그 시절 연애경험 등의 아련한 추억들을 떠올릴지도 모르겠다. 그러나 이러한 시도가 예전에의 복각만으로 끝나지 않았으니, 위 기기의 경우 LP를 최신 음악파일인 MP3로 전환시킬 수 있는 능력을 가지고 있었다. 한마디로 과거와 현재, 차가움과 따뜻함은 늘 공존하고 있으며, 각각의 특성으로 고객을 사로잡는 것이 필요하다.

웜 마케팅은 '웜Warm'이라는 단어에서 짐작할 수 있듯 '따뜻함'을 활용하는 마케팅이다. 따뜻함은 자연스러움과 일맥상통한다. 최근 첨단제품 광고를 보면 예전과 달리 성능뿐만 아니라 사람 사이의 자연스러움을 강조하는 장면들이 많이 등장하는 것을 볼 수 있다. 연인 사이로 보이는 두 남녀가 마치 일상처럼 꾸밈없는 대화를 나눈다. 이런 장면을 보면서 소비자들은 편안함과 따뜻함을 느낀다. 불과 몇 년 전만 해도 이런 광고는 생각도 못했다. 예컨대 과거에는 이동통신은 첨단디지털기기이기 때문에 모델들도 현대적인 쿨한 이미지 등이 인기였다면, 지금은 서로 공유할 수 있는 정서를 같이 창출하는 것이 더욱 효과적으로 작용하고 있다.

우리나라는 유독 웜 마케팅의 효과가 성공적인데, 그 이유가 무엇일까? 이는 바로 웜 마케팅이 우리나라에서 가장 중요한 정서인 '정情'과 유사한 부분이 많기 때문이다. 차가운 디지털 문화가 급속히 환산되면 될수록 그에 대한 반작용으로 '정', '느림', '따뜻함' 등의 가치가 사람들에게 더욱더 어필할 것이다.

현재 웜 마케팅은 신제품 개발이나 광고에만 그치지 않고 광범위하게 퍼져가고 있는 추세이다. 최근 기업의 사회적책임이 주요한 이슈로 떠오르면서 기업들의 기부 마케팅이 유행하고 있다. 기부 마케팅 역시 웜 마케팅의 일종이라 볼 수 있다. 즉, 각종 사회공헌 프로그램과 정서에 호소하는 웜 마케팅 활동을 기업의 효과적인 홍보수단으로 적절히 활용하고 있다. 이러한 기부문화가 증가하는 산업 중 대표적인 것은 아이러니하게도 첨단 IT 산업이다. 온라인쇼핑몰 첫 화면에서 '나눠주는 이벤트' 등의 캠페인을 실시하는 모습은 이제 익숙하다. 심지어 고스톱 등의 오락 사이트에도 기부에 대한 프로모션이 진행될 정도이다.

■디지로그 마케팅 Digilog Marketing

컴팩트 디지털카메라가 보급되고 휴대전화에 카메라 기능이 부가되면서 소위 '셀카' 등 휴대전화로 사진 찍는 놀이가 일상적인 문화 아이콘이 되었다. 그런데 휴대전화나 컴팩트 디카의 '찰칵' 하는 서터음은 인위적이다. 반면 DSLR 카메라의 서터음은 예전에 집에 있었던 육중한 몸체의 수동 필름카메라의 정감어리면서도 둔중한 서터음 그대로이다. 또한 뭉툭하니 튀어나온 렌즈 역시 예전에 많이 보던 정감어린 모습이다. DSLR은 예전 SLR 카메라를 디지털화한 기기이다. 단지 필름만 디지털화된 것이 아니다. 많은 기능들이 디지털화되었으며, 결정적으로 DSLR의 보급에 가장 기여한 것은 AF(Auto Focus) 기능과 자동노출이다. AF란 찍고 싶은 대상에 카메라를 들이대면 카메라가 알아서 초점을 잡아주는 기능이며, 자동노출이란 날씨가 흐리던 맑던, 심지어 실내의 어떤 광량에서도 노출을 맞춰주는 기능이다. 이 기능들을 수동으로 조작하려면 상당한 공부를 필요로 하겠지만, 이것들이 디지털화되면서 초보자도 쉽게 사진을 찍을 수 있게 되었다.

이런 추세에 발맞춰 최근 몇 년 사이 100만 원대 보급형 DSLR 카메라가 출시되었다. 2008년 국내 DSLR 카메라 시장 규모는 30만 대 정도이며, 지속적으로 약 20~25% 성장률을 보일 것으로 예측되고 있어 향후 디지털 카메라 시장을 주도할 것으로 분석된다. 셔터음, 렌즈 모양 등 아날로그적인 감성에 편리해진 디지털 기능이 합쳐진 DSLR은 대표적인 디지로그 상품이다.

디지로그Digilog. 이어령 교수의 책 제목이기도 하다. 그는 디지로그에 대해 '아날로그 사회에서 디지털로 이행하는 과도기, 혹은 디지털 기반과 아날로그 정서가 융합하는 첨단기술' 이라고 정의하였다. MIT의 니콜라스 네그로폰테Nicholas Negroponte는 1995년에 『디지털이다Being Digital』라는 책에서 디지털 혁명이 가져올 일상의 변화를 예측하였다. 그 책에서 예상한 것처럼 구글 데스크탑, P2P 등 디지털 혁신들이 현실화되어 가고 있는 것은 분명한 진화이다.

그러나, 디지털이라는 세계가 젊은이들에게 무한한 상상과 기회를 제공하는 세계라면, 디지털 세계로 뛰어들기가 무서운 세대도 분명히 존재한다. 그들은 너무 차가운 디지털 감성이 싫은 사람들이다. 따라서 피해갈 수 없는 추세인 디지털에 자연스럽게 따뜻한 아날로그적인 감성이 결합되는 것은 당연하다. 더불어 저자는 디

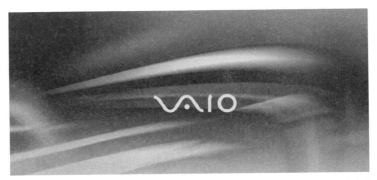

지로그가 휴대전화나 MP3플레이어 같은 상품시장에서부터 정치, 사회, 기업 매니지먼트, 스포츠 등과 같은 무형의 시장으로까지 확장되어 가는 추세라고 말한다. 따라서 향후 많은 시장기회를 창출할 수 있을 것으로 기대된다.

계속해서 저자가 디지로그의 사례로 제시한 것 중 대표적인 것은 소니의 PC 브랜드인 '바이오VAIO' 와 애플의 '아이팟iPod' 이다. 소니의 바이오에서 비주얼과 오디오를 나타내는 앞의 'VA' 자는 아날로그의 파상곡선으로 그려져 있고, 끝의 'IO' 는 디지털의 1과 0으로 디자인되어 있어서 아날로그와 디지털이 융합된 파워를 지향하겠다는 소니의 신조를 나타낸 것이라고 한다. 그리고 애플 사의 아이팟 역시 종래의 워크맨 같은 아날로그적인 환경과 함께 냅스터나 소리바다와 같은 인터넷 음악 사이트의 디지털 환경을 뛰어넘어 일거에 저작권 문제까지 해소했기 때문에 넓은 개념에서 디지로그 상품의 하나라는 것이다.

이렇듯 디지로그 마케팅이 성공할 수 있었던 원인은 새로운 것에 대한 거부감을 느끼는 고객에게 감성적으로 쉽게 다가갈 수 있다는 '친근함'이다. 아날로그는 이미 고객에게 친숙하고 익숙하다. 그렇기 때문에 아날로그만으로는 마케팅의 주요 요소인 고객의 호기심을 자극하지 못한다. 반면, 디지털 분야는 블루투스, 와이브로, PMP, MP3 플레이어, 네비게이터 등 연일 새로운 기기들이 쏟아져나온다.

그러나 디지털 세계에는 기업들을 고민에 빠뜨리는 '캐즘Chasm'이 존재한다. 캐즘이란 디지털 기기처럼 기존에 존재하지 않았던 기술을 기반으로 한 신상품이 출시된 후 수요가 확산되다가 갑자기 수요 정체에 빠지는 현상을 의미한다. 여러 기업들이 캐즘을 극복하기 위한 다각도의 마케팅을 실시하고 있으나 극복이 쉽지만은 않은 것이 사실이다. 그러나 디지로그 마케팅은 아날로그의 진부함과 디지털의 캐즘을 극복하는 데 적절한 방안이다. 기존의 것에 친숙한 고객에게는 새로움을, 기기가 낯선 고객에게는 친숙함을 제공하기 때문이다.

'친근함'을 고려한 것은 비단 디지로그 마케팅만 있는 것은 아니다. 복고 마케팅 역시 친근함으로 고객들에게 어필하는 마케팅 기법이다. 패션산업에서 복고 트렌드는 친숙한 소재이며 TV에서는 라면의 원조인 삼양라면이 다시 부활했음을 알리는 광고가 한창이다. 심지어 문화산업에서도 복고열풍은 대단하다. 스웨덴의 전설적 그룹이었던 아바ABBA의 노래를 소재로 한 뮤지컬 '맘마미

아' 가 대성공을 거두었고, 여러 방송매체에서 7080 세대를 대상으로 각종 가요 프로그램이 큰 인기를 모으고 있다. 그러나 복고 마케팅은 지속적인 마케팅 기회를 갖기에는 한계가 있다. 왜냐하면 복고 마케팅은 개념 안에 새로움과 친숙함을 동시에 갖고 있기 때문이다. 즉, 복고 마케팅에 의한 신상품이 나왔을 때 소비자는 신선함과 동시에 향수에 의한 친숙한 감정을 느끼는데, 이것이 점차 시간이 지남에 따라 신상품의 새로움은 감소하고 친숙함만 남게 된다. 그리고 이는 곧 진부함으로 연결되기 십상이다. 그러나 디지로그 마케팅에 의한 상품은 이런 단점을 충분히 피해갈 수 있다. 디지털은 앞으로도 무한한 개발의 여지가 남아 있는 영역이기 때문이다.

요즘 텔레비전을 보면 이동통신사들의 광고 다툼이 치열한 것을 확인할 수 있다. 얼마 전까지만 해도 화상통화라는 새로운 기능이 화제더니, 요즘은 스크린을 터치하여 기기를 조작하는 기능이 화제다. 그런데 언제부터인가 한 이동통신 광고에 '사람을 향합니다' 라는 문구가 보이기 시작했다. 비록 이미지 광고지만 차가운 디지털 세계에서 핵심가치가 무엇인지를 생각하게 해주는 문구라 생각된다. 1900년대 초 그레이엄 벨_{Graham Bell}에 의해 전화가 처음 개통된 이후, 전화는 현재까지 사람과 사람을 이어주는 중요한 수단이 되어 왔다. 비록 최첨단의 화상통신서비스가 등장했다고 하지만 전화의 본질적 가치는 사람과 사람을 연결시켜주는 것에 있다. 믿음을 전한다는 '통신通信' 의 뜻처럼 사람을 향한다는 문구는 차가운 디지털에 지배되지 않고 따뜻한 아날로그적 감성으로 우리네 삶을 보완하고 있음을 보여준다.

디지로그를 위한 노력은 이동통신서비스뿐만 아니라 기기(휴대전화)에서도 나타난다. 예전에는 숫자를 누르면 단순히 번호만 입력되는 디지털적인 번호입력방법을 따랐다면, 요즘엔 마치 펜으로 번호를 쓰는 것 같은 입력 시스템이 유행이다. 또한 화면 속 서체도 필기체 같은 정감어린 글씨체들이 일반적으로 사용되고 있다.

물론 디지로그 마케팅이 새로움과 친숙함이 연결되었다고 해서 항상 성공하는 것은 아니다. 디지로그 마케팅을 실행할 때 주의할 사항은 무엇일까? 첫째, 감성을 자극할 수 있는 요인을 제공해야 한다. 이는 얼핏 보면 쉬운 것 같으면서도 어려운 부분이다. DSLR의 셔터음, 휴대전화의 필기체 등 이미 성공한 사례들도 많지만, 새로운 감성 포인트를 찾아낸다는 것은 분명 쉬운 작업이 아니다. 그것은 철저한 마케팅 조사에 의해 결정되어야 하며, 소비자들의 기억 속에서 쉽게 떠올려지는 것이어야 한다. 예를 들어, 진공청소기 하면 떠오르는 것은 무엇일까? 아마도 시끄러운 소음이 첫 번째일 것이다. 예전에 어느 가전회사에서 무소음 청소기를 시판한 적이 있는데 판매량이 저조해서 시장에서 철수시켰다고 한다. 이유는 아이러니하게도 고객들은 진공청소기의 성능을 소음과 비례시킨다는 것이었다. 반대로 세탁기의 소음은 고객에게 향수를 불러일으키지 못하기 때문에 제거요인으로 꼽힌다.

비슷한 예로, 전기자동차를 들 수 있다. 고유가와 환경오염 등 자동차업체를 압박하는 여러 요인들 때문에 요즘 전기자동차, 수소자동차 등의 친환경 자동차 개발이 한창이다. 그런데 이런 자동차를 타 본 고객들의 불만 중에는 특이하게도 '무소음'이 있었다. 엄밀히 이야기하면 소음이라기보다는 자동차를 타고 있다는 증거인 엔진음, 배기음 등 화석연료 자동차의 향수를 아쉬워했던 것이다. 만약 F1 같은 자동차 경주에서 전부 무소음으로 경기가 진행된다면 어떨까를 상상해보면, 자동차의 감성 포인트는 명확해진다. BMW의 음향 담당 연구원이 엔진음이 없는 전기자동차는 단순한 이동수단으로는 의미가 있겠지만 상품가치는 떨어진다고 한 것처럼, 엔진음과 배기음은 자동차 이용에 필수적인 감성 포인트임에 틀림없다.

둘째, 디지로그 상품은 이용하기 편리해야 한다. 즉, 소비자들이 이용하기 어려워하는 부분을 해결해주어야 한다. 이와 관련하여 이어령 교수가 제시한 것이 인터페이스와 디자인의 중요성이다. 그는 사용하기 힘들고 정이 안 붙는 디자인은 사람의 마음을 끌지 못한다고 주장했다. 만약 DSLR이 아무리 친숙하게 느껴진다 해도 사용이 불편하면 성공하지 못했을 것이다. 요즘 산학협력으로 많이 연구되는 분야 중 하나로 MMI(Man Machine Interface)가 있다. 직역하면 인간–기계 상호작용을 연구하는 분야이며, 연구하는 범위는 작게는 PC상의 인터페이스부터 크게는 우주선 자동조종시스템까지 광범위하다. 그런데 이들 분야의 궁극적인 목표는 사람이 시스템을 편안하고 단순하게 조작할 수 있도록 만드는 것이다.

디지로그적인 인터페이스의 사례로는 애플의 '아이폰iPhone' 도 빼놓을 수 없다. 아이폰은 이것저것 버튼을 누르지 않고 단지 손가락의 움직임에 따라 화면이 자유자재로 움직이는 멀티터치 기능을 가지고 있어서 어릴 적 갖고 놀던 장난감을 떠올리게 한다. 그 결과로 아이폰은 출시된 지 단 200일 만에 미국에서만 400만 대나 팔리는 기염을 토했다. 이렇듯 직관적이면서 편리한 인터페이스에 소비자들이 끌리는 것은 당연하며, 이 역시 MMI의 산물이라 할 수 있다. 굳이 어려운 MMI까지 가지 않더라도 디지로그 상품은 고객들이 편리하고 단순하게 사용할 수 있는 디자인과 인터페이스를 갖추어야 한다.

■ 엔터테인먼트 마케팅Entertainment Marketing

하스브로HASBRO는 전 세계 완구시장 2위의 위상을 갖고 있는 미국의 완구업체이다. 또, 블록버스터 영화 「트랜스포머」의 완구용품 저작권을 소유한 회사이기도 하며, 실제로 영화 제작에도 참여하였다. 원래 트랜스포머 완구는 일본의 타카라TAKARA가 가지고 있었으나 하스브로가 1984년에 판권을 구매하였다. 이후 판촉용으로 만든 애니메이션 「트랜스포머」가 미국 아이들 사이에서 신드롬을 불러일으켰다. 물론 마이클 베이 감독의 영화 「트랜스포머」는 우리나라에서 2007년 역대 최고의 흥행성적을 거두었다. 그러나 트

영화 「트랜스포머」 포스터

랜스포머는 여기에 그치지 않고 국내에 9종류의 관련 캐릭터 완구를 출시, 약 두 달 만에 10억 원 이상의 매출을 기록하였다. 그 당시 국내 캐릭터 완구시장의 규모가 연간 4천억 원 선이었음을 감안하면 대단한 성과이다.

　이와 유사한 우리나라의 사례는 없을까? 비록 일본산 캐릭터이기는 하지만, 국내 완구회사 손오공의 '마법전사 유캔도'가 있다. 2006년 케이블 TV를 통해 방영된 마법전사 유캔도가 높은 시청률을 기록하면서 손오공에서 발맞추어 출시한 유캔도 완구는 국내 완구시장의 1등 아이템이었다. 아이들 사이에서 마법전사 유캔도 제품을 최소한 하나 이상 가지고 있지 않은 아이가 없을 정도였으며, 유캔도를 모르는 부모가 없었다. 시장조사에서 어린이날, 크리스마스 등에 아이들이 받고 싶은 선물 1순위는 항상 유캔도였다. 결과적으로 대부분의 부모는 유캔도를 싫어한다. 왜냐하면 가장 인기 아이템인 무기류의 경우 보통 5만 원이 넘는 금액이기 때문이다. 더군다나 주인공이 세 명이니 세 개를 다 사주어야 한다. 이렇게 간단하게 구비만 해도 총 15만 원이 훌쩍 넘어간다. 그러나 유캔도 제조 및 판매를 담당하는 회사 손오공에게는 기쁨이었다. 2007년 중반까지 단일 캐릭터 제품으로 160만 개, 금액으로 300억 원 이상의 매출을 기록하였기 때문이다.

반면 국내에서 엄청난 흥행을 기록했음에도 불구하고 주변산업 특수를 못 누린 캐릭터도 있다. 바로 심형래 감독의 영화「디워D-War」이다. 다행히 DVD 판매량이 호조를 보였지만, 캐릭터 사업은 다소 늦게 시작되어 그만큼 성공 가능성이 줄어든 게 사실이다. 만약 캐릭터 상품들이 개봉과 동시에 나왔다면 훨씬 더 효과가 좋았을 것이다.

엔터테인먼트 마케팅의 대표적인 사례는 위와 같은 문화 마케팅 사업이다. 즉, 영화나 애니메이션 등의 인기에 수반하여 캐릭터, 음반 등 주변사업을 함께 전개하는 것이다. 그러나 이러한 정의는 아주 협소한 정의에 불과하다. 좀더 시야를 넓혀 보면 엔터테인먼트 마케팅은 더욱 다양해진다.

첫째, 유명 영화나 게임을 활용하거나 거기에 등장하는 캐릭터 혹은 새로운 캐릭터를 창조해서 자사 상품의 마케팅에 활용하는 것도 엔터테인먼트 마케팅의 한 유형이다. 이는 일상생활에서 쉽게 발견할 수 있다. 맥도널드는 이미 디즈니 사와 손잡고 어린이용 세트메뉴를 개발하여 대성공을 거둔 바 있다. 버거킹은 영화를 활용한 프로모션으로 유명하다. 그 중에서 영화 「슈렉2」와 「스파이더맨」의 경우에는 매장을 슈렉이나 스파이더맨을 주제로 꾸미는 디스플레이 전략도 병행하였다. 버거킹은 영화에 그치지 않고 게임까지 마케팅에 접목시켰다. 버거킹은 국내 온라인게임인 '레이시티Raycity'와도 공동 프로모션을 진행했는데, 그 결과 이벤트 이후 패스트푸드점 방문 시 '버거킹에 자주 간다'는 응답이 이벤트 이전 대비 38% 상승하였고, 버거킹 브랜드 인지도는 97%에 육박하는 성과를 거두었다.

둘째, 인기 연예인이나 스포츠 선수 등에 대한 스폰서 활동을 통해 마케팅을 하는 것도 포함된다. 이 역시 생활에서 흔히 발견할 수 있는 형태의 엔터테인먼트 마케팅이다. 2008년 1월 호주 멜버른 파크에서 호주오픈 테니스 대회가 열렸다. 이 경기는 미국의 ESPN, 유럽의 Eurosport 등 세계 각지의 방송국을 통해 수십억 테니스 팬들에게 중계되었으며, 국내에서도 MBC ESPN에서 매일 2시간씩 중계되었다. 2002년부터 이 대회의 공식스폰서였던 기아자동차는 향후 2013년까지 장기계약을 맺은 바 있다. 그렇다면 2008년 호주오픈 테니스 대회 스폰서의 성적은 어떠한가? 대회가 중계된 174개 국가에서 총 3천 시간이 넘는 브랜드 노출을 한 결과 5억 3천만 달러의 홍보 효과를 거두었다. 그뿐 아니라 호주오픈 테니스 대회의 공식홈페이지를 통한 홍보 효과 역시 엄청났다.

기아자동차가 호주오픈 테니스 대회의 스폰서십을 가진 이유 역시 엔터테인먼트 마케팅 측면에서 설명이 가능하다. 기아자동차는 같은 집안인 현대자동차와 달리 '역동성', '재미', '강함' 등을 브랜드이미지로 추구하는 기업이다. 따라서 격렬한 익스트림 스포츠나 파워풀한 테니스 등의 스포츠 엔터테인먼트 스폰서십을 통해 고객들에게 자연스럽게 기아자동차가 추구하는 브랜드이미지를 심어주고 있는 것이다.

셋째, 엔터테인먼트 요소를 포함한 상품이나 브랜드를 개발하는 것을 포함한다. 대표적인 사례로는 엔터테인먼트와의 결합으로 브랜드 가치를 높인 휴대전화 '애니콜'의 사례가 있다. 기능이나 디자인을 주로 강조해오던 휴대전화 광고 시장에 어느 날 갑자기 뮤직비디오가 등장하였다. 1984년 아카데미 최우수 주제곡상을 수상한 '플래시댄스Flashdance'처럼 젊은이들이 역경을 딛고 성공하는 이야기가 가수 이효리와 에릭을 중심으로 펼쳐졌다. 제목은 '애니모션'. 이 뮤직비디오는 나온 지 3주 만에 8만 건의 다운로드와 100만 건이 넘는 조회수를 기록하였다. 또한 MP3, 휴대전화 벨소리 등을 중심으로 음악시장에 큰 반향을 불러일으켰다. 애니콜은 여기에 그치지 않고 2탄인 '애니클럽'을 내놓았다. 뮤직비디오로는 최초로 시사회를 거쳐 공개된 '애니클럽'은 12분이라는 짧지 않은 시간에도 불구하고 공개 후 1주일 만에 50만 건 조회, 10만 건 이상 다운로드되면서 '애니모션'을 넘어섰다. 또한 애니콜 사이트인 '애니콜랜드'는 1주일간 방문자가 200만 명을 돌파하는 등 경이적인 기록을 세웠다. 이른바 엔터테인먼트를 활용하여 브랜드 가치를 제고시키는 '브랜디드 엔터테인먼트(Branded

Entertainment)' 전략을 구사한 것이다.

애니콜이 국내에서 엔터테인먼트 마케팅을 성공시켰다면, 해외에서는 BMW가 그랬다. BMW는 애니콜보다 먼저 브랜디드 엔터테인먼트를 이룩하였으며, 주로 영화와 광고를 결합시켰다. 인터넷을 통해 유통시킬 목적으로 제작한 광고성 영화「하이어The Hier」는 제법 유명하다. 광고용 영화지만 BMW는 이 영화를 유명한 감독과 배우를 섭외하여 제작했다. 총 8편으로 구성된 이 시리즈는 방영 후 하버드 경영대학원이 사례 연구에 나설 정도로 유명세를 탔으며, 심지어 영화제에서 수상까지 했으니 대단한 인기가 아닐 수 없었다. BMW 코리아 역시 2005년에 'The 3 Stories'라는 영상을 만들었는데, 이 역시 주변 아시아 국가의 BMW 마케팅에 활용되었다.

그렇다면 고객이 엔터테인먼트 마케팅을 경험하면서 기꺼이 자신의 지갑을 열어 구매를 하는 이유는 무엇일까? 앞서도 잠시 언급했지만, 그 첫 번째 이유는 소비자가 합리적인 구매를 하지 않기 때문이다. 이것은 마치 저명한 지식인의 딱딱한 강의보다는 보다 덜 유명한 지식인의 유머 있는 강의가 훨씬 인기 있는 것과 동일하다. 대부분의 소비자는 할인점에서의 전쟁 같은 분위기보다는 백화점에서의 편안하고 안락한 분위기 속에서 상품구매를 하고 싶어 할 것이다. 마찬가지로 상품의 편리한 기능이나 합리적인 가격도 중요하지만 고객에게 즐거움을 주는 상품에 더욱 끌리는 것이 인지상정이다. 요즘은 단일 극장보다는 15개 이상의 스크린과 레저, 오

REI의 플래그십 매장

락, 쇼핑, 레스토랑 등이 함께 갖춰진 종합 엔터테인먼트 시설인 메가플렉스에 더 많은 사람들이 몰린다. 극장의 선택 기준이 극장 자체보다는 주변시설과의 연계로 점점 바뀌어가고 있는 것이다.

엔터테인먼트 마케팅이 각광받는 두 번째 이유는 소비자가 보고 느끼고 공감하는, 즉 체험에 의한 구매를 하는 추세가 점점 증가하기 때문이다. 미국의 아웃도어 전문 브랜드 'REI'의 플래그십 매장은 시애틀에 위치하고 있는데, 면적이 무려 9십만㎡가 넘는다. 매장 입구에는 20m에 가까운 암벽 타기 시설과 10m가 넘는 폭포가 설치되어 있고, 매장 바깥에는 전용 자전거도로가 마련되어 산악자전거를 시험주행할 수 있다. 또한 등산화를 시험할 수 있는 트래킹 코스까지 갖추고 있다. 시애틀의 플래그십 매장은 오픈 첫해에 이미 1,500만 명이 방문하여 시애틀의 관광명소가 되었다.

세계 서점시장 점유율 1위의 반즈앤노블과 보더스는 책을 사려는 사람들에게 도서관의 느낌을 체험할 수 있는 기회를 제공한다. 고객들은 도서관에서처럼 느긋하게 돌아다니면서 책을 뽑아 보곤 아무 곳에나 놓아두고 또 다른 곳에서 책을 찾기 시작한다. 편안한 의자에 몸을 파묻고 책을 읽다가 잠시 쉬고 싶으면 밖으로 나가 친구들과 커피를 마시면서 책에 관한 이야기를 나눌 수 있다. 그 곳에 스타벅스를 입점시킨 결과 미국의 평균 서적판매량을 한참 상회하는 매출증가를 기록하기도 했다. 고객들은 잠시나마 학창시절로 돌아갈 수 있는 기회를 제공받는 대신 기꺼이 돈을 지불하는 것이다.

펩시는 음료 '마운틴듀Mountain Dew'를 홍보하기 위해 인기 힙합 잡지인 「소스The Source」와 제휴하여 8대의 밴을 동원, 34개 거점 지역에서 힙합 투어를 시도했다. 대당 15만 달러를 들인 밴에는 마운틴듀의 샘플과 CD, 티셔츠 등 다양한 판촉물을 싣고 다녔다. 이들은 다양한 장소에 차를 세우고 힙합 아티스트들의 공연을 펼쳤으며, 마운틴듀의 광고 문구를 읽어야만 사용할 수 있는 50만 개의 호출기를 무료로 나눠주기도 했다. 펩시의 이 같은 마운틴듀 프로모션은 연매출 13% 상승이라는 놀라운 결과를 보여주었다.

엔터테인먼트 마케팅의 인기와 효과는 향후에도 계속 이어질 것으로 예상된다. 그러나 엔터테인먼트 마케팅이 상품의 기능성을 무시해서는 성공하기 어렵다. 즉, 기능, 가격 등 상품의 합리적인 부분과 놀이, 여흥 같은 엔터테인먼트적 요소들이 잘 결합되었을 때 성공 가능성을 높일 수 있다. 따라서 시장점유율이 매우 낮은 기업보다는 선두에 위치하거나 선두를 노리는 업체가 시도하기에 적합한 마케팅 기법이라고 할 수 있다.

■ 페르소나 마케팅Persona Marketing

마케팅은 이론만 들으면 쉬울 것 같은데, 실제로 현장에서 실시해 보면 참 힘들다. 마케팅이 힘든 이유는 '인식의 법칙(The Law of Perception)' 때문이다. 인식의 법칙은 마케팅의 대가인 알 리스와 잭 트라우트가 쓴 『마케팅 불변의 법칙』의 22가지 법칙 중 하나이다. 마케팅에 있어서 최고의 제품이란 것은 없으며, 소비자나 잠재 고객의 마음속에 담겨 있는 인식에 의해 경쟁이 이루어지고 상품이 선택되는 것이다. 그렇다면 '인식을 바꾸면 되지 무엇이 어려울까' 하고 생각하기 쉬우나, 바로 이 인식(Perception)을 어떻게 인식시킬까가 문제이다.

지난 수십 년 동안 소비자의 정보처리과정을 연구한 학자들에 의하면, 특정 상표를 소비자에게 인식시키는 작업은 매우 어려운 것이라고 한다. 더군다나 한번 만들어진 인식을 다른 인식으로 변경하는 것은 더더욱 어렵다. 또 다른 연구는, 소비자가 인식을 형성하면서 무언가를 구매할 때에는 메시지, 상품의 자세한 제원 등 아주 이성적인 부분에 의해서도 영향을 받지만, 상표 디자인, 브랜드이미지 등 감성적인 부분에 의해서도 많은 영향을 받는다는 것을 알아내었다.

이처럼 정서나 감성에 의해 선택에 영향을 받는다는 주장은 이후 브랜드의 중요성을 강조하는 계기가 되었고, 많은 기업들이 '과연 고객들은 우리 상표에 대해 어떻게 생각할까' 에 대해 많은 고민을 하게 만들었다.

　우리나라의 간판 자동차 회사인 현대자동차와 기아자동차는 언제부턴가 '아이덴티티(정체성)' 라는 표현을 많이 사용하고 있다. 벤츠와 BMW의 아이덴티티 하면 '최고' 혹은 '고성능' 등이 떠오른다. 폭스바겐은 '국민차 같은' 이미지가 떠오르며, 재규어, 롤스로이스는 '귀족스러운' 등이 떠오른다. 반면, 일본 도요타 자동차의 고급 브랜드인 렉서스는 별로 떠오르는 이미지가 없다. 있다면 '무난함' 정도일까. 그렇다 보니 렉서스는 새로운 모델이 나올 때마다 아이덴티티를 확보하기 위해 많은 노력을 해야 했고, 현재는 최고 품질의 자동차를 적당한 가격에 구매한다는 이미지를 얻고 있는 것처럼 보인다.

　최근 현대자동차에서는 벤츠나 BMW와 경쟁하겠다는 목표로 '제네시스' 라는 프리미엄 세단을 출시하였다. 현대자동차는 기존

현대자동차의 제네시스

의 중저가라는 이미지를 벗기 위해 제네시스의 마케팅 전략을 차별화시키려 노력했다. 구체적으로는, 제네시스의 우수성을 입증하기 위해 시속 100km로 독일산 고급 승용차와의 충돌장면을 광고로 내보냈고, 수입 명차와의 사운드 비교 테스트를 통해 감성적으로 우수함을 광고하기도 하였다. 이러한 노력의 결과, '제네시스는 현대자동차의 기존 모델과는 차별화된, 감성품질이 우수한 차'라는 이미지가 소비자들에게 자리 잡았고, 출시 후 3개월 만에 1만 2천 대가 팔렸다. 이렇듯 자사 상표에 대한 이미지를 좋게 형성시켜 경쟁력을 확보하는 마케팅을 페르소나 마케팅이라 한다. 페르소나 마케팅은 상표의 이미지를 활용하는 마케팅이며, 이미지 마케팅의 한 종류이다.

페르소나Persona는 에트루리아의 어릿광대들이 쓰던 가면을 뜻하는 라틴어에서 유래한 말로, 다른 사람에게 투사된 자신의 이미지를 의미하는 심리학 용어이다. 개인은 페르소나를 통해서 다른 사람들에게 비춰지는 자신의 모습을 발견하고 이의 조율을 통해 타인들과의 상호작용을 해나갈 수 있다. 페르소나 마케팅이 각광을 받게 된 것은 데릭 리 암스트롱, 캄 와이 유의 책 『페르소나 마케팅The Persona Principle』 덕분이다.

페르소나 마케팅이 중요하게 된 데에는 다섯 가지 트렌드가 존재한다. 첫 번째 트렌드는 '진실과 책임의 시대'이다. 소비자는 과대·과장 광고에 더 이상 자극받지 않으며 실리를 추구하는 경향이 있다. 또한 소비자는 대부분의 광고에 이미 식상해 있으며 광고도 잘 보지 않는다. 그 결과로 사실 혹은 데이터에 근거한 마케팅이 설득력을 갖게 되었다. 따라서 기업 활동은 진실을 근간으로 영위되어야 하며, 이를 바탕으로 소비자에게 사회적책임을 다하는 기업이라는 이미지를 전달하는 것이 중요한 시대가 되었다.

두 번째 트렌드는 '소규모 자영업의 시대' 이다. 사오정, 오륙도 등의 풍자용어가 등장할 정도로 구조조정, 정리해고로 대변되는 것이 오늘날의 기업세계이다. 그 결과로 소규모 창업이 트렌드를 이루고 있다. 더구나 새로운 커뮤니케이션 채널인 온라인의 발달은 기업들에게 이미지를 더욱 자유롭게 만들어나갈 수 있는 완벽한 기회를 제공하고 있다.

세 번째 트렌드는 '혼돈의 시대' 이다. 요즘 사람들은 너무나 많은 광고에 노출되기 때문에 정작 기억 속에 남는 광고는 1%도 채 되지 않는다고 한다. 따라서 뇌리에 각인될 만한 이미지를 남기는 것은 기업의 성공적인 마케팅을 위한 필수요소이다.

네 번째 트렌드는 '브랜드 소멸의 시대' 이다. 노 브랜드(No Brand) 및 유통점 브랜드(Private Brand)의 유행은 상당수의 유명 브랜드를 위협한다. 노 브랜드는 값이 싸다는 이미지를 내세워 가격을 중시하는 소비자들의 주목을 끌고 있고, 유통점 브랜드는 최근의 경기침체를 거치면서 소비자들이 더욱 선호하게 되었다. 진실과 책임의 시대가 도래함에 따라 이런 현상은 일순간의 유행이 아닌 장기적인 마케팅 전략으로 자리매김하게 될 것이다.

마지막으로 다섯 번째 트렌드는 '스스로 판단하는 시대' 이다.

독자 스스로가 뭔가를 배울 수 있도록 하는 책의 증가, 광고기획사에 의존하지 않으려는 대형 기업들의 경향, 컨설턴트들의 급격한 증가 등이 바로 자립시대의 징후들이다. 이제 기업들은 외부 컨설턴트나 기획사에 모든 것을 맡기지 않는다. 주도적으로 자사의 페르소나를 결정하고 계획을 수립하며, 외부전문가의 지식은 그들의 전문적인 지식이 필요한 곳에만 한정적으로 이용할 뿐이다. 뭔가를 스스로 한다는 것은 곧 그 일을 자신이 주도한다는 것을 의미하기 때문이다.

이러한 배경에서 탄생한 페르소나 마케팅은 다음의 다섯 가지 유형을 띠고 존재한다.

첫 번째 유형은 '황제 페르소나'이다. 코카콜라, 소니, 메르세데스벤츠, 나이키 등으로 대변되는 황제 페르소나는 자사의 문화와 이미지에 대한 강한 자신감을 보이는 게 특징이다. 반면, 경쟁자에 대한 공격적 대응, 주류에 해당하는 마케팅 방식만을 선호하여 게릴라 마케팅에 취약하다는 특징이 있다.

두 번째 유형은 '영웅 페르소나'이다. 이 경우는 기업의 이미지가 전체에 의해서가 아니라 특정 인물에 의해 대표되는 경우이다. 소비자는 영화 제작사인 드림웍스에 대해 많은 것을 알지는 못한다. 하지만 드림웍스의 창업자인 스티븐 스필버그, 제프리 카젠버그, 데이비드 지펜의 이름은 기억한다. 영웅 페르소나를 사용하는 기업은 회사 명에 개인 이름을 많이 사용하는 특징을 보인다.

세 번째 유형은 '전문가 페르소나'이다. 전문가 페르소나는 신뢰 구축을 가장 중요한 도구로 삼기 때문에 의사나 변호사 등 전문직 종사자들과 서비스업 종사자들에게 매우 유용한 방식이다. 전문가 페르소나는 특정 제품이나 서비스에 대해 자신감을 갖고 있으며, 시장 전반에 대한 폭넓은 지식을 갖고 있는 경우가 많다. 또한 신규 시장을 창조하거나 기존 상품의 변화를 통해 경쟁자들과 차별화하는 경향이 있다.

네 번째 유형은 '친구 페르소나' 이다. 친구 페르소나를 추구하는 기업은 대체로 모든 사람들을 친절하고 공평하게 대하며 그들로부터 존경을 받는다. 요즘 기업들의 이미지 광고는 대부분 이런 유형에 속한다. 다만, 실체와 다른 거짓된 기업이라는 이미지를 심어줄 수도 있기 때문에 실행에 주의를 요한다.

마지막 유형은 '카멜레온 페르소나' 이다. 소비자와 공감대를 형성하면서 상황에 맞는 적절한 말과 행동을 구사하는 유형으로, 유연성이 강점이다.

페르소나 마케팅을 현장에서 활용하기 위해서는 잘 짜여진 페르소나 전략이 필요하다. 이를 위해 페르소나를 구성하는 핵심요소 8가지를 살펴보자. 먼저 제일 중요한 요소는 이미지(Image)이다. 이때의 이미지는 허상이어서는 안 되며, 분명한 실체를 가지고 사람들이 인정할 수밖에 없는 것이어야 한다. 이 밖에도 페르소나는 사실(Reality)에 바탕을 두어야 하고, 상품 고유의 특성과 표적고객에게 맞추는 맞춤화(Customize), 소비자가 중요하게 생각하는 가치를 기반으로 형성하는 신뢰성(Credibility), 한번 정해진 페르소나는 최소 2년간은 변화 없이 수행해나가는 꾸준함(No Compromise), 페르소나 스스로 이미지를 진화시키고 발전시키면서 성장할 수 있도록 배려하는 성장(Growth), 페르소나 형성에 반드시 필요한 기업 목표, 목표 고객, 상품 특징 등을 완벽히 파악할 수 있는 조사(Research), 페르소나를 마치 생명을 가진 하나의 유기체로 정의하여 스스로 살아갈 수 있을 때까지 키우고 확장시키고 보살피는 독자성(Independence) 등이 중요하다.

제휴

전략적으로 뭉쳐서 윈윈해라

신문이나 방송에 잠깐만 귀를 기울이고 있어도 마케팅이나 브랜드라는 용어가 얼마나 많이 쓰이는지 알 수 있다. 최근에는 특히 기업간 전략적제휴, 공동 마케팅, 공동 브랜딩 등의 용어를 자주 접하게 된다.

2005년 서울시는 서울을 브랜드화하는 일환으로 '하이 서울$^{Hi, Seoul}$'이라는 브랜드를 발표하고, '하이 서울'이라는 공동브랜드하에 중소기업의 수출 및 해외 유통의 판로를 개척할 수 있도록 지원하겠다고 발표했다. 이는 중요한 점을 시사한다. 즉, 중소기업과 같이 자금, 유통 등에 있어서 제약을 받는 기업에게는 경쟁력 확보를 위한 기회가 될 수도 있다. 각각의 기술, 제품, 서비스에는 경쟁력이 있을지 몰라도 자금과 유통력이 부족하거나 모든 것을 확보하기엔 어려움이 있는 기업이라면 상호전략적제휴 또는 공동 마케팅, 공동 브랜딩 등을 통해 단점을 보완하고 기업의 핵심역량을 찾아 경쟁우위를 가질 수 있을 것이다.

"자기 혼자 모든 것을 다 할 수 있다고 생각하는 것은 글로벌 시대에 패배로 가는 지름길이다." GE의 잭 웰치$^{Jack Welch}$ 회장의 말이다. 전략적제휴는 경쟁력 확보의 중요한 요소이다. 서로 비교우위를 가진 상품의 국제간 무역을 통해 양자가 이득을 볼 수 있듯이, 성공적이고 전략적인 제휴는 혼자 힘으로 불가능했던 많은 일들을 가능케 해주며 양자의 경쟁력을 더욱 강화시켜 줄 수 있다. 미국의 경우 전략적제휴 기업의 평균 투자 수익률은 18%로 전체 산업 평균인 10%보다 훨씬 높은 것으로 나타나고 있다. GM과 도요타의 소형차 분야 합작, 인텔사와 샤프 사의 플래시 메모리 분야 제휴, IBM과 소니의 멀티미디어 분야 제휴, 지멘스와 코닝의 광섬유 분야의 제휴 등은 국제간 전략적제휴의 대표적인 사례들이다.

한 외국계 컨설팅업체의 조사에 따르면 공동 브랜딩의 수가 매년 40%씩 증가하고 있으며, 이러한 추세는 앞으로도 계속될 것이라고 한다. 특히 신용카드업의 경우 매출액의 1/3 이상이 제휴카드, 즉 공동 브랜딩으로 인한 것이며 매년 20%씩 증가하는 것으로 보고되고 있다. 또한 최근에는 오프라인 브랜드, 오프라인과 온라인 브랜드 간의, 온라인과 온라인 브랜드 간의 제휴가 활발하다.

공동 작업은 각 기업의 연구, 개발, 생산, 판매 등 모든 과정을 통해 광범위하게 적용될 수 있으며, 시간적·경제적 비용을 절감할 수 있는 효과가 있다. 또한 R&D 및 생산 판매에서도 규모의 경제를 실현할 수 있고, 사업에 대한 위험부담도 그만큼 줄일 수 있다. 그리고 서로의 약점을 잘 보완해나간다면 추가적인 시너지 효과도 기대할 수 있다. 이러한 기대감 때문에 다양한 형태의 공동 작업이 각광을 받고 있는 요즘이다.

그러나, 그 결과가 무조건 좋을 것이라고만 기대하고 섣불리 시도했다가는 낭패를 볼 수도 있다. 함께하는 것이 반드시 성공하는 것만은 아니다. 잘못되면 마케팅을 실시하기 전의 원래 브랜드에게도 치명적 상처를 입힐 수 있기에 신중하게 추진해야 한다. 또, 성과의 배분 및 투자에 있어서 갈등의 소지가 있고, 각종 정보와 노하우를 공유해 온 것으로 인해 차후의 경쟁관계가 부담으로 작용할 수도 있다는 점을 인지해야 할 것이다.

여기에서는 마케팅 관점에서 제휴에 관한 여러 기법들을 소개하고자 한다. 구체적인 사례를 소개하기에 앞서 공동 마케팅을 개념적으로 설명하고, 구체적인 실행기법들로서 문화 마케팅, 스포츠 마케팅, PPL 마케팅, 스타 마케팅, 카테고리킬러, 날씨 마케팅 등을 살펴보고자 한다.

▪️공동 마케팅Co-Marketing

2007년 국내 시장에서 식품, 주류 등 경쟁이 치열한 소비재업계가 외식업체의 매장을 활용한 공동 프로모션을 활발히 전개하였다. 풀무원은 저칼로리 샐러드소스 '1/2칼로리 소이요거트 샐러드소스'를 알리기 위해 한 달 동안 패밀리레스토랑 세븐스프링스와 함께 이벤트를 실시하였다. 세븐스프링스의 저칼로리 메뉴를 주문하는 고객들에게 풀무원의 '1/2칼로리 소이요거트 샐러드소스' 미니어처를 증정하고, 그 제품을 활용한 샐러드 메뉴를 개발해 고객들에게 제공하였다. 풀무원의 샐러드드레싱 담당 PM에 따르면 "다가오는 여름을 맞이해 풀무원과 세븐스프링스가 가지고 있는 '저칼로리', '샐러드'라는 공통점을 활용해 상품의 인지도를 넓히고자 기획했다"고 한다.

또 다른 식품업체인 아워홈이 운영하는 아시아 퓨전요리 전문

레스토랑 '아시아떼'는 화장품업체인 오리진스와 함께 쌀을 주제로 여름 프로모션을 펼쳤다. 아시아떼는 쌀을 이용한 새로운 메뉴를 선보이고, 오리진스는 새롭게 출시한 라이스 스킨 에센스를 고객들에게 직접 소개하였다. 주류업계에서는 하이트맥주가 패밀리 레스토랑 TGI프라이데이스와 함께 매주 금요일에 맥주를 주문하면 가격을 50% 할인해주는 맥주 페스티벌 이벤트를 실시하였다. 또 맥주 브랜드 맥스는 '맛있는 안주와 함께 먹는 맥주'라는 컨셉으로 피자헛, BBQ 등의 외식업체와 공동 마케팅을 진행하였다.

그런가 하면, IT업계에서도 공동 마케팅이 활발하다. 2007년에 SK텔레콤, KTF, LG텔레콤은 통화연결음을 활용한 모바일 광고를 통합브랜드 '비즈링'으로 정하고 본격적인 공동 마케팅에 돌입한 바 있다. 이 서비스는 법인고객이 요청한 기업 홍보나 광고를 담은 음원을 해당 기업 직원들의 통화연결음으로 설정해 발신고객에게 들려줌으로써 간접광고 효과를 얻게 하는 것이었다. 형식은 일반적인 통화연결음과 똑같았지만 CM송을 비롯해 기업 홍보용 멘트 등을 삽입하는 식으로 모바일 마케팅 개념을 포함시켰다. 또, 통화연결음이 주로 개인 대상으로 공급되는 데 비해 비즈링은 기업 구성원이 대상이었다.

이 같은 비즈링 서비스는 사실 명칭을 달리하며 지난 2004년부터 기업고객을 위주로 3사가 각각 보급해오던 것인데, 2007년 들어 사업활성화를 위해 3사 통합 브랜드로 론칭하게 된 것이다. 현재 SK텔레콤은 에어크로스를 통해, KTF는 케이티에프엠하우스를 통해, LG텔레콤은 모바일링크코리아를 통해 비즈링 음원 서비스를 제공하고 있다. 에어크로스 실무책임자에 따르면, 휴대전화 특성상 청취자 집중도가 높은데다 직장인이 평일 근무시간대에는 비즈링으로, 휴일에는 개인이 지정한 일반 통화연결음으로 자동 전환할 수 있어 이용 기업들이 얻는 홍보효과가 기대 이상이라고 한다.

공동 마케팅은 모든 마케팅 수단을 판매단계에서 결합시키는 제조업자와 소매업자 간의 전략적제휴라고 할 수 있다. 공동 마케팅의 개념은 원래 제조업자와 유통업자 간의 제휴에서 비롯되었는데, 오늘날에도 아주 빈번하게 일어나는 형태이다. 이는 미리 규정된 활동이 아니라 유통업자와 제조업자가 함께 관여하는 마케팅 활동, 광고에서부터 재고관리 모두를 포함한다. 그러나 이러한 정의는 공동 마케팅을 유통업자와 제조업자 간의 두 축으로만 설명하고 있기 때문에 다양한 형태를 모두 포괄하기는 힘들다. 따라서 현재 국내에서 빈번하게 이루어지고 있는 공동 마케팅은 다음과 같이 재정의되어야 할 것이다. 즉, 공통 마케팅은 상품 및 서비스의 연구, 개발, 생산, 판매의 전 과정에 있어서 하나 혹은 그 이상의 과정에 공동으로 관여 또는 참여하는 동종업체들 또는 이종업체들 모두가 서로의 이익을 증가시키고자 행하는 모든 마케팅 활동을 말한다.

공동 마케팅은 매우 다양한 유형으로 구분할 수 있다. 먼저 전략적 형태를 제시할 수 있는데, 기업 브랜드나 패밀리 브랜드를 연결한 공동 브랜딩(Co-branding)이 있다.

새로운 상품이, 이미 구축된 이미지를 가지고 있는 두 개 이상의 회사 브랜드와 서로 합쳐져 출시되는 공동 브랜딩은 신용카드 업계에서 가장 빈번하게 사용되었다. 현대자동차와 현대카드의 현대M카드, 삼성자동차와 삼성카드의 삼성자동차카드, 아시아나항공과 외환은행, 국민은행, 아멕스(American Express)의 제휴카드들은 모두 같은 예라 할 수 있다. 이러한 공동 브랜딩은 일종의 고객로열티 프로그램으로 고객 스스로가 실질적인 혜택을 창출하는 경우이다. 즉, 고객은 추가비용에 대한 부담 없이 카드를 이용할 때마다 마일리지 혜택을 받거나 적립금을 받아 사후에 이를 행사할 수 있는 것이다.

두 번째로 결합 형태에 따른 분류가 가능하다. 예컨대, 동종 업체들의 결합 형태인 공생 마케팅(Symbiotic Marketing)과 이종 업체들의 결합 형태인 하이브리드 마케팅(Hybrid Marketing)이 존재한다. 이 중 공생 마케팅은 공동 마케팅에 참여하는 업체가 본질적으로 경쟁관계에 있는 동종업체일 경우를 말하며, 이 때 자신의 브랜드는 그대로 유지한다. 흔히 경쟁관계에 있는 업체끼리의 제휴라는 의미에서 적과의 동침이라고 하기도 한다.

한편, 하이브리드 마케팅은 공생 마케팅과 마찬가지로 자신의 브랜드는 그대로 유지하지만 참여하는 업체가 다르다. 공동 마케팅의 시초인 제조업체와 유통업체의 결합이 하이브리드 마케팅의 가장 일반적인 형태라고 할 수 있다. 국내의 대표적인 사례는 농협과 농심가에서 찾아볼 수 있는데, 농협이 농산물을 저렴한 가격에 공급하고 유통업체인 농심가는 유통업체로서의 운영노하우, 전

산시스템 등을 제공하고 있다.

특히 하이브리드 마케팅은 협업을 통하여 동일한 목표고객을 공략하므로 마케팅 비용 절감뿐만 아니라 치열한 시장에서 자사의 강점을 토대로 차별화와 고객의 다양한 가치를 자극할 수 있다는 점에서 효과적인 방법이다. IT기업의 경우 빠르게 발전하는 기술의 발전 속도로 인해 기술력만으로 승부하는 데는 한계가 있기 때문에, 이업종간의 협업을 통하여 동일한 시장을 공략하는 사례가 많이 발견되고 있다. 모토로라Motorola는 2006년 말에 음악채널 엠티비M-TV와 공동 마케팅 계약을 맺었다. 두 기업은 공동으로 모토로라 휴대전화 '스핀모토'의 주요 타깃인 10대 후반에서 20대 초반을 공략하기 위해 젊음의 코드인 휴대전화와 음악의 결합을 토대로 감성 마케팅을 전개하였다.

하이브리드 마케팅이 주목받는 이유는, 그것이 단순히 이업종간의 결합이 아닌 마케팅 시너지를 극대화하는 기법이라는 데 있다. 최근 휴대전화, 노트북, MP3플레이어 등을 제조하는 업체들이 패션 브랜드와 손잡고 있는 이유는 단순히 마케팅 비용 절감을 통한 홍보효과만 노린 것이 아니다. 타깃 고객층이 가격이나 성능 못지않게 브랜드와 디자인을 중요하게 여기는 10대들이기 때문에 패션 감각을 통하여 고객을 자극하는 시너지를 얻기 위한 것이다.

삼성전자는 루이까또즈Louis Quatorze와 공동으로 상품개발은 물론 노트북 전용가방까지 출시하는 하이브리드 마케팅을 전개하여 양사가 가진 강점을 활용해 마케팅 시너지를 극대화할 수 있었다.

삼성전자는 이후에도 공동 마케팅을 적극적으로 활용하고 있다. 럭셔리 디자이너인 조르지오 아르마니가 디자인한 아르마니폰, BMW의 기본 사양에 제공되는 가로본능폰 등이 그것이다.

LG전자도 주부들의 감성을 사로잡기 위하여 주부들에게 친근한 '총각네 야채가게' 와 전략적인 마케팅 제휴를 맺은 바 있다. 채소가게와 전자회사는 별개의 이업종이지만 양사의 주요 고객이 주부라는 공통점을 활용해 LG전자의 가전제품 판매를 통한 주부공략 마케팅 노하우와 총각네 야채가게 특유의 주부 대상 감성 마케팅 기법을 활용한 하이브리드 마케팅을 전개한 것이다.

나이키는 10대 남성고객에게 어필하기 위해 소니의 레이싱 게임인 '그란투리스모4Granturisumo 4' 와 하이브리드 마케팅을 전개하였다. 게임 속의 시내 옥외간판에 나이키의 로고 및 상품 사진을 넣어 게이머들에게 브랜드를 인지시키고, 그란투리스모4는 나이키 신발무늬 및 디테일에 사용되었다. 그란투리스모4의 제작사인 소니는 나이키와 하이브리드 마케팅을 전개한 이후 두 배 이상의 판촉효과를 봤다고 한다.

이와 같이 다양한 분야에서 공동 마케팅이 전개되는 주요 이유는 마케팅 비용 절감과 마케팅 효과의 극대화이다. 따라서 공동 마케팅을 실시할 경우 단순한 비용 절감 차원의 성과만을 기대해서는 안 되며, 공동 마케팅에 참여한 기업들이 단독으로 마케팅 활동을 전개했을 때보다 상대적으로 큰 마케팅 효과를 거둬야만 공동 마케팅의 의미를 찾을 수 있다.

결론적으로 공동 마케팅은 각 기업의 연구, 개발, 생산, 판매 등 모든 과정을 통해 광범위하게 적용될 수 있으며, 시간과 비용을 절감할 수 있는 기법이다. 또한 생산과 판매에서 규모의 경제를 실현할 수 있고, 사업에 대한 위험도 경감시킬 수 있다. 그러나 장래에 대한 굳은 의지가 없는 동거는 이별로 끝나기 십상이듯, 공동 마케팅에 참여한 기업들 사이에 성과 배분 및 투자액 등에 대한 갈등의 소지가 있고, 기업의 주요정보와 노하우가 공동 마케팅 파트너 기업에게 노출될 수 있음에 주의해야 한다.

▪문화 마케팅 Culture Marketing

LG전자는 신흥시장인 러시아를 공략하기 위해 러시아 유명가수 공연 등을 포함한 LG페스티벌을 현지에서 주지사, 시장 등 주요 인사들과 시민이 참여하는 축제로 전개하고 있다. 축제기간에는 고아원 초청 행사 및 전자제품 A/S 캠페인 등을 동시에 실시하여 기업 인지도 및 이미지 제고에 주력하고 있다. 또한 러시아를 포함한

해외에서 열리는 LG바둑대회

CIS(독립국가연합) 지역에서 1999년부터 지금까지 LG바둑대회도 개최해오고 있다. 현재 CIS 지역에서 바둑의 인기가 점차 높아가고 있는 상황에서 바둑이라는 문화 장르를 활용하여 현지 주민의 호응을 얻고 있는 것이다. CIS의 소비자들은 사회주의 전통으로 인해서 자본주의를 대표하는 외국기업에 대한 부정적인 인식을 갖고 있는데, LG전자는 현지 문화에 대한 이해를 기반으로 적극적인 마케팅을 펼침으로써 현지 기업은 물론 경쟁사 대비 차별적인 이미지를 형성하는 데 성공하였다.

그런가 하면, LG전자는 아시아 국가들인 태국, 베트남, 필리핀, 인도네시아, 카자흐스탄 등에서는 러시아와는 다른 형태의 마케팅 프로그램을 진행하고 있다. 장학퀴즈와 유사한 형식인 LG 챔피언 퀴즈가 그것이다. 각국에서 주말 황금시간대에 방송되는 LG 챔피언 퀴즈는 높은 시청률을 기록하고 있다. 특히 필리핀에서는 퀴즈 프로그램들 중 가장 높은 시청률을 유지하는 가운데, 필리핀 방송언론위원회로부터 '올해의 베스트 게임 쇼'를 수상했고, 2002년에는 필리핀의 가정복지재단인 동남아시아재단(Southeast Asian Foundation)이 최상의 TV 프로그램에 수여하는 'Best Quality Award'도 수상함으로써 필리핀 내에서 매우 긍정적인 기업 이미지를 구축하였다.

이상은 상이한 문화를 가진 서로 다른 나라에서 펼쳐진 문화 마케팅의 사례들이다. 문화 마케팅이란 기업이 문화를 매개로 고객의 감성을 자극하여 기업에 대한 부가가치를 창출하고, 문화가 가지고 있는 고유의 가치도 제고시키는 경영활동을 말한다(『문화 마케팅의 개념과 활용』 참조).

문화 마케팅은 '마케팅을 위한 문화'와 '문화를 위한 마케팅'의 두 가지 의미로 해석할 수 있다. 먼저 '마케팅을 위한 문화' 측면에서의 문화 마케팅은 기업이 실행주체가 되어 문화예술에 대한 지원을 하거나 문화를 활용한 마케팅을 하는 것을 말한다. 그리고 '문화를 위한 마케팅' 측면에서의 문화 마케팅은 문화예술 산업에 속한 개인이나 단체가 주체가 되어 문화예술의 발전을 위해 실행하는 마케팅이라고 할 수 있다. 물론 두 가지 의미는 상호 협력적 관계에 있다. 이윤창출을 추구하는 기업이 주체가 되어 문화예술에 대한 지원 및 문화를 활용한 마케팅을 수행하고, 동시에 이러한 마케팅 활동이 문화예술의 발전에 도움이 되어야 한다는 것이다. 긍정적인 문화 마케팅은 양측이 상생효과를 가져오도록 실행되어야 함은 물론이다.

문화 마케팅의 기원은 과거 메세나Mecenat 운동에서 찾을 수 있다. 메세나는 기업의 문화예술에 대한 각종 지원 및 후원 활동을 의미한다. 메세나는 문화예술가들을 열렬히 후원한 로마의 정치가 마에케나스Maecenas에서 유래했으며, 1967년 미국에서 기업예술후원회가 발족하면서 등장한 용어이다. 메세나를 넘어서는 문화 마케팅의 등장은 기업의 고뇌를 보여주는 단면이기도 하다.

현대 마케팅에서 브랜드의 중요성은 이루 말할 수 없다. 브랜드는 상품간 기능 차이가 별로 없거나 또는 소비자가 그 차이를 정확히 판별해내기가 어려운 때 그 진가를 발휘한다. 따라서 우호적이고 강력한 브랜드이미지는 곧 기업의 강력한 자산이며, 오늘날 많은 기업들이 이를 위해 다각도의 마케팅 활동을 펼치고 있다. 그러나 불행히도 기업의 커뮤니케이션에 대해 소비자는 신뢰하지 않는 경우가 많다. 이러한 상황에서 신뢰도를 증가시키기 위한 하나의 방편으로 제시된 것이 바로 문화 마케팅이다.

문화 마케팅은 기업의 이윤창출에 직접적으로 연결되지는 않지만 기업이미지의 전략적 관리에는 매우 적절한 수단이다. 기업 커뮤니케이션과 비교했을 때 문화 마케팅은 고객들의 저항을 최소화할 수 있으며 결과적으로 해당 기업의 상품들에 대해서 소비자들이 긍정적인 인식을 갖도록 영향을 미칠 수 있다. 일반 소비재를 다루는 기업이 아닌 탓에 우리와는 거리가 멀게 느껴졌던 포항제철이 포스코POSCO로 변신하면서 고전음악을 활용한 문화 마케팅을 수행한 결과 소비자들에게 긍정적인 기업이미지를 심어준 것은 좋은 사례라고 할 수 있다.

문화 마케팅을 적절히 활용한 또 다른 사례로 위니아만도의 김치냉장고인 '딤채'의 브랜드이미지에 대한 노력을 주목할 만하다. 국내 김치냉장고 1위를 달리던 딤채는 2007년 초 「매거진D」라는 문화전문 격월간지를 발행하기 시작했다. 기업이 발행하는 대부분의 잡지와 달리 「매거진D」에는 김치냉장고와 관련된 내용들이 전혀 없었다. 대신에 문화전문 잡지답게 문화와 관련된 고급스러운 기사만 수록하였다. 또한 위니아만도는 서울 청담동에서 '비스

위니아만도가 개관한
레스토랑 비스트로D

트로D' 라는 이탈리아풍의 레스토랑을 재개관했다. 딤채 전시관을 겸한 이 음식점은 음식문화를 소개하는 공간으로 각광받고 있다. 이러한 노력들은 위니아만도를 단순한 김치냉장고 제조회사가 아닌 문화의 주요 소비자인 여성들을 이해하고, 음식문화를 선도하는 회사라는 이미지 형성을 위한 문화 마케팅 전략이라고 평가할 수 있다.

그렇다면 문화 마케팅을 성공적으로 실행하기 위해 수반되어야 할 것들에는 무엇이 있을까? 첫째, 문화 마케팅은 장기적 관점에서 수행되어야 하는 전략적 투자이다. 국내 기업들이 실행하는 문화 마케팅 중 상당수는 오너 개인의 관심이나 이벤트성으로 진행되는 경우가 많아서 문화 마케팅보다는 메세나 운동에 가깝고 단기지원이 많다. 물론 한국의 마에케나스로 불릴 만큼 우리나라 문화예술계에 장기적으로 아낌없는 후원을 한 고 박성용 금호아시아나그룹 명예회장 같은 사례도 있지만, 대부분은 단기지원에 그치는 경우가 많다.

문화 마케팅이 활발한 대표적인 국가 프랑스의 보험그룹 GAN은 공식적으로 영화재단을 발족시켜 현재까지 10년이 넘도록 영화문화재 복원, 영화배급 활성화 등 영화계 발전을 위해 장기적인 투자를 하고 있다. 특히 재정적으로 어려움을 겪고 있는 사안들(신진 영화인 발굴, 무성영화 복원 등)에 대해 적극적으로 투자함으로써 우호적인 기업이미지를 형성할 수 있었다.

둘째, 문화 마케팅도 기업 마케팅 활동의 일부분이므로 명확한 목표와 평가가 수반되어야 한다. 물론 이 때의 목표와 평가는 재무적 성과와 같은 일반적인 기업 성과와는 달라야 한다. 대부분 문화 마케팅의 목표는 상품이나 기업의 인지도 및 이미지 제고이다.

관련 사례로, 르노삼성자동차는 문화 마케팅을 기업활동에 훌륭히 접목시켰다. 르노삼성자동차는 프랑스 르노자동차 산하에 있다. 따라서 르노자동차에 대한 우리나라 소비자의 친밀감 및 이미지 제고와 국내기업이라는 인식을 동시에 심어줄 필요성이 있었다. 이를 위해 르노삼성자동차는 문화예술 행사 후원과 한국의 전통문화 행사 후원을 동시에 진행하였다. 문화예술행사 후원은 주요 고객층인 30~50대를 위해 밀레전, 뮤지컬 노트르담 드 파리, 나폴레옹 유물전, 앙리브레송 사진전, 파리나무십자가 콘서트 등 프랑스의 문화예술을 국내에 소개해왔다. 한국 전통문화 행사 후원은 국립극장과 연간 후원 계약을 맺고 토요문화광장과 한국가요제 등을 개최하고 있다. 특히, SM5 신차 발표회는 노트르담 드 파리 뮤지컬과 연계하였고, SM7 신차 발표회는 프랑스의 현대무용가 셀린

바케의 공연과 같이 하여 상품의 가치 제고에도 기여하였다.

넷째, 일관된 문화 마케팅의 실행을 위해 전사적인 공감대가 형성되어야 한다. 소비자도 중요하지만 기업의 내부고객인 임직원과 투자자인 주주들도 중요하다. 이들을 위한 다양한 문화 프로그램을 개발하여 운영함으로써 기업 차원에서 수행되는 문화 마케팅에 직원들의 자발적인 참여를 얻는 것은 물론 내부고객들의 만족도까지 향상될 수 있다.

마지막으로, 단기적인 매출 증대를 위해 '마케팅을 위한 문화' 식으로 문화 마케팅을 실행하면 안 된다는 점을 기억하자. 이럴 경우 자사의 이윤을 위해 문화를 이용한다는 비난을 받을 수 있다.

결론적으로 문화 마케팅은 대기업들에 대한 반감, 중소기업에 대한 불신 등 국내에 팽배해 있는 반기업 정서에서 자유로울 수 있는 기회를 주는 몇 안 되는 마케팅 도구 중 하나이다. 문화 마케팅에 지속적으로 투자하는 기업들은 그것이 결국 소비자의 신뢰 회복을 통해 장기적으로는 기업의 이익으로 환원된다는 점에 주목해야 할 것이다.

▪️ 스포츠 마케팅 Sports Marketing

스포츠에 열광하는 이들은 비단 스포츠팬만은 아니다. 1990년대부터 전체 후원의 60~70%를 차지하는 것이 스포츠 후원인 점을 고려할 때, 이미 수많은 기업들이 스포츠에 열광하고 있다. 스포츠 이벤트에 참여함으로써 얻게 되는 마케팅적인 효과가 다른 어떤 이벤트보다도 탁월하기 때문이다. 스포츠 이벤트를 통한 직간접적인 브랜드 노출은 물론, 스포츠 자체의 명성과 신뢰도를 바탕으로 한 브랜드이미지 구축, 매출 증대, 그리고 내부고객 만족까지 전략적인 스포츠 마케팅은 그 어떤 커뮤니케이션보다도 역동적이며 강력한 효과를 발휘한다.

그러나 단순히 스폰서가 된다고 해서 이 모든 것들이 쉽게 얻어지는 것은 아니다. 월드컵의 공식스폰서였던 JVC는 아직도 소니와 파나소닉 등에 비해 열등하게 인식되고 있으며, 심지어 그들이 공식후원사임에도 불구하고 일반 대중들은 이를 잘 알지 못했다. 이와 유사하게 2002년 월드컵의 공식후원사였던 KTF는 SK텔레콤의 마케팅으로 인해 원하는 효과를 충분히 얻지 못했다.

스포츠 마케팅 전략이 통합적 마케팅 커뮤니케이션(IMC) 관점에서 수립되어야 하는 이유가 바로 여기에 있다. 스폰서의 권리 내용을 최대한 활용하고, 원하는 커뮤니케이션 효과를 성공적으로 달성하기 위해서는 가능한 한 모든 마케팅 수단을 통합적으로 활용해야만 한다. 모터스포츠를 통한 마케팅 활동을 꾸준히 펼쳐오고 있는 금호타이어의 사례를 통해 IMC 관점에서의 스포츠 마케팅 전략에 대해 알아보도록 하자.

금호타이어는 이벤트 선정에서부터 세부 실행까지 모든 과정을 기업 정책과 유기적으로 연결된 마케팅 커뮤니케이션 전략에 의해 실행하였다. 금호타이어는 IMC 기반의 마케팅 체제를 일찍부터 구축하고 있었으며, 스포츠 마케팅을 비롯하여 각각의 마케팅 수단에 대한 모든 커뮤니케이션 창구를 버튼컴Buttoncom이라는 광고 회사로 단일화하여 일관성 있는 전략을 수행해오고 있다.

레이싱용 타이어의 기술을 전이한 고성능 타이어 '엑스타' 의 마케팅 커뮤니케이션 컨셉은 바로 '포뮬러 기술Formula Technology' 이었다. 이는 엑스타가 포뮬러 타이어의 기술력을 바탕으로 만들어진 초고성능 타이어임을 명확히 알리는 컨셉인 동시에, 각종 모터스포츠 이벤트와 PR, 프로모션까지도 포괄할 수 있는 원 보이스One Voice 메시지였던 셈이다.

1993년 미국 SCCA(Sports Car Club Of America)라는 자국 대회를 시작으로 한 금호타이어의 모터스포츠 마케팅이 세계 3대 스포츠 대회 중 하나인 포뮬러 경기를 비롯하여 연간 23개 이상의 자동차 대회를 후원할 만큼 성장할 수 있었던 이유가 바로 여기에 있다.

스포츠 마케팅은 스포츠라는 매개를 통해 소비자의 욕구를 충족시키는 동시에 여기로부터 파생되는 상품구매의 촉진 과정이라 할 수 있다. 스포츠 마케팅은 사업영역 차원에서 '스포츠의 마케팅' 과 '스포츠를 이용한 마케팅' 으로 구분할 수 있다.

우선 '스포츠의 마케팅' 은 스포츠 자체를 사업화하는 것으로서 스포츠 상품이나 서비스에 대한 마케팅을 의미한다. 특정 종목에 속해 있는 개별 팀에 대한 회원모집 및 팬 확보, 스포츠 시설, 용품, 의류, 프로그램의 판매 등이 여기에 해당한다. 이 때 소비자는 일반대중이 되며, 상품화된 스포츠를 어떻게 소비자에게 판매할 것인가가 마케팅 활동의 목적이 된다. 반면 '스포츠를 이용한 마케팅'은 스포츠를 상품 판매의 촉진수단으로 이용하는 마케팅을 말한다. 즉, 방송중계권, 기업의 스폰서십, 수익사업, 유명선수의 광고모델 기용 등이 여기에 속한다.

프로야구 선수이자 미국 내셔널리그 창시자였던 스팰딩Spalding은 스포츠의 사회문화적 변화를 간파하고, 이를 마케팅에 활용한 최초의 인물이다. 그는 '스포츠의 마케팅'과 '스포츠를 이용한 마케팅'을 동시에 실현하였다. 스팰딩은 최초로 '공식(Official)'이라는 용어를 사용하여 스포츠 용품을 판매하고, 자신의 이미지를 광고 수단으로 활용하였다. 또한 야구경기장 주위의 호텔과 레스토랑 등에 스폰서십을 판매하기도 하였다.

이후 스포츠 마케팅은 프로 스포츠가 발달한 미국을 중심으로 발전하였으며, 한국에서도 미국에서와 마찬가지로 처음엔 흥행사들에 의해 스포츠 마케팅이 시작되었다. 1960년대 초반 프로권투의 출발을 계기로 '스포츠 프로모터'라는 개념이 일반에게 처음 소개되었다. 당시는 TV가 없었기 때문에 스포츠 대중화의 기반이 형성되지 못했고, 당연히 스포츠 흥행업도 영세할 수밖에 없었다.

그러던 것이 1982년 프로야구의 출범을 시작으로 씨름, 축구 등이 프로화되면서 한국의 스포츠 마케팅은 새로운 국면을 맞이하게 되었다. TV 수상기의 보급이 '관람 스포츠산업'의 발전을 가져온 첫 번째 계기였다면, 프로 스포츠의 탄생은 그 두 번째 계기라고 할 수 있다. 스포츠의 프로화는 스포츠를 일상생활 속으로 끌어들이는 데 큰 역할을 했으며, 여러 측면에서 스포츠를 스포츠 마케팅으로 발전시키는 계기가 되었다. 예를 들어, 우리나라의 프로야구는 연간 500만 명 이상이 관람하는 가장 사랑받는 대중 스포츠 중 하나로 자리 잡고 있으며, 나날이 발전하는 프로선수들의 스포츠 가치는 곧 미디어 가치를 낳아 TV 및 신문에 고정 시간과 지면을 할애함으로써 소비자의 관심을 증폭시키는 계기가 되고 있다. 어떤 면에서 프로 스포츠의 출발과 성장은 국내 스포츠 마케팅의 도입, 발전과 궤를 같이 했다고 할 수 있다.

국내 기업들이 스포츠 마케팅에 더욱 큰 관심을 갖게 된 것은 1986년 아시안게임과 88년 서울올림픽의 국내 개최를 통해서였다. 이전의 올림픽에서 드러난 여러 기업들의 성공사례가 당시 우리 기업들을 자극하였을 것으로 보인다. 1964년 동경올림픽의 미즈노와 아식스, 1972년 뮌헨의 아디다스, 1984년 LA의 컨버스가 일약 세계적 브랜드로 성장하고, 1984년 대회의 공식스폰서였던 브라더Brother의 인지도가 스폰서 참여 후 60% 가까이 상승하며 미싱 전문회사에서 종합정보기기회사로의 이미지 변신에 성공했다는 성공사례들이 그것이다. 1986년 아시안게임에서 국내 기업들은 과다할 정도로 엄청난 광고비를 투입했고, 1988년의 서울올림픽에서는 아시안게임을 훨씬 웃도는 비용을 투자하여 다양한 형태로 참여하여 열기를 더했다. 서울올림픽 때 광고 홍보에 올림픽 휘장이나 마스코트를 사용하는 대가로 지출된 돈만도 무려 1천억 원으로 추정되고 있다. 당시 서울올림픽에 적극 참여했던 국내 기업들은 자사 브랜드의 인지도와 이미지 제고에 큰 도움을 받았고, 특히 해외시장 개척에 두드러진 효과를 보았다.

서울올림픽 이후 현재에 이르기까지 국내 스포츠 마케팅은 질과 양 모두에서 급성장하고 있다. 1990년 북경아시안게임에서는 마치 국내 대회로 착각할 만큼 국내 기업의 폭넓은 참여가 눈에 띄었고, 그 이후 기업의 스포츠 마케팅 활동 무대가 해외로 넓혀졌다. 스포츠를 해외시장 개척에 활용하기 시작한 것이다.

해외 스포츠 마케팅의 경우 최근에는 해당 특정 지역에서의 효과를 우선 고려하는 쪽으로 선회하고 있다. 특히 국내 기업의 유망시장으로 부상하고 있는 동구, 남미에서의 스포츠 마케팅 활동이 두드러진다. 그 바람을 타고 지역별 인기 스포츠에의 투자를 통한 국내 기업의 해외 스포츠 마케팅도 다양한 종목으로 확산되고 있다.

물론 현재 국내의 스포츠 마케팅은 해외의 선진국에 비해 다소 뒤쳐진 것이 사실이지만, 꾸준히 성장하고 있고, 앞으로의 전망도 매우 밝다. 따라서 스포츠 마케팅을 성공적으로 수행하기 위한 고민이 그 어느 때보다 절실하다. 여기 성공적인 스포츠 마케팅을 위해 마케터가 고려해야 할 네 가지 요인을 제시한다.

첫째, 스포츠 마케팅은 다른 마케팅 기법과 연계했을 때 그 효과가 크다. 따라서 사내의 다른 마케팅 커뮤니케이션 도구들과 함께 보완적으로 계획되고 실시되어야 하며, 세세한 부분까지도 서로 유기적인 관계를 맺으며 수행되어야 한다.

둘째, 스포츠 마케팅은 지속적인 비용투하를 요구한다. 스포츠 마케팅 활동은 단기적으로 수행하면 별 효과가 없다. 최소한 3년 이상 지속적으로 실시될 때 가시적인 성과를 발휘한다. 이런 점에서 기아자동차의 호주 오픈 테니스대회의 스폰서 활동을 통한 스포츠 마케팅은 모범적인 사례라 할 수 있다.

셋째, 스포츠 마케팅은 통일되게 실행되어야 한다. 스포츠 마케팅과 같은 기업의 마케팅 커뮤니케이션 활동은 내용 및 형식이 통일성 있게 실시될 때 효과가 있다.

넷째, 스포츠 마케팅에는 국경이 존재하지 않는다. 스포츠 마케팅 활동은 한 지역이나 국가에서도 어느 정도 목적을 달성할 수 있지만, 전 세계 혹은 일부 국가들에게 중계될 가능성을 염두에 둬야 한다. 예를 들어, 올림픽이나 월드컵의 스폰서는 전 세계적으로 수십억의 시청자와 만날 수 있고 인지도와 이미지 향상에 강력한 영향력을 발휘한다. 또, SBS 골프채널에서는 가끔씩 월요일 새벽에 골프대회를 생중계하는데, 선수들의 플레이를 비출 때마다 주최사의 큼직한 제품 로고가 화면을 함께 장식하는 것을 볼 수 있다. 대회의 개최 장소는 유럽이지만, 많은 한국인들이 그 경기를 보았고, 그때마다 제품 로고 역시 수십 번을 봐야 했다는 것을 떠올려보면 그 영향력은 어마어마한 셈이다.

■ PPL 마케팅 PPL Marketing

휴대전화를 소재로 한 스릴러 영화 「셀룰러Cellular」의 줄거리는 납치된 여성(킴 베신저 분)이 생면부지의 한 청년(크리스 에반스 분)의 도움으로 우여곡절 끝에 풀려난다는 것이다. 킴 베신저는 구조요청을 위해 무작위로 전화를 걸다가 우연히 크리스 에반스와 연결되고, 납치여성과 휴대전화로 연결된 그 청년은 배터리가 떨어질 위험을 극복해가며 계속 이 여성과 연락을 유지해야 했다. 재밌는 사실은 영화에 주인공들보다 더 오랫동안 등장한 것이 바로 노키아의 휴대전화 '노키아 6600' 이었다는 거다.

그 당시 「월스트리트저널Wall Street Journal」은 노키아의 광고 전략에 의해 영화의 기본 흐름이 많은 영향을 받았다는 기사를 썼는데, 휴대전화의 성능이 떨어질 경우 한 사람의 목숨까지 위태로울 수 있다는 의미가 내포됐다는 것이 그것이다. 노키아의 상품광고는 예고편부터 시작되었다. 예고편에는 크리스 에반스가 휴대전화를 통해 친구로부터 비키니 여성의 사진을 다운받는 장면이 나온다. 친구가 함께 보낸 메시지에는 "우와! 세계에서 최고로 잘 만든 휴대폰이다"는 문구가 쓰여 있었다. 「월스트리트저널」은 영화의 실제 주인공은 킴 베신저나 크리스 에반스가 아닌 '노키아 6600' 이었다고 지적하기도 했다.

노키아의 상품협찬이 그것이 처음은 아니었다. 영화 「매트릭스」 1편에 '노키아 8110' 을 등장시켰고, 영화 흥행과 함께 휴대전화의 인기는 급상승했다. 「매트릭스」 2편에서는 삼성전자가 동일한 전략으로 소위 '매트릭스폰'의 인기몰이에 성공한 바 있다.

우리나라 블록버스터 영화의 시초 격인 「쉬리」에서도 유사한 사례가 발견된다. 유중원(한석규 분)이 휴대전화로 이방희(김윤진 분)의 음성 메시지를 듣는 마지막 부분에서 "SK텔레콤 소리샘입니다"라는 멘트가 뚜렷이 들린다. 당시 SK텔레콤은 제품협찬 지원비용으로 3천만 원을 낸 것으로 알려졌다.

이상은 PPL 마케팅의 사례들이다. PPL 마케팅은 특정 기업의 협찬을 대가로 영화나 TV 드라마 등과 같은 영상 매체에 상품이나 브랜드이미지를 자연스럽게 등장시켜 관객들의 무의식 속에 상품의 이미지를 심어주는 기법을 말한다. PPL 마케팅을 통해 기업은 화면 속에 자사의 상품을 배치, 관객(소비자)들의 무의식 속에 상품 이미지를 심어줌으로써 거부감을 주지 않으면서도 자연스럽게 상품을 인지시키는 효과를 볼 수 있다. 또, 영화사나 방송사로서도 제작비를 충당할 수 있어서 양측 모두에게 이득이다.

최초의 PPL은 1945년 미국 워너브러더스 사가 제작한 영화 「밀드리드 피어스Mildred Pierce」에서 보여 준 '버번 위스키Bourbon Whiskey'이다. 하지만 본격적인 PPL은 1982년 스티븐 스필버그 감독의 영화 「ET」라고 할 수 있다. 이 영화에 등장한 M&M 사의 'Reese's Pieces'라는 초콜릿 캔디는 PPL 효과가 얼마나 엄청난 것인지를 증명하였다. 작고 못생긴 외계인이 영화 속에서 초콜릿으로 덮여 있는 땅콩 과자를 먹는 행동만으로도 엄청난 광고 효과를 불러일으킨 것이다. 「ET」가 상영된 후 3개월 만에 M&M의 매출은 66%나 늘었다고 한다.

국내에서는 1990년대 초반부터 PPL이 도입되기 시작했는데, 영화 분야에서는 「결혼이야기」가 최초의 PPL 사례라고 할 수 있다. 부부로 등장하는 최민수와 심혜진이 사용한 가전제품은 모두 삼성전자에서 협찬받은 상품이었다. 이후 1994년 진로쿠어스가 영화 「구미호」에 5천만 원을 제작비로 제공함으로써 본격적인 PPL 시대를 열었다. 최근 들어서는 TV 드라마에도 PPL이 급증하고 있는데, 특히 방송 프로그램의 외주제작비율이 확대되면서 외주제작사인 독립 프로덕션 사를 통해 PPL이 활발히 진행되고 있다.

PPL이 정착되면서 그 기법도 다양해지고 범위도 넓어지고 있다. 예전에는 단순히 상품이 나열되는 PPL이 주류였다면, 지금은 주인공들이 직접 상품을 시연하는 '기능 PPL'을 보여주는 적극적인 방법이 사용되고 있다. 기능 PPL은 1회 노출 시 1천만 원까지 받을 정도로 단가가 높다.

주인공의 직장을 통해 회사 전체의 이미지를 노출시킬 수 있는 'BPL(Brand Placement) 광고'도 하나의 트렌드로 자리 잡고 있다. SBS 드라마 「사랑에 미치다」를 협찬했던 한성항공은 비행기에 새겨진 기업명이 그대로 노출돼 방송위원회로부터 경고를 받기도 했지만, 자사 로고와 출연자들이 입고 나오는 승무원의 유니폼을 통해 브랜드 인지도 상승효과를 톡톡히 본 바 있다.

PPL에 대한 심의가 까다로워지면서 이를 피하기 위한 기법도 등장하고 있다. 시판되지 않은 상품은 '존재하지 않는 상품'으로 심의에 걸리지 않기 때문에 판매 전 상품을 미리 드라마에 노출시켜인지도를 높인 후 드라마 종영과 함께 상품을 출시하는 것이다. 업계에서는 이를 '머천다이징 상품' 기법이라고 부른다. SBS의 한 드라마 출연진들이 'MUST HAVE'라는 글자가 새겨진 티셔츠를단체로 입고 나온 적이 있다. 그것은 휴대전화 브랜드 스카이의 티저 광고였는데, 당시는 이를 밝히지 않은 상태였기 때문에 화면에그대로 노출돼도 문제가 없었다.

비슷한 사례로, 심의 때문에 BPL에 제동이 걸리자 회사 명을 연상시키는 유사명칭을 사용한 경우도 많다. KBS 드라마 「달자의봄」에서는 현대홈쇼핑을 변형한 '한다홈쇼핑'이 주 무대였다. 회사 로고의 패턴을 그대로 사용하고 색상만 조금 변경해 누가 보아도 어느 회사인지를 알 수 있게 한 것이다.

PPL은 기존의 소비자에게 직접적으로 상품과 서비스를 제시하는 광고 기법과는 다른 특징을 가지고 있기 때문에 PPL 마케팅을실행할 때는 다음의 몇 가지 사항들을 유념해야 한다. 가장 먼저PPL 마케팅은 광고기법에 초점을 맞춘 마케팅 기법임을 기억해야한다. 일반적으로 광고 전략은 '매출 증대'보다는 인지도 제고나태도 향상 등의 '커뮤니케이션 목표'에 맞추어져 있다. PPL 마케팅 역시 마찬가지이다. PPL을 통해 매출의 폭발적 신장을 기대한다면 그것은 지나친 기대이다. 영화 「ET」에 등장한 초코볼의 매출이 급성장한 사건이 우리 브랜드에도 당연히 일어날 것이라는 환상은 버려야 한다. 물론 PPL이 브랜드 회상에 긍정적인 영향을 미친다는 사실은 많은 연구에서 입증되고 있지만, 태도 형성이나 구매의도에 대한 영향은 일관되게 나타나진 않고 있다. 이런 관점에서 볼 때 PPL의 목표는 기본적으로 브랜드 인지도와 회상률 제고에 맞추어져야 할 것이다.

PPL 마케팅을 실행할 때 유념해야 하는 두 번째 사항은 적절한 노출 횟수의 문제이다. PPL에서 노출되는 상품의 경우 노출 횟수가 많을수록 브랜드 인지도가 높아진다고 생각할 수 있다. 하지만 지나치게 많은 노출과 의도된 연출에 의한 상품 노출은 오히려 브랜드이미지에 해를 끼칠 우려가 있다. 이러한 부정적인 효과가 특히 우려되는 분야가 바로 드라마인데, 간혹 극중에서 제품이 여러 차례에 걸쳐 지나치게 많이 등장하여 시청자들의 빈축을 사는 경우를 볼 수 있다.

반면에 영화는 다소 직접적인 언급과 노출이 오히려 더 큰 자연스러움과 현실감을 부여하기도 한다. 적합한 사례로 영화 「주유소 습격사건」에서의 모 카드를 들 수 있다. 막무가내로 현금 결제를 요구하는 주인공에게 중년신사가 "아니, 온 국민이 다 쓰는 ○○카드를 왜 안 받아요?"라고 이야기하는 장면은 영화 속 유쾌한 웃음을 자아내면서 관객들에게 상품을 확실하게 각인시킨 사례로 꼽힌다.

세 번째 유의사항은 PPL 마케팅에 적합한 상품을 적절하게 선택하는 것이다. 대체로 PPL에는 신제품이 효과적인 것으로 알려져 있다. PPL이 기본적으로 제품의 인지도와 회상률 제고에 긍정적인 영향을 미친다는 점을 고려해볼 때 PPL은 신제품을 대중적으로 알리기 위한 효과적인 수단이 될 수 있다. 매번 호화로운 신제품 등장으로 유명한 영화 007 시리즈 중 「골든아이」에서는 BMW가 자사의 새로운 모델 홍보를 위해 광고, 이벤트 등 각종 프로모션 등을 결합한 마케팅 활동을 펼쳐 성공적으로 브랜드 인지도를 상승시켰다.

네 번째로 PPL 마케팅을 실행할 때는 해당 영화나 드라마 촬영 및 방영 때까지 긴장을 늦추지 말고 적절한 수준의 통제를 행사해야 한다. 영화 007 시리즈에서 '본드카'로 낙점받기 위해 세계적인 자동차 회사들은 항상 치열한 경쟁을 벌인다. 그런데 이 과정에서 특정 자동차 브랜드가 주인공의 차로 선택된 경우 다른 자동차 브랜드는 간혹 악당의 차로 선택됨으로써 막대한 비용을 들여자사 브랜드를 노출시키고도 부정적인 평판만 듣게 되는 경우가 있다. 왜냐하면 PPL 마케팅은 그만큼 통제가 어렵기 때문이다.

일반적으로 기업이 영화의 시나리오에 간섭하기란 쉽지 않다. 특히 국내에서는 촬영 도중 콘티가 바뀌고 편집 도중 해당 화면이 통째로 잘려나가는 일이 많아 기업들이 PPL에 소극적인 편이다. 그렇다면 PPL은 통제가 불가능한 것인가? 영화 「캐스트 어웨이」에서의 페덱스Fedex 사례는 시사하는 바가 크다. 페덱스는 사장이 영화의 시나리오 단계에서부터 관여할 정도로 주도적으로 참여하여 총 상영시간 2시간 30분 중 70여 분 동안 자사 브랜드를 노출시켰다. 그뿐 아니라 무인도에서 구조된 주인공(페덱스 직원)이 우편

물을 잊지 않고 고객에게 배달함으로써 '고객과의 약속을 지킨다'는 기업정신을 자연스럽게 전달하는 데 성공했다. 주도면밀하게 이루어진 페덱스의 PPL 마케팅 사례는, 통제가 어렵지만 성공할 경우 훨씬 큰 가치를 얻을 수 있음을 보여주었다.

마지막으로, 가장 중요한 사항으로써 PPL 역시 통합적 마케팅 커뮤니케이션(IMC) 차원에서 이루어져야 한다는 것을 들 수 있다. PPL은 단순히 일시적인 상품 노출 차원에서 이루어져서는 안 된다. 상품 노출 효과를 극대화하기 위해서는 다른 마케팅 활동과의 적극적인 협력이 필요하다. 최근 들어 단순히 상품 노출에 불과하던 PPL이 이벤트, 홍보 전시회, 공동 프로모션, 게임, 뮤직비디오 등에 활용되고 있는 것은 좋은 사례이다.

■ 스타 마케팅 Star Marketing

나이키는 스타 중심 마케팅으로 유명하다. 축구뿐만 아니라 골프, 농구 등에서도 스타플레이어들을 기용하여 스타들의 뛰어난 플레이의 바탕에는 나이키가 있다는 점을 강조한다. 반면 아디다스는 전통 유럽식 이미지를 고수하며 정통성과 대중성을 지향한다. 지네딘 지단, 라울 곤잘레스 등의 축구 스타플레이어들을 광고 모델로 활용하기는 하지만 컨셉은 개인보다는 축구팀에 집중되어 있다.

2002년 월드컵 때 나이키와 아디다스 모두 49명의 스타급 선수를 지원했는데, 초반 약세로 인해 그 중 4강까지 살아남은 선수는 7명 남짓에 불과했다. 손해는 양쪽이 함께 보았으나 팀보다 스타를 중심으로 마케팅한 나이키가 종국에 가서는 상대적인 우위를 보였다.

스타 마케팅은 대중적으로 인지도가 높은 스포츠, 영화, 방송 등의 대중문화 속 스타들을 내세워 기업의 이미지를 높이려는 마케팅 기법이다. 넓은 의미에서는 대중문화에 한정하지 않고 성악가, 지휘자, 화가 등 분야에 관계없이 널리 명성을 얻고 있는 인기스타를 내세워 펼치는 마케팅도 스타 마케팅이다.

스타 마케팅은 정보통신산업의 발달, 문화산업주의의 등장과 함께 스포츠, 방송, 영화 등 대중문화 스타들의 인지도가 높아지면서 나타났다. 현대의 대중문화는 단순한 문화 차원에서 벗어나 하나의 거대한 산업으로 자리 잡은 지 이미 오래고, 대중 스타들의 이미지 역시 높아졌다. 이로 인해 대중문화 스타의 개성(Personality)을 상품에 부여하여 기업 마케팅과의 연계를 꾀하는 마케팅이 활발하다. 대중의 대리욕구를 만족시키고 유명인의 이미지에 힘입어 상품에 공신력을 더할 수 있기 때문이다. 대중문화의 인기인부터 기업의 최고경영자에 이르기까지 스타를 활용한 마케팅은 즉각적인 판매 촉진을 이끌고 기업이미지를 상승시키기도 한다.

국내에서도 다양한 스타 마케팅 사례들이 존재하는데, 대표적인 성공사례로 화장품 기업인 비오템Biotherm을 들 수 있다. 깨끗하고 시원한 물을 연상시키는 고급스러운 유럽 브랜드로 알려진 프랑

스의 비오템은 세계 최고의 화장품 기업인 로레알 산하에 있다. 비
오템의 첫 번째 전략은 국내의 대표적인 대중스타인 이효리를 이
용한 스타 마케팅이었다. 그동안 비오템은 유럽과 미국 출신의 슈
퍼모델들을 광고 모델로 기용해왔었다. 그러던 중 비오템의 프랑
스 본사 부회장이 내한했다가 이효리를 보고 직접 한국 모델로 낙
점하게 된 것이다. 이효리는 한국뿐만 아니라 아시아의 광고 모델
로도 확정되었다.

　이효리가 비오템의 광고에 처음으로 등장하기 시작한 것은
2003년 말 비오템의 신상품인 '수르스테라피' 라인의 론칭 때였
다. 이효리는 특유의 건강하고 발랄한 이미지를 수르스테라피의
광고에서 그대로 드러냄으로써 비오템이 국내에서 이미지 변혁을
시도하는 데 톡톡히 한몫을 하였다. 시원한 푸른색의 배경과 의상
으로 이효리가 요가를 하는 모습, 물을 마시는 모습 등 하루 일상
을 담은 TV광고는 대중에게 신선하게 다가왔다.

　물론 이 같은 커다란 시도에 아무런 문제나 어려움이 없었던 것은 아니다. 짙게 그을린 구릿빛 피부에 섹시한 의상과 메이크업으로 인기를 끌던 이효리가 갑자기 청순한 이미지로 스킨케어 광고에 나선다는 것은 일부 소비자들에게 매우 어색한 부분이었다. 이효리의 건강하고 활달한 이미지는 비오템과 어울리지만, 구릿빛 피부나 섹시한 이미지는 제품과 잘 맞지 않는다는 의견들도 상당히 많았다.

그 무렵 분분하던 의견들을 잠잠하게 만든 것이 바로 '효리 핑크'의 출시이다. 비오템은 새로운 립글로스 라인인 '글로시 스플래쉬'를 출시하는 데 있어 이효리를 통한 전략적이고도 대대적인 스타 마케팅을 시도했다. 시작은 이랬다. 이효리가 비오템의 모델로 선정되어 한창 스킨케어를 광고하고 있던 때에 한국 지사 측에서는 신제품 개발에 한창이던 프랑스 본사에 이효리만을 위한 특별한 립글로스 개발을 요청하였다. 그리하여 이효리는 2003년에 프랑스 본사에서 보내준 신제품 컬러 샘플들을 받아 립글로스로 적합할 만한 색상을 선택했고, 그 색상으로 전 세계 출시가 결정되었다.

물론 미국이나 유럽 등 이효리가 알려지지 않은 국가들에서는 해당 립글로스의 고유 상품번호(425번)로 판매되었고, 한국과 아시아에서만 '효리 핑크'라는 이름으로 출시되었다. 결과적으로 제품의 인기로 말미암아 스킨케어 제품에 이효리를 모델로 기용했을 때 일어났던 논란이 잠잠해진 것은 물론이고, 일반 립글로스 매출의 두 배가 훨씬 넘는 성과를 달성함과 동시에 비오템의 인지도도 크게 높아졌다.

이 밖에도 요즘 우리 사회에는 다양한 형태의 스타 마케팅이 한창 유행이다. '샤론 스톤과의 점심 및 키스', '톰 크루즈와 함께 영화 촬영장 방문' 등은 할리우드 스타들이 에이즈와 기타 난치병 환자들을 위해 개최했던 행사에 자선경매로 내놓은 항목들이다. 물론 자선 목적이지만 이것은 스타의 상업성을 최대한 활용한 스타 마케팅의 전형적인 예이다.

근래 들어서는 기상천외한 스타 마케팅도 속속 등장하고 있다. 그동안 스타 마케팅 하면 스타를 활용한 홍보, 행사 등의 간접광고나 스타가 직접 식당이나 제과점 등을 운영하는 것이 고작이었다. 그나마 화제는 일부 연예인의 누드 사진이나 영상집 정도였다. 하지만 미국에선 최근 들어 스타의 땀을 섞은 향수, 스타의 쓰레기통에서 나온 물건을 가공한 장식품, 스타의 정원의 흙을 담은 병까지 만들어 판매하는 사업이 호황을 누리고 있다. 미국뿐만이 아니다. 2000년 초반 스타진이라는 회사는 한고은을 비롯한 톱스타 연예인의 DNA를 추출한 카드, 향수, 의류 등을 상품화한 것을 비롯해 심지어 누드 촬영을 한 여자 연예인의 속옷을 경매하고 누드 사진 촬영 장소를 방문하는 관광상품까지 내놓았다. 이 밖에도 다양한 형태의 스타 마케팅이 각광을 받고 있다.

하지만 동시에 무분별하고 무차별적으로 진행되고 있는 우리의 스타 마케팅에 대한 우려의 목소리도 크다. 무분별한 스타 마케팅은 자칫 스타의 상품성과 가치를 결정해주는 이미지에 결정적인 훼손을 주기 때문이다. 누드 상품화가 대표적이다. 자극적인 마케팅 기법으로 비교적 큰돈을 벌 수 있을지 몰라도, 이로 인해 해당 연예인은 지울 수 없는 멍에를 써야 할지도 모른다. 미국 유명 스타들의 상당수는 이미지 전문가를 고용해 자신의 이미지에 반하는 마케팅은 철저히 사절로 일관하고 있다. 수입보다는 스타 이미지를 긍정적으로 구축할 수 있는 방향으로 스타 마케팅을 전개하는 전략을 구사해야 스타에게도 기업에도 유익하다는 점에 유의하자.

스타 마케팅은 적절히 활용되었을 경우 단시간에 브랜드의 이미지를 상승시키고, 브랜드를 잘 모르던 소비자들에게 인지도를 확실히 높여준다는 측면에서 큰 장점을 가진다. 반면에 위에서 언급한 바와 같이 스타는 물론 기업에게도 만만치 않은 피해를 줄 수도 있으므로 최소한 다음과 같은 두 가지 사항들은 반드시 유념해야 한다.

첫째, 모델로 발탁한 스타가 브랜드의 이미지와 잘 맞지 않거나 상충되는 경우에 스타 마케팅은 오히려 역효과를 가져온다. 아무리 유명하고 잘 알려진 스타라 하더라도 브랜드 이미지에 맞지 않으면 소비자는 혼란을 겪게 마련이고, 어색해진 모습의 유명 스타로 인해 브랜드에까지 좋지 않은 이미지를 품게 된다.

화장품 업체인 VOV에서 SK텔레콤의 TTL 모델이었던 임은경을 모델로 기용했던 것은 스타이미지와 브랜드이미지의 매칭이 얼마나 중요한지를 일깨워준 사례이다. 한때 'TTL 소녀'라는 타이틀과 함께 신비롭고 중성적인 이미지로 큰 인기를 얻은 임은경은 TTL과의 전속계약이 끝나자마자 VOV 화장품과 모델 계약을 맺었다. 그러나 VOV에서는 임은경이 갖고 있던 신비롭고 미스터리한 분위기를 살리는 대신, 화려하고 진한 메이크업으로 오히려 어색하게 성숙한 이미지를 만들고 말았다. 그 때문에 기존의 임은경의 팬들을 포함해 많은 소비자들이 혼란을 겪었음은 물론이다.

둘째, 스타 마케팅은 기업의 장기적인 이미지 관리 전략 차원에서 볼 때 매우 신중하게 접근해야 한다. 보통 수명 주기가 짧은 편에 속하는 연예계의 특성상, 한 명의 특정 모델이 지나치게 오랫동안 브랜드의 전속모델로 나서는 것은 바람직하지 않다. 또한 이미지가 너무 강한 모델을 자칫 잘못 활용하면, 자사 브랜드가 영영 그한 연예인의 이미지와 연결된 채 굳어져버려 차후 그 어떤 다른 모델을 기용하더라도 헤어나오지 못하는 경우도 있다.

LG생활건강의 화장품 '라끄베르'는 1995년 론칭 때부터 2002년까지만 해도 계속 김남주를 전속모델로 써 왔다. 김남주라는 모델과 "라끄베르와 상의하세요!"란 광고 멘트는 국내뿐 아니라 해외에서도 인기를 끌었으며 덕분에 라끄베르는 베트남에서도 최고 브랜드의 반열에 오를 수 있었다. 하지만 7년 가까이 김남주만을 고집해 온 라끄베르는 김남주가 나이를 먹어가게 되면서 새로운 모델의 필요성을 절감했지만 굳어버린 이미지 때문에 쉽사리 결정을 내리지 못했다. 그리고 결국 2002년 김남주와의 계약을 종료하고 한은정을 새로운 모델로 기용했지만 이미 너무나도 오랫동안 김남주 효과에 익숙해진 소비자들은 새로운 모델을 브랜드와 연결시키는 데 어려움을 겪었다.

▪️카테고리킬러 Category Killer

세계 최대의 완구 전문점인 미국의 토이저러스^{Toys R Us}는 대표적인 카테고리킬러이다. 평균 매장 규모 4,500㎡인 토이저러스는 완구류를 비롯하여, 기저귀, 이유식, 아동용 스포츠용품 등 어린이들을 위한 상품을 폭넓게 다루고 있다. 그렇다면 '그 넓은 매장에 이토록 수많은 용품이 진열되면 고객들이 물건을 고를 때 불편을 겪지는 않을까' 라는 의문을 가져봄직도 하다. 대답은 '아니다' 이다. 각 상품 영역마다 내역과 코드번호를 명시해놓은 표지판이 달려 있고, 매장 입구에는 알파벳 순서로 상품 품목 리스트와 코드번호가 적혀 있는 팸플릿이 준비되어 있으므로 고객들은 판매원의 도움 없이도 자신들이 원하는 상품을 빠른 시간에 찾아볼 수 있다. 그 결과 토이저러스는 안내데스크와 계산대, 재고정리를 담당하는 인력만을 고용할 뿐, 판매원은 따로 두고 있지 않으며, 이로 인해 엄청난 인건비 절감 효과를 누리게 되었다.

미국의 완구 전문점 토이저러스

토이저러스는 여타 유통업체와 마찬가지로 '고객만족'에 역점을 두고 있다. 고객이 자사 상품에 만족하지 못할 경우에는 이미 사용한 상품이라도 환불해주는 것을 원칙으로 삼고 있으며, 이와 관련해 판매량이 늘어나는 크리스마스 시즌에는 환불 요구도 평소보다 많아질 것을 감안하여 물품을 충분하게 준비해놓고 있다. 또한 저가격 정책도 지속하고 있는데, 특히 신생아용품을 매우 싼 값에 제공하고 있다. 신생아용품을 가장 저렴하게 판매하는 이유는 이제 막 부모가 된 고객들을 단골로 끌어들여 이들의 자녀들을 토이저러스의 평생고객으로 만들려는 목표가 있기 때문이다.

한편 최대의 완구업체라는 위치에 힘입어 토이저러스는 생산자와의 계약 시에 막강한 구매력을 행사하고 있다. 생산자 입장에서도 최대 규모의 고객인 토이저러스를 놓치지 않기 위해 토이저러스의 입장을 많이 수용하는 형편이다. 게다가 생산자 입장에서는 토이저러스를 통해 완구업계 동향의 조기 예측이 가능하고 신제품에 대한 소비자들의 반응 파악이 쉽기 때문에도 그들과 계약을 지속하려 한다. 이렇게 토이저러스가 생산자와의 관계에서 우위의 입장을 나타냄에 따라 토이저러스는 환불로 인해 발생하는 비용도 생산자에게 모두 전가할 수 있는 내용의 계약을 하고 있을 정도이다.

최근 들어 유통구조상의 변화가 단시간 내에 매우 급속도로 이뤄지고 있다. 소비자 니즈 또한 갈수록 다양해짐에 따라 국내 유통시장에는 이를 충족시키기 위해 독특한 서비스를 제공하는 신업태가 지속적으로 개발되고 있다. 우리나라의 경우, 백화점, 슈퍼마켓, 할인점, 전문점 등 각 업태들 모두 선진국에 비해 고객관리, 정보화 및 물류시스템, 체인운영기술, 점포운영 등에 있어 비교적 낙후되어 있고, 이를 뒷받침할 사회의 지원체제도 매우 미흡한 것이 사실이다. 이에 따라 업태별로 강력한 리더십을 지닌 업체가 적으며, 업태간 차별화도 잘 이루어지지 않고 있다. 물론 앞으로 이를 극복하기 위한 업태들간 경쟁이 계속되고, 그 과정에서 점차 나름대로의 질서가 형성될 것으로 전망된다. 그 중에서도 한정된 상품군 내의 거의 모든 상품을 저가에 판매하는 카테고리킬러의 성장은 주목할 만하다.

카테고리킬러는 1980년대 초 미국에서 처음 등장한 소매 형태로, 완구용품, 스포츠용품, 아동의류, 가전제품, 식품, 가구 등과 같이 상품 분야별로 여러 곳에 특화된 전문매장을 갖추고 이를 집중적으로 판매하는 소매업태를 통틀어 일컫는다. 카테고리킬러가 처음 등장했을 때는 완구류나 가전제품, 카메라 등 특정 품목만을 위주로 형성되었으나 현재는 업태나 업종을 가리지 않고 다양한 분야에서 널리 이용되고 있다.

카테고리킬러는 상품이나 업태를 불문하고 상호간 치열한 먹이사슬화를 통칭하는 용어로도 쓰이고 있다. 강력한 흡인력을 바탕으로 파워센터에 출점할 수 있는 힘이 있으며, 가격이 저렴해 경제 위축기에 업태 경쟁력이 더욱 강해지는 것이 특징이다. 또 대부분 체인 전개에 의한 현금매입과 대량매입, 전략매입, 개발수입 등을 무기로 저가판매를 실현한다는 공통적인 특징을 지니고 있다.

카테고리킬러의 주요 특징으로는 체인화를 통한 현금매입과 대량매입, 목표고객을 통한 차별화된 서비스 제공, 체계적인 고객 관리, 그리고 마지막으로 셀프서비스와 낮은 가격 등을 들 수 있다.

한국의 대표적인 카테고리킬러로는 농산물 전문매장인 하나로 마트, 유아용품 전문매장인 맘스맘, 가전제품 전문매장인 전자랜드와 하이마트 등을 들 수 있다. 그밖에 인터넷 포털사이트인 메가스터디, 버디버디를 비롯해 웹스토리지 포털인 그래텍, 취업 사이트인 잡코리아, 지도 서비스 포털인 콩나물닷컴 등도 카테고리킬러의 대표적인 예이다.

앞서 예로 든 토이저러스와 함께 또 하나의 대표적인 카테고리킬러로 가정용 가구전문점인 이케아IKEA를 들 수 있다. 지난 20여 년간 유럽 전역에 걸쳐 가장 활발하게 사업을 전개해온 이케아는 스웨덴의 가장 큰 소매업체들 중 하나이다. 이케아는 '보다 나은 일상생활을 위해 저렴한 가격으로 좋은 품질의 가정용 가구를 모든 이에게 제공한다' 는 캐치프레이즈하에 현재 전 세계 28개국에 139개의 점포망을 보유하고 있다. 이케아의 성공은, 비싸지는 않지만 결코 싸구려가 아닌 저가의 매력적인 가구에 기초하고 있다.

이케아는 그 명성을 유지하기 위해 품질관리를 매우 철저히 해왔으며, 13,500㎡ 이상의 정형화된 대규모 매장을 가급적 편리하고 매력적인 공간으로 꾸미려고 노력해왔다. 이케아의 점포들은 약 1만 2천여 개의 품목을 취급한다. 각각의 점포에 따라 일부 다를 수도 있지만, 핵심적인 상품의 종류나 품목에 있어서는 전 세계적으로 동일하다고 볼 수 있다.

이들 이케아, 토이저러스와 같은 카테고리킬러의 성장을 살펴보면 몇 가지 공통적인 성공요인들이 존재함을 확인할 수 있다. 첫째, 강력한 흡인력을 바탕으로 파워센터에 출점할 수 있는 힘이 있어야 한다. 둘째, 매장 면적이 타점보다 넓어야 한다. 상품구색을 완비하려면 카테고리킬러 특성상 상품의 폭은 줄이고 깊이를 보다 더 깊게 할 필요가 있다. 셋째, 단일점포가 아니라 다수의 점포들을 체인화하여 구매력을 키워야 한다. 따라서 정상궤도에 진입하기 전에 단기적으로 자금력이 필요하고 지속적인 투자가 필요하다. 넷째, 가격이 다른 어떤 점포보다도 저렴해야 한다. 저렴한 가격으로 소비자에게 소구해야 함은 물론 기존의 창고형 매장에서 안락한 분위기의 매장으로 탈바꿈해야 한다. 창고형 매장과 저가격으로 소구하던 월마트가 따뜻한 분위기의 매장으로 전환한 것이 그 예라 하겠다. 마지막으로, 상품 특성에 맞는 전문가를 배치하여 고객이 원하는 방향에서 컨설팅 판매가 이루어져야 한다. 예를 들어 현재 유행하는 홈 인테리어 상품 중 바닥재를 판매한다고 할 때 그것을 나무재질로 할 것인가, 가격은 어느 정도 수준으로 하며, 평형에 따라 비용은 얼마나 소요되는지 등의 컨설팅 판매를 잘하기 위해서는 반드시 숙련된 전문가가 필요하다.

이상의 다섯 가지 요소가 수반되지 않고서는 오늘날 카테고리킬러가 아무리 매력적인 유통업태라고 해도 그 성공을 보장할 수는 없을 것이다.

우리나라는 아직 카테고리킬러 시장의 도입기에 있지만, 그 성장 가능성과 잠재력이 높기 때문에 꾸준히 발전시킬 필요가 있다. 우리나라에서 카테고리킬러의 성장 가능성이 높은 이유로는 다음과 같은 것들이 있다. 첫째, 소비자의 교육수준이 향상됨에 따라 합리적 구매행동을 하는 소비자들이 증가하고 있다. 둘째, 맞벌이 부부가 증가함에 따라 시간이 부족하여 매일 쇼핑에서 주단위 쇼핑, 1회 대량 구매 등으로 쇼핑의 패턴이 변화하고 있다. 셋째, 가치관의 변화에 따라 실리추구형으로 소비패턴이 변화하고 있으며, 마지막으로 최근 경제불황의 영향으로 소비자 구매형태가 알뜰형, 절약형으로 변하고 있는 것도 카테고리킬러가 우리나라에서 성공할 수 있는 요인으로 작용할 것이다.

결론적으로 다소의 시간차를 두고 미국이나 일본 등의 선진 유통이 도입됐던 과거 예를 볼 때, 특정한 영역이나 분야, 업종에 걸친 디스카운트 스토어인 카테고리킬러는 피할 수 없는 유통 추세이다.

■ 날씨 마케팅Weather Marketing

전체 산업 가운데 직간접적으로 날씨에 영향을 받지 않는 곳이 거의 없을 정도로 오늘날 날씨는 기업은 물론 개인의 생활에 있어서도 지대한 영향을 끼치고 있다. 휴가철, 결혼식 등 주요 가족행사에 비가 온다면 만족도는 떨어질 수밖에 없듯, 산업현장에서도 날씨 때문에 판매성과가 좋아지거나 혹은 고객이 불만족하는 경우를 흔히 볼 수 있다.

상품의 다양한 유형들 중에 계절성 상품이란 것이 있다. 특정한 계절이 상품 판매량에 영향을 주기 때문에 명명된 것인데, 대표적으로 아이스크림, 팥빙수 등 빙과류 상품과 에어컨, 히터 등의 냉난방 상품 등이 있다. 이들은 날씨에 따라 판매성과가 영향을 받는 전형적인 상품들이다.

2005년 1월 25일 인도네시아 해역에서 발생한 지진과 해일(쓰나미)에 의한 경제적 손실은 약 136억 달러로 추산되었다. 국내의 경우 소방방재청에 따르면, 1997년부터 최근 10년간 여름에 발생한 자연재난으로 약 2조 8천억 원의 재산피해가 발생하였다고 한다.

그렇다면 과연 기업은 이 같은 자연재해나 급작스런 기상이변으로부터 자유로울 수 있을까? 기업의 판매성과는 기상과 무관한 것일까? 답은 '절대 그렇지 않다'이다. 다음의 사례를 보자.

2006년 겨울은 전반적으로 춥지 않았음에도 불구하고 의류판매상은 적자를 보지 않았다. 통상 겨울철 의류가격이 여름철 의류가격보다는 비싸기 때문에 겨울철 매출액이 여름철보다 상위에 있는 것이 일반적이다. 그렇더라도 겨울이 따뜻하면 겨울철 의류가 잘 팔리지 않아야 하는데도 매출액은 증가한 것이다. 이유는 겨울 초입에 이상기온으로 인한 한파가 일주일 정도 계속되었고, 이에 따라 소비자들이 미리미리 겨울옷 구매에 들어갔기 때문이다.

'백년만의 무더위'라는 판촉문구 하나가 뉴스거리가 된 적이 있었다. 해당 업체는 세계 기상학자들의 예측에 근거해서 내놓은 홍보문구였다고 하는데, 결과적으로 그들은 에어컨 판매로 대박을 터뜨렸다.

이상기온과 기상이변이 더 이상 낯설지 않은 요즘 시대에 날씨를 마케팅에 활용하는 것은 흔한 일이 되었다. 날씨에 관한 국가 공인기관인 기상청 이외에 날씨를 전문적으로 연구하는 연구소도 생겨나고, 이들로부터 자료를 유료로 구입하는 기업들도 상당 수 있다. 이렇듯 날씨를 활용한 마케팅은 기업의 판매성과와 밀접한 관계를 맺고 있으며, 날씨에 관한 예측과 이를 활용하는 기법들이 날로 발전하고 있다.

날씨 마케팅은 날씨나 계절에 따른 소비자의 심리와 행동을 예측하고 그에 맞는 마케팅 활동을 펼치는 것을 의미한다. 날씨 마케팅에서 가장 중요한 요소는 두말할 것 없이 날씨예측이다. 미국의 경우 날씨정보 시장규모는 약 80억 달러이며, 평균 4천 개 이상의 기업고객이 날씨정보를 이용하고 있다. 또한 TV의 날씨 정보가 CNN 시청률보다 높다고 하니 그 중요성을 실감케 한다. 유럽의 날씨정보 시장규모는 약 5천만 유로에 달하며, 에너지 회사가 그 주요 고객이다. 일본의 경우 유럽과 달리 비에너지 산업이 주 고객이다.

각 산업별로 날씨가 미치는 영향을 살펴보면 다음과 같다. 유통과 식음료 산업에서는 수요예측과 상품구색에 영향을 미치고, 레저 산업에서는 이벤트 시기 선정, 패션 산업에서는 재고관리 및 계절별 상품기획, 금융 산업에서는 날씨파생상품, 곡물 선물거래, 날씨보험 등에서 영향을 받는다.

날씨 마케팅이 가장 많이 사용되는 시즌은 역시 여름과 겨울이다. 그 중에서도 여름 휴가철과 맞물린 무더위 마케팅과 겨울 크리스마스를 겨냥한 화이트 크리스마스 마케팅이 유행이다. 무더위 마케팅은 삼성전자와 LG전자 등의 가전업체들에서 에어컨 구입고객을 대상으로 일정기간 동안 무더위가 지속되면 에어컨 전기료를 보조해주는 이벤트를 벌인 결과 양사 모두 만족할 만한 결과를 얻은 것으로 나타났다. 왜냐하면 이벤트를 실시하기 전에 날씨 예측정보를 바탕으로 일정 기간 동안 무더위가 지속될 가능성이 그리 높지 않다는 것을 미리 분석했었기 때문이다. 더군다나 만약 보조금을 지원한다 해도 기업은 미리 날씨보험에 들어놓는 경우가 많아서 실제로 큰 손해를 보지는 않는다.

날씨 마케팅은 소규모 창업시장에서도 영향력을 발휘하고 있다. 고깃집의 고민 중 하나는 고기 굽는 숯불로 인한 더위와 연기이다. 추운 겨울에는 화로역할을 하지만 여름에는 고객이 업소를 찾는 것을 막는 장애역할을 하는 경우가 많다. 이를 해소하기 위해, 물론 요즘은 냉난방시설이 잘 되어 있지만, 그것 이외에 여름철에는 창문을 없애버려 더위 감소와 더불어 탁 트인 느낌을 주는 것을 볼 수 있다. 또한 더운 여름에는 파란색 계열의 시원한 색상으로 업소를 장식하고, 추운 겨울에는 노랑이나 빨강 계열의 색으로 장식하는 경우도 있다.

날씨 마케팅의 실행에 있어서 유의할 점은 크게 두 가지이다. 첫째, 차별화된 날씨 마케팅을 실시해야 한다. 날씨는 마케팅 측면에서 많은 차별화 기회를 제공하고 있다. 예를 들어, 매년 봄이면 우리나라를 찾는 불청객인 황사를 이용해 황사 마스크, 모자, 선글라스, 항균비누 등이 불티나게 팔리고 있다. 또한 고깃집에서는 황사로부터 기관지를 보호해준다는 이유로 삼겹살 판매량이 급증한다. 사실 황사는 매년 발생했던 현상이지만 다방면으로 관련 상품이 나오기 시작한 것은 채 몇 년이 되지 않는다. 특히, 소규모 자영업자들은 대기업의 대규모 날씨 마케팅을 흉내내지 말고 자신만의 아이디어로 차별화된 마케팅을 실행해야 효과적이다.

둘째, 신뢰성 있는 날씨 마케팅을 실시해야 한다. 이를 위해 가장 필요한 것은 마케팅 품목과 예산이다. 예를 들어, 지역 소규모 자영업자가 동네 고객을 위해 비가 오면 우산을 대여해주는 이벤트를 진행한다고 할 때, 고객들의 방문 빈도와 우산을 빌려간 고객들이 우산을 돌려줄 빈도 등을 사전에 분석해야 한다. 만약, 너무 적은 우산을 비치해놓아서 비가 오는데도 불구하고 이용을 못하는 경우 이벤트의 신뢰성이 저하되어 오히려 좋지 않은 마케팅 효과를 가져올 가능성이 있기 때문이다.

마케터라면 무조건 알아야 할

마케팅 키워드 55

초판 1쇄 인쇄 2008년 9월 30일   초판 1쇄 발행 2008년 10월 6일

지은이 이서구 **펴낸이** 김태영

기획 강병국

비즈니스 1파트장 신민식
기획편집 2분사_편집장 고정란 **책임편집** 김세원
1팀 최유연 최소진 **2팀** 강정애 이수희 **3팀** 김세원 경정은 **디자인팀** 김미영 이성희
마케팅분사_ 곽철식 이귀애 **제작_** 이재승 송현주

펴낸곳 (주)위즈덤하우스 **출판등록** 2000년 5월 23일 제13-1071호
주소 서울시 마포구 도화동 22번지 창강빌딩 15층 **전화** 704-3861 **팩스** 704-3891
홈페이지 www.wisdomhouse.co.kr
출력 엔터 **종이** 화인페이퍼 **인쇄** 삼조인쇄 **제본** 서정바인텍

ISBN 978-89-6086-137-4 03320
ⓒ 이서구, 2008

이 책의 국립중앙도서관 출판시도서목록(CIP)은 e-CIP 홈페이지(http://www.nl.go.kr/cip.php)에서 볼 수 있습니다.
(CIP 제어번호 : CIP2008002904)